河北省社会科学基金项目（HB19ZX003）

Greek Scepticism:

Anti-Realist Trends in Ancient Thought

希腊怀疑论

古代思想中的反实在论倾向

［加］列奥·格罗尔克（Leo Groarke） 著

吴三喜 译

知识产权出版社

全国百佳图书出版单位

—北京—

图书在版编目（CIP）数据

希腊怀疑论：古代思想中的反实在论倾向/吴三喜译；（加）列奥·格罗尔克（Leo Groarke）著．—北京：知识产权出版社，2023. 1

书名原文：Greek Scepticism：Anti – Realist Trends in Ancient Thought

ISBN 978 – 7 – 5130 – 8439 – 0

Ⅰ.①希… Ⅱ.①吴…②列… Ⅲ.①怀疑论派—研究—古希腊 Ⅳ.①B502. 33

中国版本图书馆 CIP 数据核字（2022）第 206612 号

责任编辑：刘 江   责任校对：潘凤越
封面设计：杨杨工作室·张冀   责任印制：刘译文

希腊怀疑论
——古代思想中的反实在论倾向

［加］列奥·格罗尔克（Leo Groarke）   著
吴三喜   译

出版发行：知识产权出版社有限责任公司	网 址：http：//www. ipph. cn
社 址：北京市海淀区气象路 50 号院	邮 编：100081
责编电话：010 – 82000860 转 8344	责编邮箱：liujiang@ cnipr. com
发行电话：010 – 82000860 转 8101/8102	发行传真：010 – 82000893/82005070/82000270
印 刷：三河市国英印务有限公司	经 销：新华书店、各大网上书店及相关专业书店
开 本：880mm×1230mm 1/32	印 张：8. 5
版 次：2023 年 1 月第 1 版	印 次：2023 年 1 月第 1 次印刷
字 数：218 千字	定 价：66. 00 元

ISBN 978 – 7 – 5130 – 8439 – 0

京权图字：01 – 2022 – 6643

中文版前言

一则有名的苏菲寓言讲述了这样一个故事：一天晚上，苏菲丢失了家门钥匙，到处寻找。一个过路邻居帮他在门前寻找。当邻居最后问"你在哪儿丢的？"时，苏菲回答说："我在后门那里丢的。"邻居困惑地问他："那我们为什么要在前门这里找呢？"苏菲回答："因为这里有光。"

苏菲的行为具有代表性，因为它展示了我们倾向于去做的事情。我们通过环视最清楚的地方、利用已有的光亮来寻找问题的答案。这则苏菲寓言告诉我们，这可能行不通，我们问题的答案可能在别处，在我们能够轻易看到的地方之外。

今天，我们生活在一个过分自信的时代，其中充斥着由计算机的发明所带来的各种技术进步和可能性。在这样的时代，我们自然地会将科学技术视为回答我们问题的最佳途径。当这些问题是关于我们知道什么以及我们应该如何生活的哲学问题时，我们会青睐一种哲学方法，该方法通过科学和逻辑的透镜来理解真理和知识，就像传统上的做法那样。

在这样的时代，借助译者的帮助，我们来共同学习一下古代怀疑论学说是非常有意义的。在西方哲学中，怀疑论者构建起一股持续的、有时甚至是占主导地位的力量，虽然他们的批评者经常错误地将他们的观点讽刺为一种意在消除所有信念的荒谬举动。这种做法是一个惯用伎俩，意在废黜严肃对待怀疑论的必要性。但当我们认真研究怀疑论者的生活、他们对怀疑论的坚守以及他们自己的学说时，这种做法就会变得毫无意义。

从哲学上讲，古代怀疑论者的目标是打击那些对自己的观点过于自信的哲学家和思想家的自负以及夸大的主张。因而，怀疑论拒绝他们的"独断性"观点，代之以一种更加谦逊的知识观和真理观。最终的结果不是拒绝所有信念，而是承诺一种不同的信念，这种信念大致类似于当代哲学中"反实在论"所蕴含的东西。

在这方面，怀疑论学说的三个维度值得特别注意。第一个维度是对独断论者的批评。该批评采纳了对立性论点，表明独断论哲学自身关于理性、逻辑和论证的解释（就其本质而言，同样的解释持续推动着科技的进步）致使它无法证明自己知道真理这样的主张。从这个角度来看，正如塞克斯都（Sextus）以多种方式表达过的那样，独断论哲学是一种自相矛盾的徒劳探索，它无法保护它自己所依赖的关于真理、确证和知识的解释不受攻击。

怀疑论值得注意的第二个维度是它对这些结论的反应。该反应包含对独断论主张的拒绝以及对我们在世界上的认知地位所持有的更谦逊的看法。由此而来的"epoche"——悬置判断——并不是心灵的封闭。相反，更好的解释是"epoche"会解放我们的心灵，将我们从独断论哲学家自负的主张和论点中解救出来，这些主张和论点不是揭示而是模糊了世界的基本特性，不是促进而是抑制了一种积极的生活方式。就生活方式而言，怀疑论带来的是谦逊和灵魂的宁静，通过使用怀疑论论证的方式来缓和我们的困扰，从而使这种状态得以保持。

第三个维度是怀疑论愿意以务实的和非独断的方式来接纳我们在生活中所依赖的那些信念。这些信念可以包括精神和宗教信念，以及任何有实际效用的东西。后者在皮浪主义的"实践标准"中得到凸显。

这些维度为具有实际效用的科技进步留下了足够的空间，前提是人们对科技进步的接受应该是向着怀疑和探讨敞开的。虽然怀疑论者可以以这种方式实用性地接受科技，但他们并不就此认为科技进步开辟了一个空间，在此之中我们能够寻获那些深层问题——哲学提出的那些关于世界之本质、我们的认识能力以及我们的生活方式的问题——的最终答案。

我们可以这样总结古代怀疑论者的教导：他们的目的是批评和拒绝那些自负的认知主张，这些主张对于理解活动而言其实是种障碍。他们使一种健康的怀疑论成为我们信念形成过程中的核心要素，他们不以根除所有信念的方式来达成这一点。最终的结果是接受那些在我们的生活中实际有用的东西，谨慎地接纳合格的主张和信念，以及在面对生活呈现给我们的任何考验和磨难时保持沉着冷静的心态。

我相信古代怀疑论者的智慧是个宝藏，它曾经活跃于世，后被尘封于史——部分原因是独断论哲学家汲汲于将怀疑论埋葬进关于其目标和意图的误导性解释之中。怀疑论在现代和今天的重新发现是值得欢迎的。我非常感谢译者吴三喜的工作，他的翻译让更多的读者知晓现有的怀疑论解释，我希望这能激发出更多的思考和讨论。

列奥·格罗尔克
特伦特大学校长、哲学教授
加拿大安大略省，彼得伯勒
2022 年 5 月 1 日

Foreword to the Chinese edition of
Ancient Scepticism

A famous Sufi fable tells the story of a Sufi who loses the key to his house and is looking for it one night. A neighbour who walks by helps him look at his front door. When the neighbour finally asks: "Where did you drop it?" the Sufi answers: "I lost it by my back-door." Perplexed, the neighbour asks him: "Then why are we looking for it at your front door?" The Sufi answers: "Because this is where the light is."

This Sufi's behaviour is instructive because it mimics what we tend to do. We look for answers to our questions by looking where we can see most clearly, using the light we have available. The Sufi parable teaches us that this can be a problem, and that the answers to our questions may lie somewhere else, outside the places that we can see readily.

Today, we live in a self – assured age which is preoccupied with technological advances that stem from the invention of the computer and all that it makes possible. In an age like this, we instinctively turn to science and technology as the best way to look for answers to our questions. When these questions are philosophical questions about what we know and how we should live our lives, we favour a philosophical approach which understands truth and knowledge as they are seen and illuminated through the lens of science and logic as it is classically conceived.

In times like these, it is refreshing to have the philosopher WU Sanxi direct us to the teachings of the ancient sceptics. In Western philosophy, the sceptics have been a constant and sometimes dominant force, though their critics have falsely caricatured their views as an absurd attempt to eliminate all belief. This has been a convenient way to dismiss a need to take scepticism seriously, but it makes little sense when one seriously studies the sceptics' lives, their commitment to scepticism, and their own teachings.

Philosophically, the ancient sceptics' goal is an attack on the conceit and exaggerated claims of philosophers and thinkers who are too sure of their own views. The scepticism that results rejects their "dogmatic" point of view and replaces it with a more humble attitude to knowledge and truth. The end result is not the rejection of all belief, but a commitment to a different kind of belief that roughly corresponds to what contemporary philosophy calls "anti – realism".

Three aspects of the sceptics' teachings are of note in this regard. The first is their critique of the views of the dogmatists. It employs opposed arguments that show that dogmatic philosophy's own account of reason, logic, and argument (in its essentials, the same account that continues to drive the advancement of science and technology) leads to the conclusion that one cannot justify their claims to know what is true. Looked at from this point of view, dogmatic philosophy is, as Sextus says in many ways, a vain pursuit which contradicts itself, failing to respect the account of truth, justification and knowledge it is itself founded on.

A second element of scepticism is its response to such conclusions. It includes the rejection of dogmatic claims and a more humble view of our epistemological place in the world. The resulting *epoche*—the suspension of judgment—is not a closing of the mind. It is better described as its opposite, opening our minds by freeing us from the overstated claims and arguments of the dogmatic philosophers: claims and arguments that obscure rather than reveal the fundamental nature of the world and inhibit rather than promote a positive way of life. In the latter case, the result of scepticism is humility and a peace of mind which is maintained by using sceptical arguments to put our troubles in perspective.

The third component of scepticism is its willingness to embrace, in a pragmatic and undogmatic way, the beliefs that we rely on in the living of our lives. This can include spiritual and religious beliefs, and whatever is practically usefully. The latter is emphasized in the Pyrrhoneans' "practical criterion".

Such attitudes leave ample room for advances in science and technology that have practical utility, so long as they are accepted in a way that is open to doubt and argument. While sceptics can in this way pragmatically accept science and technology, this means that they do not think that the light they shed upon the world does not create a place where we can look and find ultimate answers to the deeper questions philosophy asks about the nature of the world, our ability to know it, and the way to live our lives.

We might summarize the teachings of the ancient sceptics by saying that they aim to criticize and reject exaggerated claims to knowing that are an obstacle to understanding. They make a healthy scepticism a core element of the formulation of our beliefs, but not in a way that attempts to eradicate all belief. The end result is a commitment to what is practically helpful in ourlives which is combined with a circumspect approach to qualified claims and beliefs, and a calm equanimity in the face of whatever trials and tribulations life presents us with.

I believe that the wisdom of the ancient sceptics is a treasure trove which was once alive and was then buried in history—in part because dogmatic philosophers actively buried it in misleading claims about its goals and intent. The rediscovery of scepticism in modern times and again today is something to be welcomed. I thank WU Sanxi for making the current account of scepticism available to a wider audience and hope that it will provoke further reflection and discussion.

Leo Groarke

President and Professor of

Philosophy Trent University

Peterborough, Ontario, Canada

May 1, 2022

缩　　写

Ac	Cicero, *Academica*	西塞罗,《论学园派》
Ad Col	Plutarch, "Adversus Colotem", *Moralia*	普鲁塔克, "反对克罗特斯",《道德论集》
AM	Sextus Empiricus, *Adversus mathematicos*	塞克斯都·恩披里柯,《反对博学家》❶
Apol	Plato, *Apology*	柏拉图,《申辩篇》
Aris	Aristocles	亚里斯多克勒斯
Bur	Descartes, *Conversations with Burnman*	笛卡儿,《与柏恩曼的对话》
Bibl	Photius, *Bibliotheca*	佛提乌斯,《百书》
Con Ac	Augustine, *Against the Academicians*	奥古斯丁,《驳学园派》
Cons ad Apoll	Plutarch, "A Letter of Condolence to Appollonius", *Moralia*	普鲁塔克, "吊阿波罗尼乌斯书",《道德论集》
Crat	Plato, *Cratylus*	柏拉图,《克拉底鲁》
De A	Aristotle, *De anima*	亚里士多德,《灵魂论》
De An	Tertullian, *De anima*	德尔图良,《灵魂论》

---

❶ *Adversus mathematicos* 字面上看来应译为《反对数学家》,但就其内容来看该书包含 11 卷,每卷处理的主题均不同(如第一卷是"反对语法学家",第二卷是"反对修辞学家",第三卷是"反对几何学家",等等),所以一般学界将该书译为《反对博学家》(*Gegen die Wissenschaftler* 或 *Against the Professors*、*Against the Theoreticians*)。——译者注

1

De Fin	Cicero，*Definibus* 西塞罗，《论目的》	
De Gen	Aristotle，*De generatione et corruptione* 亚里士多德，《论生成与毁灭》	
Deip	Athenaeus，*The Deipnosophists* 阿忒纳乌斯，《会饮智者》	
De Rep	Cicero，*De republica* 西塞罗，《论共和国》	
De Sens	Theophrastus，*De sensu* 狄奥弗拉斯，《论感觉》	
Dis	Epictetus，*Discourses* 爱比克泰德，《语录》	
DK	Diels and Kranz 迪尔斯－克兰茨版❶	
D. L.	Diogenes Laertius 第欧根尼·拉尔修	
DND	Cicero，*De natura deorum* 西塞罗，《论神性》	
Ench	Epictetus，*Enchiridion* 爱比克泰德，《手册》	
Enq	Hume，*Enquiry Concerning Human Understanding* 休谟，《人类理解研究》	
Eus.	Eusebius，*Preparatio evangelica* 尤西比乌斯，《福音预备》	
Gel.	Gellius，*Attic Nights* 格里乌斯，《阿提卡之夜》	
Haer	Hippolytus，*Refutatio omnium haeresium* 希波里图斯，《驳一切异端》	
Lac.	Lactantius，*The Divine Institutions* 拉克坦提乌斯，《论神圣制度》	
Lex	Suidas，*Lexicon* 苏伊达斯，《希语词典》	
Med	Marcus Aurelius，*Meditations* 奥勒留，《沉思录》	
Mem	Xenophon，*Memorabilia* 色诺芬，《回忆苏格拉底》	
Met	Aristotle，*Metaphysics* 亚里士多德，《形而上学》	

---

❶ 赫尔曼·迪尔斯（Hermann Diels）及其学生瓦尔特·克兰茨（Walther Kranz）是德国著名古典学家和哲学家，由迪尔斯首编、克兰茨修订的《前苏格拉底残篇》（*Die Fragmente der Vorsokratiker*）是前苏格拉底哲学资料汇编方面的里程碑式之作，至今在希腊哲学、古典学甚至历史学研究工作中仍具有非常重要的参考意义。这里用"迪尔斯－克兰茨版"代指《前苏格拉底残篇》。——译者注

Non Epic	Plutarch, "Not Even a Pleasant Life Is Possible on Epicurean Principles", *Moralia*　普鲁塔克，"根据伊壁鸠鲁原则甚至一种快乐的生活都是不可能的"，《道德论集》
Num.	Numenius　努门纽斯
OC	Wittgenstein, *On Certainty*　维特根斯坦，《论确定性》
Par	Plato, *Parmenides*　柏拉图，《巴门尼德》
Ph	Plato, *Phaedo*　柏拉图，《斐多》
PH	Sextus Empiricus, *Outlines of Pyrrhonism*　塞克斯都·恩披里柯，《皮浪主义概论》
Phaed	Plato, *Phaedrus*　柏拉图，《斐德罗》
Philo	Philo of Alexandria, *On Drunkenness*　亚历山大里亚的斐洛，《论醉酒》
PHK	Berkeley, *Principles of Human Knowledge*　贝克莱，《人类知识原理》
Phys	Simplicius, *Aristotelis physica commentaria*　辛普利丘，《亚里士多德〈物理学〉释》
PI	Wittgenstein, *Philosophical Investigations*　维特根斯坦，《哲学研究》
Plut.	Plutarch　普鲁塔克
Prot	Plato, *Protagoras*　柏拉图，《普罗泰戈拉》
Rep	Plato, *Republic*　柏拉图，《理想国》
RFM	Wittgenstein, *Remarks on the Foundations of Mathematics*　维特根斯坦，《论数学基础》
Soph	Plato, *Sophist*　柏拉图，《智者》
Stob.	Stobaeus　斯托拜乌
Th	Plato, *Theaetetus*　柏拉图，《泰阿泰德篇》
Tim	Plato, *Timaeus*　柏拉图，《蒂迈欧篇》
Tr	Hume, *A Treatise of Human Nature*　休谟，《人性论》

Tranq   Plutarch，"On Tranquillity of Mind"，*Moralia*　普鲁塔克，
         "论灵魂的宁静"，《道德论集》

Tus Dis   Cicero，*Tusculan Disputations*　西塞罗，《图斯库兰语录》

致　谢

　　我要感谢雷纳托·克里斯蒂（Renato Cristi）和约翰·夏柏林（John Chamberlin），他们经常热衷于讨论希腊语和拉丁语，还要感谢洛奇·雅各布森（Rocky Jacobsen）、乔·诺瓦克（Joe Novak）和肯·多特（Ken Dorter），他们对书稿的早期版本提出了很多有益评论。劳里埃大学的研究办公室为我提供了图书出版资助和课程减免补助，使我得以完成该书稿中的一些章节。我还要感谢迈克·弗雷德（Michael Frede）、菲利普·哈利（Philip Hallie）、G. B. 凯弗德（G. B. Kerferd）、理查德·波普金（Richard Popkin）、查尔斯·B. 施米特（Charles B. Schmitt）以及其他意识到怀疑论传统重要性的学者们。在其他学者的工作中，最著名的要数迈尔斯·伯恩耶特（Myles Burnyeat）了，他的工作迫使我比以往任何时候都要更严谨地捍卫我的观点。最后我要感谢麦吉尔－皇后大学出版社，尤其是菲利普·瑟康（Philip Cercone）、琼·麦吉尔雷（Joan McGilvray）和康尼·布坎南（Connie Buchanan），感谢他们对书稿的加工，还要感谢那些促使我修改书稿的匿名评论者们。

　　以下出版商慨然允诺我转用上述文献中的材料：牛津大学出版社出版、约翰·麦克道威尔（John McDowell）译注的柏拉图《蒂迈欧篇》（1973），哈佛大学出版社出版、R. G. 伯里（R. G. Bury）译的两卷本《塞克斯都·恩披里柯》（1967）。

前　言

　　本书意在总结和介绍哲学中的一个完整传统，它在诸多思想家那里持续传承了六百多年。鉴于本书的议题范围有限，我无法处理怀疑论者所持观点的所有方面，但我的确要探讨他们的哲学中那些最重要的东西，最优秀的二手文献以及很多精深的解释性观点。

　　在决定应该讨论什么和不应该讨论什么时，我试图关注怀疑论中与现代哲学问题相关的那些方面。本书的全部要点可以概括为以下一种判断：希腊怀疑论与现代哲学关心的那些问题有着独特的联系，它是现代早期和当代认识论相关方面的古代前驱，而我们经常认为现代早期和当代认识论的这些方面根本没有先例。如果这点能够得到令人信服的辩护，那么这本书就有可能（尤其是考虑到它对怀疑论者先驱的讨论）被更广泛地理解为一部关于现代认识论之希腊渊源史的著作。

　　我感兴趣于怀疑论者与现代认识论之间的关系，这意味着我将以一种在某些方面有别于许多当代学者的方式来对待他们。当代学者的切入方式多是历史学的，且多关注翻译或语言学难题、现存文本中的缺漏部分以及二手文献探讨的那些具体细节问题。正如后面的讨论表明的那样，我认为这样的关注是重要的，对怀疑论者的探讨必须与对他们所使用的专门术语的理解、

1

对重要段落的详细考究以及可靠的文本和翻译结合起来。尽管如此，我还是认为学者们太过强调这些问题了，从而掩盖了怀疑论观点乃至一般的希腊哲学的哲学意蕴，鼓励了对技术性细节的过分关注。

人们公认的对细节的重视是建立在还原主义的预设之上的：对希腊哲学之某部分的理解是理解其整体的必要前提。在一定范围内这一点是必须被接受的，尽管它可能走得太远，也不需要催生出一种更宽泛的理解。相反，这种通常的做法往往会在解释细节时导致一种没完没了的争执，看不见更广泛的问题。任何关键的语词或段落都可以有不同的解释，而由于我们缺乏有关古代思想家的现存资料，由于他们的思想所源的语境距离我们是如此之遥远，同时还由于长期的学术研究传统产生了大量复杂矛盾的二手文献，这就使得关于细节的解释问题更加难以把握。可能根本就没有哪个关于希腊哲学的实质性主张是可以在二手文献中免于争论的。因此，对细节的过分强调使我们陷于细节之中，产生了无数的争论，并且还无限期地延宕了对希腊问题的一种更普遍的理解（在法庭上，对细节的关注往往是被用来推延判决的）。

任何想要根据当代哲学论争的关联性来探讨希腊哲学的人都必须能够平衡好对学术细节的充分关注和过分关注之间的关系。重要的细节必须得到关注，但不应该因此掩盖那些处于关键位置的哲学问题。这是我的怀疑论研究力图做到的，即根据其回应基本问题的能力，如实在、知识、善好的生活等问题——这些问题至今都在哲学探讨中扮演着重要的角色——来对其作出评价。在某些情况下，这意味着我会把某些有争议的细节问题安排进注释里，虽然我试图以这样或那样的方式来解决在二手文献中出现的所有重要问题。在这个过程中，我已经处理了大部分的反对性观点。然而，人们不能期待本书能正面地回应每个评论者或每种可能的争议焦点，同时也不应该认为我对那些尚未解决的问题没有提出自己的看法。

如果我们想要重新建立古代思想与主流哲学争论之间的关联，我认为我采用的这种研究希腊哲学的方法是重要的。标准的方法因其将历史学关怀和哲学关怀分开而掩盖了这种相关性，它认为希腊哲学研究首先是历史学家的工作，其次才是哲学家的工作。那些的确将主流哲学问题作为其首要关怀的人——那些最能够判断任何哲学立场的当代关联性的人——在当前关于哲学史的研究中被边缘化，因而关于希腊哲学家的讨论往往基于一种落后于时代的哲学观。这种未能与哲学探讨同步的情况被偏好于成见和权威的那些公认的观点所强化，并由于对细节的关心而变得更加复杂，这使得它很难超越它们（虽然被广泛接受的意见也是可被质疑的，如果我们对其加以详细审查的话）。在回应这种倾向时，必须指出的是，主流的哲学关怀能够为希腊哲学家的观点提供重要启示，因为他们的目的是对那些长久的哲学问题作出合理的回应。有鉴于此，我将论证的观点是，诸多评论者没能理解怀疑论者，因为他们误解了怀疑论哲学的逻辑。相比之下，我们必须根据在当代认识论中扮演核心角色的那些区别来理解它。对现代哲学问题的把握和拥有良好的哲学论证头脑是理解怀疑论者的首要前提。

重新确立怀疑论者及其他希腊哲学家与主流哲学论争之间关联性的重要性不必多言，尤其是考虑到越来越狭隘的兴趣及专门的技术性关怀不断误导着人们，使其认为在现代教育中希腊哲学是一种可有可无的装饰品（为什么政府资助机构应该把大量的资源投入这种研究之中这一问题要更加认真地去对待）。如果想要对古代思想的研究成为智识生活的一个重要部分的话，我们就需要在单纯的历史兴趣（或诸如人们从未见过伯里克利时代雅典的辉煌之类的陈词滥调）之外发展其他的兴趣。我相信它有这种潜力，但标准的方法有可能将它变成一门只有脱离核心哲学关怀的少数精英方可研究的深奥学科。就怀疑论而言，这样的发展是不幸的，因为它的相关性已经超出了哲学探究。事实上，可以说西方文明现在面临的危机在很大程度上是由对理性之自负不加批判地接纳而延伸出来的，但怀疑论者一直对此加以批判。像最初的怀疑论者那样，我认为我的结论对于上述研究态度来说是一副解毒剂。

目　录

第一章　怀疑论新解 ·· 1

一、怀疑论的消极意义 ···································· 4

二、对怀疑论者的典型批评 ······························ 7

三、怀疑论的积极意义：温和怀疑论 ···················· 12

四、道德和宗教怀疑论 ·································· 16

五、作为反实在论的怀疑论 ······························ 20

六、怀疑论与观念论 ···································· 27

七、当代反实在论 ······································ 31

八、历史编纂学与怀疑论者 ······························ 33

第二章　怀疑论兴起之前的希腊认识论 ·················· 37

一、克塞诺芬尼 ·· 39

二、赫拉克利特 ·· 41

三、埃庇卡摩斯 ·· 45

四、巴门尼德 ·· 47

五、芝　诺 ·· 51

六、恩培多克勒 ·· 54

七、阿那克萨戈拉 ······································ 56

小　结 ·· 58

第三章　怀疑论的兴起 ………………………………… 60

　一、智　者 ………………………………………………… 60

　二、德谟克利特：原子论、观念论与宁静 ……………… 63

　三、普罗泰戈拉：实用性与反实在论真理 ……………… 71

　四、梅特罗多洛和阿那克萨图斯：观念论与宁静 ……… 80

　五、苏格拉底：温和怀疑论 ……………………………… 83

　六、麦加拉学派 …………………………………………… 89

　七、摩尼穆斯和昔尼克学派的不动心 …………………… 90

　八、昔勒尼学派：外部事物和他心 ……………………… 92

　九、柏拉图 ………………………………………………… 100

　十、怀疑论的兴起 ………………………………………… 101

第四章　早期皮浪主义 ………………………………… 104

　一、早期皮浪主义的论证 ………………………………… 105

　二、皮浪主义作为一种实践哲学 ………………………… 109

　三、宁静与不动心 ………………………………………… 112

　四、现　象 ………………………………………………… 119

　五、皮浪主义与观念论 …………………………………… 121

　六、早期皮浪主义的一致性 ……………………………… 123

　七、走向后期皮浪主义 …………………………………… 125

第五章　学园派中的怀疑论 …………………………… 127

　一、学园派怀疑论的论证 ………………………………… 130

　二、学园派的论点、可能性与对等命题 ………………… 135

三、学园派的宁静 ················· 140

四、阿塞西劳斯与自然信念 ········ 142

五、阿塞西劳斯观点的一致性 ······ 145

六、阿塞西劳斯与塞克斯都 ········ 147

七、卡尔尼亚德斯与可信性 ········ 148

八、西塞罗论可信性 ·············· 152

九、卡尔尼亚德斯怀疑论的一致性 ·· 157

十、卡尔尼亚德斯、阿塞西劳斯和皮浪 159

十一、斐洛、梅特罗多洛和西塞罗 ··· 162

第六章　后期皮浪主义 ············· 164

一、后期皮浪主义的论证 ·········· 165

二、标准问题 ···················· 174

三、实际事务 ···················· 176

四、后期皮浪主义的一致性 ········ 181

五、皮浪主义式的反实在论 ········ 185

六、典型解释 ···················· 187

第七章　古代怀疑论与现代认识论 ··· 190

一、心理状态 ···················· 191

二、现代反实在论 ················ 194

三、怀疑论的观点 ················ 203

附录　古代思想家年表 ············· 205

参考文献 ·· 208

原版书索引 ··· 223

译后记 ·· 244

第一章　怀疑论新解

在为 1968 年的塞克斯都·恩披里柯选集所做的《论战性导言》中，菲利普·P. 哈雷抱怨说哲学家剥夺了"怀疑论"这个词的真正含义，使它成了"一个空洞且经常被批评的坏词"。自那之后，我们对怀疑论者的理解有了一些重要的进展，但本书仍然会证实他的判断：怀疑论者比西方思想史上任何重要的思想家群体都更多地"被错误地批评或干脆被忽视了"。❶ 在本章中，我将介绍怀疑论者、即将提出的解释的主要特征以及它与其他评论者提出的解释之间的不同。

毋庸置疑，怀疑论者的观点中最显著的特征就是他们对固执于理性的拒绝，这在关于西方思想史的大多数解释中是被普遍承认的。拥护理性的思想家赞美人类辨别真伪的能力，宣称至善在于进行理性的探究。当柏拉图写到视觉产生了数、时间以及对世界之本质的探究，因而产生了哲学，"在此之上诸神没有给予我们有死之人更高的善"时，他代言的正好就是这种固执于理性的精神。❷

与此相反，怀疑论者揭示了理性的局限性及其发现根本真

---

❶　Hallie, "Polemical Introduction", p. 3.

❷　文献出处的前面部分表明的是所使用的译本情况。如果在接下来的引用中使用了不一样的译本，我会标注出来。主要的而非轻微的修正部分也会在文本或注释中标明。

理的无能。因此，怀疑论传统是柏拉图主义、亚里士多德主义以及笛卡儿主义等运动的反题，正是由于这些运动的流行才导致了怀疑论传统在哲学研究中被忽视、误解和低估。在最近的评论中，历史学家开始质疑对待怀疑论者的这一态度，但是他们的重估在其研究范围内是有限的，在普遍接纳西方哲学只是"柏拉图注脚"这一理念的氛围中，很难做到严肃认真地对待怀疑论者。关于希腊哲学的公认观点还体现在伯纳德·威廉姆斯（Bernard Williams）那里，在其描述希腊哲学遗产时指出，在所有希腊人中只有柏拉图和亚里士多德才会被视为"哲学天分与卓越创获方面的佼佼者"。❶ 他认为怀疑论者只是二流的哲学家，抱怨说他们的观点"不太容易从塞克斯都或西塞罗等二流或三流思想家的叙述中重建起来，因为这些叙述杂乱无章，有时还前后矛盾"。❷ 我们后面会看到，这些指控经不起仔细推敲。这里我只指出一点即可：在最坏的情况下，怀疑论的文献其实与柏拉图的《巴门尼德》或亚里士多德的《形而上学》一样模糊；在最好的情况下，他们是贝克莱、休谟和康德等人的古代先驱，提出了后者追问的那些重要问题的古代版本。

当代哲学持有的那种关于怀疑论的消极看法在把怀疑论作为哲学中的一个顽疾加以探讨的过程中表现得非常明显。克服怀疑论已成为哲学的主要关怀之一。但是哲学家很少或根本没有尝试去理解真正的怀疑论，而且在讨论由怀疑论引起的问题时很少能够超出休谟或笛卡儿的范围。❸ 他们的怀疑论版本是

---

❶ Williams, "Philosophy", p. 202.

❷ Williams, "Philosophy", p. 238.

❸ 有很少的例外，如赖欣巴哈（Reichenbach）和齐硕姆（Chisholm），但是他们的讨论是有问题的，且远远无法满足所需。

一幅描绘疯狂攻击所有信念的讽刺漫画。在这个过程中，他们忽略了一个古典传统，它已经发展了600多年，讨论了他们要解决的那些问题——这一传统将怀疑论视为解决哲学困惑的方法而非产生困惑的原因。

本书试图针对希腊怀疑论及其与现当代思想的关联性问题提供一个更具同情性的准确的理解。本书首先论及前苏格拉底时代怀疑论的发展，最后讨论怀疑论与现当代认识论之间的关联。为了回应那些广泛流传于怀疑论评论中的常见预设，本书提出如下主张：

（1）怀疑论者提出了古代和现代认识论中的核心问题；

（2）怀疑论不仅是纯粹消极的，它还提供了一种具有内在一致性的肯定哲学（事实上是一系列哲学），减轻了对知识的怀疑论批评。

（3）怀疑论者对怀疑论论证的回应（以及他们的很多前辈的回应）是现当代反实在论的古代先驱。

（4）古代怀疑论为当代认识论学者的观点提供了一种合理的替代选项。

在论证这些结论的过程中，我们将看到怀疑论哲学被严重地误解和低估了；它已经被歪曲怀疑论观点的稻草人论证宣布无效了；同时我们的论证也会表明，对怀疑论的那些标准的反对意见是很容易被克服的。❶

❶ 文中所提"稻草人论证"（straw-man arguments）是一种特殊的修辞手段，用以论证对方命题的无效性。在反驳对方命题时，己方树立一个与对方命题表面看来类似的命题加以批判，从而认为对方命题由此就被驳倒了，因而称为"稻草人论证"。这种论证方式就其实质而言是犯有逻辑谬误的，因为它是以误解误读的方式来进行命题置换进而进行反驳论证的。——译者注

在这个介绍性章节之后，我将按照时间顺序进行展开，因而这些主题将会反复出现，在涉及不同的怀疑论者的观点时它们将会在我的讨论中得到多方面的辩护。例如，主要的怀疑论学派（早期皮浪主义、学园派怀疑论以及后期皮浪主义）的一致性将会在第 118 – 122 页、第 140 – 141 页、第 151 – 152 页以及第 175 – 178 页得到辩护。

一、怀疑论的消极意义

在谈及怀疑论时，区分"积极"意义和"消极"意义是有用的。怀疑论哲学的消极意义指的是对人类发现真理能力的批评。各种各样的论证导致了一个普遍的结论，即真理是无法获取的，或说在特定情况下是无法获取的。尽管这样的论证在哲学史上颇有影响，但是怀疑论消极意义的具体内容在当代论争中常被忽视。例如，蕴含在塞克斯都对空间、时间、地点和无数其他概念的批评中的大量论点很少被提及，关于怀疑论论点的评论通常都集中在其他思想家的论断上。甚至哈雷的辩护也坚持认为"苏格拉底的怀疑比怀疑论者的怀疑要更微妙，更具原创性和力量，在他们之后的许多哲学家，如 17 世纪的拜尔（Bayle）和 18 世纪的休谟，开始怀疑更重要的信条……"。❶

忽视怀疑论论点的这一趋势被有关现代思想的大部分研究强化了，这种研究认为笛卡儿、贝克莱、休谟、康德以及其他现代思想家的哲学意在回应一种新的更有力的怀疑论挑战。根据 M. F. 伯恩耶特、理查德·波普金、华莱士·马特森（Wal-

---

❶ Hallie, "Polemical Introduction", pp. 3 – 4.

lace Matson）当然还有笛卡儿本人的看法，❶ 与以往的怀疑论论点的决裂最明显地体现在这些人的如下观点中：我们的信念可能是错误的，因为我们可能是超自然骗局的受害者——据说这个观点为怀疑提出了一个新的、前所未闻的理由。根据伯恩耶特、阿尔弗雷德·厄文（Alfred Ewing）、马特森、C. D. 罗林斯（C. D. Rollins）以及威廉姆斯的看法，正是笛卡儿之后的哲学家才首次被迫去面对这样一个问题：可能并没有一个客观的独立的外部对象世界与我们的知觉世界对应（外部世界问题）。根据这样的看法，休谟的因果批判以及后来对逻辑、宗教和道德的讨论，都为现代怀疑论增设了新内容，但唯有笛卡儿对内部世界和外部世界的区分才为其提供了核心，使得诸如唯我论和观念论这样的准怀疑论立场成为可能。与此一致的是，理查德·罗蒂（Richard Rorty）指出"每个人都已然知道如何将世界区分为精神的和物质的"这一假设是错误的，这一现代区分是笛卡儿的发明。❷ 诺尔曼·凯姆普·史密斯（Norman Kemp Smith）对出现的这一现代哲学图景做了很好的概括，他在其《笛卡儿哲学研究》一书中开篇就指出笛卡儿对心物的二分要求我们"复议知识问题"，结果就是哲学拥有了"一个全新的起点：一系列的新问题出现了，正因为他是第一个面对这些新问题的人，所以他才被称为'现代哲学之父'"。❸

　　虽然我不同意这种观点，但必须承认的是，很多基于古代争议发展而来的怀疑论观点确实在现代语境中丧失了它们的意义。话虽如此，我们会看到，其他更核心的论点提出了现当代

---

❶ *Bur*, 4.

❷ Rorty, *Philosophy and the Mirror of Nature*, p. 17.

❸ Smith, *Studies in the Cartesian Philosophy*, p. 1.

认识论中的关键问题。特别是怀疑论者讨论了感觉印象的可靠性、归纳推理的有效性、外部世界的存在、观念论真理的可能性、相对主义（我们会在第二章、第三章看到这个问题已经在早期认识论中变得急迫了）、人类本性和社会习俗在确定信念中的作用、信念基础的可能性以及逻辑、宗教和道德原则的确定性等问题（可见第 159 – 167 页所讨论的皮浪主义的论点）。我们要特别注意，心灵事项与外部世界之间的区分是古代怀疑论的一个组成部分，而且怀疑论者得出结论的途径（通过对立问题、不同的修辞问题以及具体问题的探讨）涵盖了古代和现代认识论中所有主要的怀疑类型。

怀疑论者对这些问题的讨论在某些方面与现代争论不同，但认为笛卡儿、休谟和其他现代思想家更重要，认为他们提供了更好的怀疑论论证方式就大错特错了。在具体问题的讨论中，可以明显看出古代论点更值得关注。比如，笛卡儿怀疑论的学园派先驱就清晰地意识到以下做法的乞题谬误之本质：试图通过求助于清楚明白（斯多亚"认知性"印象，phantasiai kataleptikai）这个真理标准来驳斥怀疑论（见第 103 页）。在关于归纳推理的讨论中，皮浪更清楚地意识到归纳问题，而不是像休谟那样夸大因果推理在此类推理中的作用（见第 129 页）。

一般来说，怀疑论者对那些能引起不同种类的怀疑论的基本问题有更好的理解。他们的观点的这个方面表现在标准问题上，即主张没有（非循环的）办法来确证信念的基本标准（见第 167 页）。随着怀疑论哲学的不断发展，这个问题的不同版本越来越受到重视，成为最精妙的古代怀疑论即后期皮浪主义关注的焦点。其关于标准问题的长期而详细的关注表明了对怀疑论理论基础的重视，这一点超过了休谟和笛卡儿。事实上，如果这里提出的解释是正确的，那么可以说最初的怀疑论者就拥有了一种对知识的怀疑性批判，关于知识的这种理解非常接近（或超越）大多数的当代认识论立场。

二、对怀疑论者的典型批评

然而，古代怀疑论并不仅仅是消极的，严重误解怀疑论者的根源就在于假定它只有消极意义。怀疑论者所持观点的积极意义可以在针对它们的典型批评这一背景中得到最好的理解。这些批评最显著的特点就是没能抓住怀疑论者观点中的细节部分。

就我们的目的而言，必须注意到现当代批评中的这种疏忽，虽然还应注意到哲学史上也有类似的未能认真对待怀疑论者的情况。波普金在其关于从伊拉斯谟到斯宾诺莎的怀疑论史的研究中谈及很多这样的例子。例如，16—17 世纪思想家皮埃尔·勒·劳尔（Pierre Le Loyer）、简·戴勒（Jean Daille）、保罗·菲力（Paul Ferry）、简·贝格（Jean Bagot）以及沙杜里红衣主教所提出的对怀疑论的否定，只不过是对怀疑论某些信条的反对。波普金写道："沙杜里红衣主教对学园派怀疑论的回应与其说是回应挑战，不如说只是对古代哲学和人类理性之优点的称赞。他对理性思维能力的绝对信念似乎并不是建立在任何对学园派论证的真正分析或回应之上的。相反，他试图改变攻击的焦点，让学园派的炮火落在经院学者身上，同时乐观地保持着对人类理性能力——如果运用得当的话——的坚定信心。"❶

---

❶ Popkin, *The History of Scepticism from Erasmus to Spinoza*, p. 27.

　　有人可能会说沙杜里的批评过时了，没什么价值，但很多现代思想家都采用了类似的做法。比如伯格曼（Bergman），他就随随便便地否定怀疑论，因为他认为怀疑论是"最愚蠢的哲学之一"。❶ 塞缪尔·约翰逊（Samuel Johnson）通过踢一块岩石来"反驳"怀疑论，摩尔通过举起他的手来"证明"外部世界的存在。然而这种粗糙的判断并不能驳倒怀疑论——它们忽视了怀疑论的积极意义和论证细节。根据后者，踢一块岩石或举起一只手有可能是幻觉，没有人能通过**声称**这点是明显错误的来证明它不是幻觉。

　　在当代哲学教科书中我们同样可以发现这种对怀疑论的漫不经心。在《哲学：悖谬与发现》一书中，明顿（Minton）与西普卡（Shipka）是这样介绍和反驳怀疑论者的，其开头为："先说一下……哲学的少数派：激进的怀疑论者。从哲学思考伊始，甚至在苏格拉底之前，就有思想家否认获得真正知识和辨别真假命题的可能性了。据传这些早期激进的怀疑论者之一，克拉底鲁，就非常固执，以至于他认为我们对知识的追求注定要失败，甚至认为我们的语言都是不可能的……"。❷ 然而克拉底鲁不是一个怀疑论者，而是一个赫拉克利特主义者，据说他放弃了说话，因为他认为不可能说出一个关于变动世界的真理。明顿与西普卡认为他是怀疑论者，因为他的结论是我们无法获得真理并由此放弃了普通的行为方式。人们的偏见是，怀疑论会破坏信念，因而必然会破坏正常生活。但是，在怀疑论者建议我们不要说话时我们可以想想皮浪主义对失语的认可，它拒

---

❶ Bergmann, *Meaning and Existence*, p. 58.

❷ Minton and Shipka, *Philosophy*: *Paradox and Discovery*, p. 174.

绝的是就具体的哲学问题做出回答，而这正好为日常事务留出了空间（见第 116 页）。

出于对明顿和西普卡的描述的辩护，人们可能会说如此理解的怀疑论者是有理论研究价值的，因此值得探讨。我们可能不会允许对待历史准确性的这种漫不经心的态度发生在其他思想家那里，虽然关键之处在于归给怀疑论者的那种立场没有理论意义，因为它显然是站不住脚的。正如明顿和西普卡指出的那样：

> 任何持有这种立场的人在他为其辩护时都会面临逻辑上的困难。如果他说事实上"我们不可能确切地知道任何事"，那么我们就可以反问他是否断定该陈述本身。如果他回答"是"，那么他就至少断言了一个真理由此反驳了自己的主张；如果他回答"否"，那么他就相当于撤回了他的主张，并为相反的立场打开了一扇门，即人们可以确切地知道一些事情。此外，如果他提出论证来支持自己的主张，那么他就预设了结论和前提都是健全的——如果你愿意也可以说是真实无错的，这样一来他就又被困住了。最后，一个激进的怀疑论者的生活通常表明他的主张是个谎言。如果你检查他的行为，你会发现他是按照他自己默默接受为真的信念来做出行为的。他穿衣服来让自己抵御恶劣天气，按时付款，按时吃饭，所有这些都表明他含蓄地承认了存在一些关于他自己及其周围世界的真理。
>
> 对真理问题的另一种简单化回应是……❶

---

❶ Minton and Shipka, *Philosophy*: *Paradox and Discovery*, p. 174.

如果明顿和西普卡的评论是准确的，那么这将动摇怀疑论的根基，但是如果他们深入了解真实的怀疑论，那么他们提出的那种不一致性就会烟消云散。然而，正是这些作者给出的这种刻画成了人们探讨怀疑论时的焦点，从而使得对他们的观点的考察变得微不足道，忽视了他们捍卫的那些可行性观点。

虽然这种看法是错误的，但把怀疑论看作完全消极的，并声称怀疑论对所有信念的拒斥与它自己的原则不一致，这构成了看待怀疑论的标准批评。比如，罗素就评论说希腊"怀疑论作为哲学不仅仅是简单的怀疑，而是可以称为独断性的怀疑"，"正是这种独断论因素使得怀疑论体系变得脆弱"。❶ 罗素确实注意到怀疑论者拒绝独断性地断言"知识的不可能性"，但他没有调查这个问题，只是简单地说："他们的拒斥不是很有说服力。"❷ 在柏拉图对普罗泰戈拉的批评中，以及在斯多亚学派、卢克莱修、奥古斯丁、麦科尔（Maccoll）、斯图（Stough）和伯恩耶特等人对怀疑论主要学派的批评中，同样可以发现怀疑论的结论具有不一致性这一指责。根据约翰逊的观点，怀疑论哲学没有办法绕过不一致性指责，这是对它的"标准"指控。

对于怀疑论与生活不相容的指控是一个更为常见的主题。伊壁鸠鲁学派的克罗特斯在其名为《论其他哲学家的学说使人无法生活这一事实》的著作中就是以这种方式来攻击怀疑论者的。卢克莱修的下述诗行表达的观点与克罗特斯类似：

---

❶　Russell, *A History of Western Philosophy*, p. 6.
❷　然而罗素将怀疑论称为"懒人"的哲学。

感觉是无法反驳的……/［不要］从你手中放开清晰之物/［不要］打破原初的信任，［不要］撕毁/整个生活的根基/因为不仅理性会被摧毁/生活同样会崩溃，除非我们信任自己的感觉/避免悬崖和陷阱，以及/其他同样需要被避开的事物，寻找福地。❶

关于悬崖和陷阱的描述暗指了那些虚构的轶事，在故事中皮浪拒绝避开危险。盖伦进行了更普遍的质疑："当太阳升起时，皮浪主义者是否希望我们待在床上，因为无法确定到底是白天还是夜晚，或者当每个人都开始登陆时皮浪主义者希望我们坐在船上，因为那些看上去是陆地的东西也许不真的是陆地。"❷

这种感情色彩浓重的批评是现代人探讨怀疑论问题的典型。正如哈雷在写到法国哲学家阿兰（Alain）时说的那样："他将怀疑论者（他想到的是怀疑论的创始人皮浪）描述为这样一种人，他们'保持自己不动且不动心，像沉入死亡般的睡眠那样……因为真正的怀疑论者坚持认为没有什么是真实的，他独断性地坚持这点'。在1922年的一篇文章中他说怀疑论是'系统性的否定'和'东方式的不动心'，它视生命为'梦幻泡影'。"❸ 有人在最近的研究中发现了类似的说法。根据科克斯（Kekes）的看法，怀疑论带来的是一种"肮脏、原始和短暂

---

❶ *De rerum natura*, 4.483 – 4.512. 文中涉及的引文，均由译者根据语境自行翻译。——译者注

❷ Burnyeat, "Can the sceptic Live His Scepticism?", fn. 4.

❸ Hallie, "Polemical Introduction", p. 6.

的"生活。❶ 根据约翰逊的观点，"怀疑论者的目标是灵魂的宁
静，这种状态接近梦游者或昏迷者的生活，但这样的生活水平
甚至比稍微高级一点的动物的生活都要低等。这样的生活不仅
意味着智性的消失……还使得任何我们认为是属人的活动变得
不可能"。❷ 雷舍尔（Rescher）写道，"就认知风险而言，怀疑
论是一颗毁灭一切的末日炸弹"。❸ C. L. 刘易斯（C. L. Lewis）
指出：怀疑论"比令人不满更糟糕，我认为持有或暗示任何经
验判断都是同等有效的——因为没有任何判断是有根据的——
这种观点是毫无意义的。一种暗示或允许出现这样的结果的理
论不是对任何事物的探索，而仅仅是一场智性的灾难"。❹

斯洛特（Slote）、麦科尔（Maccoll）等人也持有类似的看
法。与此形成鲜明对比的是，哈雷认为"哲学上推导出来的对
生命的否定与真正的怀疑论毫无关系"。❺ 整个哲学史上的怀疑
论者及其支持者认为怀疑论与生命是一致的，并且反对相反的
主张。仅举一个例子，普鲁塔克嘲讽克罗特斯，称他为"讼
棍"，认为阿塞西劳斯观点中的某些部分从他那里得到的回应
就类似于"用诗琴对着驴子演奏时得到的回应"。❻

三、怀疑论的积极意义：温和怀疑论

从更大一点的背景来看，怀疑论的消极方面（以及怀疑论

---

❶ Kekes, "The Case for Scepticism", p. 38.

❷ Johnson, *Scepticism and Cognitivism*, p. 119.

❸ Rescher, *Scepticism: A Critical Reappraisal*, p. 206.

❹ Lewis, "The Given Element in Empirical Knowledge", p. 175.

❺ Hallie, "Polemical Introduction", p. 6.

❻ *Ad Col* 1122B.

对否定性的强调）是对其他学派（柏拉图主义、斯多亚主义、伊壁鸠鲁主义等）的回应，这些学派相信能够发现真理。为了回应这种过度的自信，怀疑论者鼓吹一种更谦逊的态度，但不是完全拒绝所有主张。相反，他们接纳了很多观点，这些观点明确认为我们的信念是有一些积极的根基的。那些认为怀疑论者仅仅具有消极意义的哲学家所批评的立场其实不是怀疑论者真正采纳的立场。如果所批评的立场是属实的，那么这批哲学家的讨论就是有益的，但这样的立场显然是不一致的，它只会使哲学家偏离怀疑论者真正倡导的立场。

就像怀疑论的消极方面一样，怀疑论者的积极哲学也可以根据现代思想加以理解，其与当代论争有着独特的关联。然而，关于怀疑论的积极维度仍需多说一下。休谟对"温和"怀疑论和"非温和"怀疑论的区分是有益的。设想一下，根据怀疑论论点，我们没有办法获得真实之物。我们可能会像莫里哀小说《逼婚》中的马弗留斯或卢西恩《哲学交易》中的皮浪主义者那样，放弃理性和感觉，对一切信念的真理性不做判断。人们可能会采取非温和的怀疑论。正如明顿和西普卡以及其他很多学者指出的那样，这种立场很成问题。比如，很难看出这种立场如何能够与怀疑论中的信念兼容，或者与生活、饮食、走路、言谈等任何行为兼容，因为行为往往是建立在信念（事物存在的信念，我们有思维和行为的信念，我们的感觉是可靠的信念，等等）之上的。因此，非温和的怀疑论就产生了卢西恩或莫里哀讽刺的那种倒霉人物——这样的人物现在被视为怀疑论者的典型形象。

相比之下，温和怀疑论以不同的方式对怀疑性结论做出回应。因为虽然他们认为关于外部世界、理性原则等的信念得不到确证，但是他们仍然接受这些信念。就像波普金说的，"'怀疑论者'和'相信者'不是对立的。怀疑论者对信念理由中的理性和证据提出质疑，他怀疑是否已经找到或能够找到必要和充分的理由来证明某种特定的信念必然为真……但怀疑论者可能仍会接受各种各样的信念"。❶ 对这些最终说来无法被证成的信念的接受，就是所谓的温和怀疑论的标志。它所允诺的那种生活不像卢西恩或莫里哀描述的那样，而是像卡尔德隆《人生如梦》中的塞基斯蒙多归结的那样：确定自己是在做梦还是清醒是不可能的，但他决定像醒着时那样行动。温和怀疑论也会通过运用理性和感觉来处理日常事务，与此同时承认它们是可错的。为什么怀疑论者会接受这些最终无法得到证成的信念呢？因为似乎除此之外别无选择，心理性限制（疼痛和愉悦、逻辑直觉、情感与感觉）和幸福的目标看起来没有留下其他选择的可能性。❷

休谟通常被认为是典型的温和怀疑论者。因为虽然他最终认为我们没有办法来证明感觉、因果推论以及一般的推理，但是他仍然声称日常生活和人类本性不允许我们拒绝它们。相反，怀疑论者"绝对必然地注定要像日常事务中的其他人那样生

---

❶ Popkin, *The History of Scepticism from Erasmus to Spinoza*, p. xix.

❷ 一方面，如果当具有一定重量的金属物砸在我们的脚趾上而我们试图怀疑其存在时，或者当我们感到饥饿而怀疑食物的存在时，这时怀疑性信念背后的那种心理性约束就会变得非常明显。另一方面，与激进的怀疑论相匹配的心理特征肯定是古怪的和不正常的。弗兰克尔曾提到过这样一个案例，当一个病人读到康德《纯粹理性批判》中关于"世界上的事物可能不是真实存在的"这一看法并被其折服时，其精神会接近崩溃的边缘（*The Unheard Cry for Meaning*, pp. 133 – 140；感谢大卫·诺尔让我知道了这个例子）。弗兰克尔与温和怀疑论者一样，强调信念的心理学机制，不是通过理性论证，而是通过改变病人的心理倾向来对其加以治疗。

活、交谈和行动"。❶ 只举一个例子，"怀疑论者必须同意那些
与事物存在有关的原则，尽管他无法用任何哲学论证佯称证明
了其真实性。自然没有为他留下余地，而且毫无疑问它认为信
任我们不确定的推理和思辨是非常重要的一件事……问事物是
否存在是徒劳的，在我们的所有推理中我们都会预设事物的存
在"。❷ 根据休谟的分析，正是这种"动物信仰"及其伴随的倾
向必然为我们的行为和信念提供根基。

　　与休谟不同，古代怀疑论者通常被视为激进的怀疑论者。
休谟在他对皮浪主义者的讨论中也犯了这样的错误，他将后者
刻画为"那个怪异的教派"。休谟对皮浪主义的看法反映在他
关于因果的解释中。一方面，他承认如果皮浪主义者认为"我
们无法通过论证来使我们确信在我们经验中经常连接在一起而
出现的对象会以同样的方式再次连接在一起；除了习惯或某种
自然本能外，没有什么东西能引导我们得出这一推论，这种本
能确实很难抗拒，但它和其他本能一样，可能是错误的和欺骗
性的"，❸ 那么皮浪主义者就胜利了；另一方面，休谟认为皮浪
主义不能期待：

　　　　他的哲学会对人类思想产生持续性影响，如果有这
　　种影响的话，他也不能期望这种影响会有益于社会。相
　　反，如果要承认某些东西的话，他必须承认其原则如果
　　产生普遍且稳定的影响，那么所有的人类生活就会被消
　　灭。一切推论、行动都会停止，所有人都会处于无知之

---

❶ *Tr* 296.
❷ *Tr* 218.
❸ *Enq* 127.

中，一直到自然的必然性得不到满足，终结其可怜的生命……当他从其梦中惊醒时，他一定是第一个对自己加以讥笑的人，承认自己的一切反对意见都仅仅是玩笑，它们只表明了人类的奇怪状态，因为人类不得不行动、推理和有所信仰，但他们无法借助自己的精确考察，使自己完全理解这些举止的基础，或排除反对这些举止的意见。❶

虽然不是全部，但是现代哲学研究对所有古代怀疑论持有了类似的看法。根据这一看法，怀疑论是激进的。当史密斯指出休谟接受"自然"信念时，他的结论是休谟是一个自然主义者而非怀疑论者。然而我们将看到，没有激进的怀疑论者，所有古代怀疑论学派都以这样或那样的方式来缓和自己的观点。比如，皮浪主义者不仅提出了类似休谟那样的对因果的批评，还提出了休谟回应的核心，即人们可以接受因果方面的日常信念，因为它似乎是日常生活的必要条件。正如学园派和皮浪主义者承认的那样，怀疑论者"不是从原始的岩石或橡树中诞生的"，他们必须参与实际事务。❷

四、道德和宗教怀疑论

虽然对怀疑论积极方面的详细讨论要推迟到后面，但是我们不妨以宗教问题来说明怀疑论的温和性质。现代的研究

---

❶ *Enq* 128.
❷ *Ac* 2.101, *AM* 11.161. 这是荷马的典故。

者有时认为，怀疑论者对宗教观点的批评是其立场中的唯一可取之处。但是这一批评很容易被误解。怀疑论者确实攻击了那些通常被拿来支持宗教教义的论证，但是这并不意味着他们就是那种拒斥宗教主张的"宗教怀疑论者"。相反，他们拒绝无神论，认同宗教，声称宗教没有哲学基础也可以被接受（基于信仰而非理性）。从这个意义上说，怀疑论者是克尔凯郭尔和帕斯卡尔的先驱，而不是休谟和霍尔巴赫的先驱。

　　怀疑论者的宗教承诺在塞克斯都那里有所呈现。在《皮浪主义概论》第三卷中，他讨论了关于上帝是动力因的反驳论证。他是这样开始的："第一个前提……按照普通的观点，我们（怀疑论者）非独断地肯定神的存在，且尊敬神，并将先见能力归于神。"❶ 在《反对伦理学家》中，他同样告诉我们："与持有不同观点的哲学家相比，我们会发现怀疑论者处于一个更加合理的位置，因为与其先辈的律法和习俗一致，他宣称神存在，并执行所有的崇拜和敬奉行为，但是，一旦涉及哲学研究，他就拒绝鲁莽行事。"❷ 我们可以在西塞罗的《论神性》中找到类似的态度，比如在学园派怀疑论者科塔概述其立场以便回应斯多亚主义者巴尔布斯时就是这样：

　　　　我很敬重你的权威，巴尔布斯，根据请求……我应该坚持从祖先那里流传下来的关于不朽之神的信仰、宗教仪式、礼仪以及戒律。就我而言，我一直坚持这样做，任何

---

❶　*PH* 3.2.
❷　*AM* 9.49.

人的雄辩，无论是有学问的还是没有学问的，都不会使我放弃继承自先祖的对神灵的崇拜……巴尔布斯，这就是我科塔、一个祭司的观点；现在让我知道你的观点。你是一个哲学家，我应该从你那里听到你信归宗教的理由，但是至于我，则是必须相信我们的祖先的话，即使没有什么理由。❶

在科塔回应伊壁鸠鲁的宗教观点时也表达了同样的态度：

我，科塔，大祭司，认为维护现有宗教的权利和教义是最庄严的职责，热衷于被神圣存在者的基本原则说服，它不仅是一种信仰，而且是一个确定的事实。许多令人不安的想法出现在我的脑海里，有时使我认为根本就没有神。但你看我对你是多么随和，我不会攻击你们这个学派和所有其他哲学家所共享的那些信条——比如我提出的那个，因为几乎所有人包括我自己都相信神的存在，因此我不质疑这一点。与此同时，我怀疑你所提出的用来证明这一点的论据是否充分。❷

这里的问题不是宗教的真确与否，而是用以支持宗教的哲学观点的真确与否。被质疑的是哲学而不是宗教，正是哲学（在能够为信念提供理性的基础这种意义上）被最终拒

❶ *DND* 3.5 – 3.6.
❷ *DND* 1.61 – 1.62.

绝了。❶

至于怀疑论者与所谓的道德怀疑论之间的关系，我们持有类似的看法。道德怀疑论这个术语经常被用在呼吁本性解放的智者❷、霍布斯、曼德维尔（Mandeville）和尼采这样的哲学家身上。他们拒绝传统的（通常是利他主义的）道德主张，明确支持自利（"自爱"）。这不是古代怀疑论者的观点，古代怀疑论者认为自利的道德观念像其他任何道德观念一样，也是脆弱的。鉴于没有哪种道德能够免于怀疑论的攻击，所以他们建议接受传统的道德观点，从这个意义上说，即接受温和怀疑论。在很多方面，他们的道德观念接近于情感主义，否认我们能够建立客观的道德原则，但是支持普通的道德情感。正如塞克斯都在建议把皮浪式的"实践标准"当作生活指南时说的那样，

---

❶ 佩内尔哈姆（Penelhum）在《上帝与怀疑论》（*God and Scepticism*）中提出的对宗教怀疑论方法的批评在我看来是根本错误的。在这方面，值得注意的是，后来的思想家通过借鉴古代怀疑论者的推理来将怀疑论与宗教联系起来，根据这种推理，科学理性无法被证明，因而并不比宗教更可取。正如史密斯在其关于詹弗朗切斯科·皮科的讨论中指出的那样：

对于那些倾向于将怀疑论与反宗教联系在一起的人来说，皮科对怀疑论观点的征用似乎有点令人吃惊。怀疑论者当然可以是那些保有宗教怀疑或不信任态度的人，但正如皮科的著作很好地表明的那样，怀疑论同样能够用来为宗教服务。事实上，详细考察西方在 16 世纪重新引入怀疑论会发现，怀疑论更多地被用于支持基督教而不是反对它。真蒂安·赫维特在他的塞克斯都·恩披里柯译著序言中（清楚地）指出在这一点上他与皮科的立场一致……虽然这种转变非常缓慢，但现在人们开始意识到我们不能在怀疑论与非宗教之间简单地画等号……我们有各种各样的名谓来描述……近代哲学，如有人说是"基督教人文主义""基督教哲学""基督教文艺复兴"。我们能否把皮科及其他人姑且称为"基督教怀疑论者"？（*Gianfrancesco Pico*, pp. 7 – 9. ）。

这里所表达的观点是古代怀疑论观点的自然延续。

❷ "physis sophists"这一说法突显的是智者运动时期智者针对"nomos"（既定的传统礼法）而采取的"physis"（自然或天性）立场，主张回归本性，解构习俗。所以这里将 physis sophists 译为呼吁本性解放的智者。——译者注

"传统的习俗和法律"决定了怀疑论者对虔诚和良好行为的看法。❶ 关于这一观点的细节还有很多要说，但是我们现在只需指出如下一点就够了：这绝不等同于激进怀疑论暗含的那种对道德的拒绝。

五、作为反实在论的怀疑论

与主流哲学家不同，研究哲学史的学者更容易接受古代怀疑论是一种温和怀疑论这一看法。一些研究者［在近代有拜尔，在最近的讨论中有布罗查德（Brochard）、哈雷、斯图、巴恩斯（Barnes），最重要的是弗雷德］意识到了怀疑论的积极面相，而其他的研究者［最著名的是伯恩耶特、策勒（Zeller）、麦科尔、约翰逊、库辛（Couissin）和斯特赖克（Striker）］❷ 不同意他们的看法。在某些情况下，那些将古代怀疑论刻画为激进怀疑论的人没能对具体文本给予足够重视——比如，西塞罗对克里托马库斯解释卡尔尼亚德斯观点的讨论（见本书第146 – 151 页），尽管在他们的观点后面还藏有一个更重要的问题。

之所以会认为古代怀疑论具有激进的本质，是因为怀疑论者主张他们会对任何断言的真理性不做判断（践行 epoche❸）。就像伯恩耶特和其他研究者指出的那样，这种做法似乎将他们与诸如休谟这样的哲学家区分开来，休谟认同温和怀疑论，并

---

❶ *PH* 1. 23 – 1. 24.

❷ 需要注意的是，斯特赖克认为皮浪主义是温和怀疑论，学园派怀疑论是激进怀疑论。她对学园派怀疑论的看法尤其具有影响力，我将在本书中集中讨论这一点。

❸ "Epoche"在古希腊语中指的是"悬隔"，即不做判断的状态，我们在文中保留原词不做翻译，以突显其特殊性。——译者注

不会对所有断言的真理性不做判断，而是接受一些断言为真（虽然承认它们的真理性无法通过理性来建立）。西塞罗、斐洛以及梅特罗多洛（Metrodorus）在学园派怀疑论中也持有类似的观点，但是最重要的古代怀疑论者显然否认所有断言为真，因而就推导出他们支持激进怀疑论的结论。

为了说明这种明显的不一致，弗雷德和其他意识到怀疑论者会接受某些信念的研究者一同指出，怀疑论的 epoche 不是普遍的（虽然表面看来如此），它仅适用于科学信念或哲学信念。根据巴恩斯的看法，皮浪主义者只是夸大了他们的观点，有时表现为"冷静的"怀疑论者，有时表现为"糊涂的"怀疑论者。作为回应，伯恩耶特和其他人认为这种解释是机会主义的，皮浪主义主张的字面意思就是任何宣称为真的断言都应该被拒绝。斯特赖克在考察主要的学园派怀疑论者时捍卫了一种与此类似的观点。

Epoche 是普遍的这一主张是很难反驳的，但它是有问题的，因为它使怀疑论与生活不一致、不相容，削弱了对实际事务的怀疑论承诺——这种承诺体现在以下明确的主张中：我们应该接受现象、合理的事物（eulogon）、可信的事物（pithanon）以及实践标准。认为怀疑论者根本没有注意到这些明显的问题是不能令人信服的，❶ 特别是考虑到他们的哲学本身就是

---

❶ 很难相信有哪个哲学家（更不用说像皮浪、卡尔尼亚德斯或阿塞西劳斯这样聪明的思想家）会接受这样一个明显站不住脚的立场，更不要说意识不到这种立场与他们生活的不一致性了。就像诺顿表明的：

　　对怀疑论者进行漫画化是很容易的——他们很少大声争吵，因为他们无法分辨船桨是直的还是弯的；他们会长褥疮，因为他们无法分辨自己到底是醒着还是在睡觉；他们会让普通人饿死，因为他们告诉他说他根本不知道自己嘴里到底有没有食物……虽然似乎可以肯定地说怀疑论者不仅争吵、行船或饮食，而且他们还很少主动去劝阻人们直接参与这些活动。（《大卫·休谟》第 240 页，参阅第 288—290 页）

在一个对不一致性指控比较敏感的语境中发展起来的，上述主张就更不可信了。正如弗雷德所说，"古代怀疑论者，最迟从阿塞西劳斯开始，对这种指控非常熟悉"。❶ 事实上，早在阿塞西劳斯之前，希腊哲学就强调了对一致性问题的关注，比如在反对巴门尼德和赫拉克利特等哲学家的归谬论证中就表现出来了。德谟克利特已经意识到接近怀疑论的那些观点中存在明显的不一致性，他据此攻击普罗泰戈拉，希奥斯的梅特罗多洛对此也有意识，因而他力图规整自己的怀疑论以避开不一致性的指控（见第 74 - 79 页）。尤其是德谟克利特和梅特罗多洛在皮浪自身思想的发展中起到了重要的作用，所以我们很难想象皮浪和后来的怀疑论者居然意识不到陷入不一致性的危险。弗雷德指出，这种不一致性指控一定程度上忽视了怀疑论观点的"某些关键方面"，因为"这个问题在随后的世代里被一次又一次地提起"，虽然"很明显，怀疑论者认为这一指责并不能真正反驳他们的立场"。❷

要理解古代怀疑论观点的一致性和温和性，重点在于对现代和古代就真理、信念以及知识问题表现出的关键性差异有所理解。要理解怀疑论者，没有什么比把握希腊人对真理的"实在论"解释更重要的了。这种解释认为，一个主张如果符合于独立于心灵而存在的客观世界，那么它就是真的。据此，一个主张如果仅仅是根据人类心灵、知觉、社会、历史环境或个人倾向的结构而显得如此这般，那么它就不是真的；真理必须包含［像普特南（Putnam）说的那样］"从上帝之眼的角度而看

---

❶ Frede, "The Sceptic's Two Kinds of Knowledge", p. 180.
❷ Frede, "The Sceptic's Two Kinds of Knowledge", p. 180.

到的"真实的存在。真理必须是客观的，并且超越信念的主观决定因素。

希腊哲学预设了"真理"（aletheia）就是实在论意义上的真理，随之而来的预设就是存在及存在的东西是独立于心灵的。❶ 这种想法普遍存在于毕达哥拉斯、赫拉克利特、巴门尼德、柏拉图、亚里士多德以及斯多亚主义者那里，并且很多怀疑论研究者对此也有所意识。当弗雷德注意到怀疑论者攻击的那些哲学家"相信可以透过表面现象找到事物的本质、本性，达到真正的实在……正是理性……能引导我们超越表象世界进入真实存在的世界；因此对他们来说，什么是真实的、什么是真的是一个关乎理性的问题……"时，他暗示了希腊实在论。❷ 伯恩耶特也提出了同样的观点，他说希腊哲学中的真理总是指向"心灵之外的真实客观世界"。❸ 我们会看到，在普罗泰戈拉及其追随者那里上述观点可能会受到质疑（见第 71–74 页），但这不会阻碍我们，因为他们是规则的例外。

鉴于希腊人对真理的解释，希腊哲学可以与现代的"反实在论"进行比照，后者使真理相对于信念的主观决定因素而为真。它开始于观念论，以及贝克莱对外部世界的拒斥。他没有坚持主张真断言是关于这样的世界而为真的，而是将某物存在的主张解释为我们有某些感知。康德同样认为，必须根据我们的主观背景来理解知识，我们所知道的对象是表象或"现象"

---

❶ 我所说的"存在及存在的东西"就是希腊动词 einai（"是"）所指的东西。由于它包含两个概念，我会根据需要使用该词的不同意义。

❷ Frede, "The Sceptic's Two Kinds of Knowledge", p. 187.

❸ Burnyeat, "Idealism in Greek Philosophy", p. 48.（还可见该书第 38 页，在那里他论及 alethes 意味着关于真实存在的真理，某物为真是关于一个独立的实在而为真。）

而非"物自体"。❶ 维特根斯坦等当代哲学家走得更远，他们使真理、知识等概念与语言有关，并最终说来是与我们的生活形式有关。在最近的讨论中，普特南认为真理是相对于信念的"内在"而非"外在"标准而为真的。在这些及类似的情况下，现代哲学家拒绝或修改希腊哲学设定的实在论概念，用一种更具主观性的真理观来替代前者。

现代真理观的反实在论转向对理解怀疑论者尤为重要，因为他们设定了一种实在论的真理观，并且他们并不像很多现代哲学家主张的那样攻击真理。与此一致，怀疑论论点是作为对实在论真理观的一种攻击来提出的，它通过论证我们的信念必然与人类本性、知觉、文化生活、哲学承诺等相关来反对我们能够超越我们的主观立场这种看法。这种推理最终导致了对任何主张是否为真不做判断，但这里和其他地方一样，关注的仍是实在论意义上的真理。然而，对这种真理的拒绝为接受反实在论意义上的信念观打开了空间，据此，怀疑论的消极面相与那些被认为是相对于人类本性、感觉印象、理解形式、心理倾向、习惯习俗而言的信念是相容的。因此，怀疑论的 epoche 是普遍的，虽然它普遍地拒绝实在论真理观意义上的任何断言，并因而为反实在论的信念留出了空间。

与为反实在论辩护的现代哲学家不同，怀疑论者把"真理"（aletheia）一词界定为实在论意义上的真理，但是当他们

---

❶ 也许最接近主体性的是由休谟和情感主义者提出的对道德主张的解释，但是他们提出的伦理判断无法被判定真假的主张使得他们的观点最终与我们这里论及的发展不一致。[对道德真理的反实在论式解释，可见班步罗（Bambrough）的《道德怀疑论》。他认为自己提供的解释是一种拯救客观真理的途径，但是因为使得真理变得相对于语言——社会——习惯而为真，所以他并不是实在论意义上的客观主义者。]

对所有实在论真理悬置判断因而支持与反实在论真理相符的主观性认同概念时，他们就仍然支持反实在论的观点。以这种方式，怀疑论者预示了现代反实在论。在回应针对他们的标准批评时，可以采用如下辩护：对（实在论）真理的拒绝与认可特定种类的（反实在论）主张是非常兼容的，并且这些主张可以让我们坚持怀疑论的同时不偏废日常事务。正如怀疑论者在为自身辩护时指出的那样，他们的哲学将断真主张连同所有其他（实在论）主张都排除掉了（"就像泻药将自己与体内废物一同排掉一样"），虽然这仍然允许他们以一种"非独断的"方式接受表象。在实际事务方面，这使得接受反实在论信念的温和怀疑论成为可能，虽然怀疑论者会承认他们的任何信念从实在论的立场来看都可能是错的（因而拒绝实在论真理观意义上的断言）。

　　如果把对怀疑论观点的这种解释与其他研究者的解释加以对比，我们就会看到前者的力量。对怀疑论者保有同情理解的那些学者认识到怀疑论哲学的积极面相，却没能理解他们对（实在论）真理的普遍拒绝其实是与对反实在论信念的接受相一致的。其他否认怀疑论哲学积极面相的学者则认识到 epoche 的普遍要求，却错误地认为对希腊真理观（实在论意义上的）的拒绝取消了所有信念。双方一再混淆古代的和现代的关于真理应被拒绝的主张，忘记了后者比前者要宽泛，而前者则为得到一定担保的信念保留了空间。

　　我们会在第六章为这种怀疑论解释提供详细的辩护。目前，标准研究中的搪塞之语可以用斯托（Stough）对皮浪主义的分析来说明。像很多其他作者那样，她意识到皮浪主义者"只在一种良性的意义上即不关乎（实在论的）真理和实际存在的意义上才会接纳某些信念"。❶ 但是在分析中她忽视了这一点，认为皮浪主义者拒绝任何断言"某物是其所是（是真的）"的主张，因此"对什么是真实情况没有任何主张"，拒绝"事实性主张"以及所有"关乎什么是真实情况"的信念。❷ 斯托被迫得出结论：塞克斯都没有认识到皮浪主义对日常生活的致命影响。❸ 真正的问题在于她自己混淆了实在论的和反实在论的主张。她声称怀疑论者拒斥所有关于"是什么"或"什么是真的"的信念，只有当人们从实在论的意义上来看待"真"和"是"时她的这个主张才可被接受，但是这样一来就违背了她的结论，即怀疑论必须放弃所有关于事物的真实所是的信念。对于"事物的真实所是"和"真实状况"所形成的"事实性"主张，可以做反实在论的理解，由此，信念就能够与怀疑论协调一致了。

如果可以对古代怀疑论做上述理解，那么现代反实在论的一般观点就至少在两个方面是错误的：第一，因为它提出反实在论作为对怀疑论的回应，所以没能看到反实在论思想已经蕴含在怀疑论之中；第二，因为它认为反实在论思想起源于贝克莱、康德和当代哲学。为了呼应这后一个主张，必须承认现代反实在论在一些特殊的方面不同于古代怀疑论，然而如下主张是错误的：现代反实在论者引入了一种全新的信念观，这种观念是根据一种主观性的立场来加以界定的——如黑格尔、尤因、威廉姆斯、伯恩耶特都持有这种看法，尤其还有普特南的观点："在前苏格拉底哲学之后一直到康德哲学之前，没有哪个哲学

---

❶ Stough, "Sextus Empiricus on Non – Assertion", p. 161.

❷ Stough, "Sextus Empiricus on Non – Assertion", pp. 138 – 139.

❸ Stough, "Sextus Empiricus on Non – Assertion", p. 163.

家不是形而上学实在论者。"❶ 任何这样的假设都忽视了怀疑论对类似看法的认可，这种假设的持续存在，其根源在于我们继续忽视怀疑者。纳尔逊·古德曼（Nelson Goodman）在最近一本书的开篇指出，他的作品属于"现代哲学的主流，它发端于康德用心灵的结构替代世界的结构……"，❷ 但也可以很容易地说，他的观点延续的是始自古代怀疑论的那个传统。

六、怀疑论与观念论

在指出怀疑论与现代反实在论之间的密切关系之后，我们必须注意到二者之间的差异，尤其是那种使怀疑论成为现代立场之外的一种合理的替代性立场的差异。历史上，最重要的反实在论形式是观念论。观念论试图回应怀疑论，认为我们知道我们的心理状态（因为我们对它们有所经验），因而知道它们至少真实存在着。怀疑论之所以产生，是因为我们试图超出这些心理状态，认为它们与客观世界中的外部对象相对应。根据观念论者的观点，我们能够感知椅子、桌子和汽车，但是我们不能确定它们的独立自存。因此，观念论者将感觉印象当作实在的基本构件，根据它们来解释那些关于世界的主张。贝克莱（Berkeley）的主张"存在即感知"（esse est percipi）把一个关于事物存在的主张转变成了一个关于人们有某些印象的主张，他的结论是我们自己构建了存在。正如贝克莱指出的那样：

---

❶ Putnam, *Reason*, *Truth and History*, p. 57.
❷ Goodman, *Ways of Worldmaking*, p. x.

所有这些怀疑论都是由于我们假定事物与观念之间存在区别而造成的，即认为事物在没有心灵感知的情况下仍然存在。对此加以详述是容易的，也很容易指出所有时代的怀疑论者所提出的论点都是依赖于对外部对象的设定的。只要我们赋予那些无思想能力的事物而非被感知的事物以存在，那么我们就不仅无法知道任何无思想能力的事物的本质，甚至也无法知道它存在……但所有这些可疑性……都消失了，只要我们再加一层意义的话……我也可以对作为那些被感官实际地感知着的众多事物之一的自身进行怀疑；一个明显的矛盾是，任何可感物体都应该被视觉或触觉直接感知到，与此同时在本质上却不存在。因为一个无思想能力的事物的存在在于其被感知。❶

当康德提出我们的研究对象是现象时，他是在类似的方向上前进的，因为现象的本质是相对于心灵的结构而言的，在其之外无法存在。

如果我们将观念论与古代怀疑论关联起来加以理解，我们必须一开始就意识到虽然观念论否定外部世界，但它并不否定实在论立场的所有方面。特别是，当伯恩耶特坚持认为观念论引进了一种新的、允许人们将"自己的心理体验作为描述对象"的真理观时，他就搞错了。❷ 显然，古代哲学家也允许心理状态成为描述的对象（如"他很痛苦""我怀疑如此这般的观点的真实性""她梦见了她的父亲""那些黄疸患者的感知与

---

❶ *PHK*, 87 - 88.

❷ Burnyeat, "Idealism in Greek Philosophy", p. 49, cf. 48.

我们的不同"等常见说法）。在他们的真理学说中，如果某物独立于心灵，不是（物理性地）外在于心灵，而是它确实存在而非仅仅被设想或思考为存在，那么它就存在。❶ 观念论者并不反对这种说法；他们只是认为心理状态是我们唯一可以确认其存在的东西。因此观念论接受特殊种类的实在论主张（关于感觉印象和其他心理状态的主张）作为客观知识的典范，从而它就成了对实在论的一种修正而非否定——这种修正接受关于心理状态的主张，将其作为扩展了的实在论真理，但不接受其他主张。

将观念论与希腊认识论中的怀疑论倾向进行比较，我们会在亚里斯提卜及其追随者即昔勒尼学派那里发现一种相似性。与现代观念论者一样，他们攻击实在论，认为信念的基础是印象，我们根本不可能超越感知。鉴于这一结论，他们将自己的信念解释为关于感知印象的主张而非关于外部世界的主张，指出这可以使他们知道自己信念的真实性。除了第三章提到的语言学论题外，昔勒尼学派不同于观念论者的地方仅在于他们意识到观念论的观点会削弱我们关于他心的知识（因为我们只对我们自己的印象有所经验）。这迫使他们同时拒绝关于他心的主张和关于外部世界的主张，把他们的信念限制在关于他们自己的印象的主张上（现代观念论没有走得这么远，它忽视了他心问题）。

主流的怀疑论学派进一步采纳了对实在论知识理论的昔勒尼式批评，在对外部世界的观念论式批评之外又提出了很多其他论证。然而，这种批评在他们的哲学中仍然扮演着核心角色，

---

❶　伯恩耶特的错误就在于混淆了独立于心灵的这两种方式。

他们同样认可的是根据感觉印象和主观状态来加以解释的那些主张。皮浪主义者对现象的接纳（见第 116 – 118 页，第 172 页）尤其接近于观念论的信念观，虽然必须强调的是，皮浪主义者和其他怀疑论者拒绝承认我们对我们的心理状态有确定的知识，这其实是另一个哲学教条罢了。由此可见，他们根据印象来解释他们自己的主张，但仍然视这些主张是有可能出错的，仅将其当作一种缓和他们的怀疑论主张的方式（与之相反，观念论者认为这样的主张涉及的是某些实在论真理）。正因如此，怀疑论者才是温和的怀疑论者而非观念论者。在现代反实在论语境中，他们的积极哲学在这个意义上更接近于由那些反对任何实在论真理的当代哲学家提出来的那种反实在论立场。

古代怀疑论与观念论的第二个不同之处在于它的日常语言思想。因为尽管怀疑论者接受根据印象而来的信念，但是他们并没有（早期皮浪主义者除外）将其作为日常主张的正确解释。相反，他们接受日常看法：那些常见的主张指涉外部对象，因而他们认为他们自己的主张与日常用语明显不同。❶ 相比之下，观念论建议把日常主张解释为关于知觉的主张，这样就能够使它们免遭怀疑论的攻击。就像贝克莱指出的那样，如果我们赋予"我们的语言以意义"，那么我们关于这些主张的怀疑就会消失。我们将在第七章讨论这种理论的语言学后果，虽然一开始就必须说怀疑论观点更符合日常话语中的预设，并且对语言采取观念论的解释是在回避问题，因为其目的仅仅是击败

---

❶　皮浪和蒂孟是例外（见第 4 章），即便是他们也接受实在论主张的意义，没有根据语言学基础来攻击后者。

怀疑论者。❶ 重要的是，日常主张应该根据印象来解释这一看法是个语言学问题，并且当观念论和怀疑论作为不同的哲学进行比较时，它只是一个次要的问题。从哲学的角度来看，观念论主张我们能够知道我们的印象，这是怀疑论者和观念论者之间的主要区别。然而，即便是这一区别也无法削弱它们之间的实质性相似，因为这两种哲学都拒斥彻底的实在论主张，支持有关印象的主张。从这个意义上说，观念论者与怀疑论者是哲学上的近亲（而不是陌生人），它们有着相似的关切。

七、当代反实在论

部分地由于与观念论相关的一些问题，当代反实在论者对怀疑论观点提出了更激进的回应。他们没有赋予现象和感觉印象以特殊的认知地位（这种地位保证了我们能够知道一些实在论真理），而是完全拒绝实在论意义上的真理，提出各式各样的替代性方案以使真理变成可被获得的。根据他们的解释，从先验的观点来谈论真理是没有意义的，我们必须满足于根据我们特定的语言来解释真理。根据这种解释，真理是可实现的，但它不是实在论者和怀疑论者争论的那种真理。

当代哲学中对怀疑论的这种回应受到了维特根斯坦、普特南、温奇（Winch）、布莱克（Black）、鲍斯马（Bouwsma）、班

---

❶　这就是贝克莱观点的基础，它表明贝克莱对待怀疑论的态度——怀疑论必然是错误的——是多么漫不经心。正如我们随后将看到的，没有必要排斥怀疑论者，他们的观点可以被简单地接受。（哲学家经常把按照观念论的方式解释主张的能力与用以证明这样的解释就是这些主张的初衷的证据混淆。我只想指出，这样的证据需要对语言进行独立的分析，或许还需要对语言实践进行一种经验性研究。）

布拉（Bambrough）和戴维森（Davidson）等重要哲学家的欢
迎。❶ 我们已经看到，将他们的观点描述为对古代怀疑论的直
接攻击是误导性的，虽然他们经常表现得击败了怀疑论，证明
了真理。但问题在于，他们证明的真理并不是怀疑论者攻击的
那种真理。事实上，他们捍卫的是相对于人类本性、历史环境
和文化视角而言的真理，而这与怀疑论者支持的信念非常一致。
诉诸社会习俗尤其是古代怀疑论的一个重要组成部分。❷ 没能
看到这一点的哲学家掩盖了真理的反实在论理解与传统的希腊
理解之间的区别。但是，这种掩盖无法消除视角上的根本变
化——这种变化将我们从先验真理和上帝之眼的立场扭转为由
社会习俗和信念的其他主观性决定因素所决定的更属人的视角。
对这种视角变化的辩护是古代怀疑论的核心。由此可见，当怀
疑论者拒绝实在论并采取一种更具主观性的信念观时，当代反
实在论者是与怀疑论者站在一起的，而非对立。唯一的不同是
这样一种当代主张，即诸如真理和知识这样的词汇可以用于反
实在论者和怀疑论者都接受的那些信念上。❸ 这看上去似乎是
当代思想家成功地在怀疑论的攻击中拯救了真理，但事实上他
们只是改变了定义，将真理扩展到怀疑论者也会认可的那些主
张上。相反，怀疑论者接受真理的实在论定义，不认为他们的
主张为真（alethes），但是把它们作为行动的基础接受下来。

　　抛开这些基本的相似点不谈，怀疑论和当代反实在论谁更

---

　　❶ 戴维森并不自认为是个反实在论者，但这只是因为他对该词的使用与我不同。
　　❷ 最明显的表现是他们对道德规范的解释，但更广泛的表现则是他们对日常
信念和事务的接受。
　　❸ 正如我们将在第三章中看到的那样，普罗泰戈拉实际上走得更远，他提出
了反实在论真理观的一个古代版本（虽然在某些方面更为激进）。

可信的问题转变为一个语言学问题，即信念的实在论概念是否深深根植于日常语言之中。本书无法对此问题展开详细讨论，虽然在第七章我会表明关于语言的反实在论观点是无法令人信服的，它（像关于日常主张的观念论解释那样）之所以具有这么大的影响力，是因为它针对怀疑论结论提供了一个显然是比较容易一点的答复。由此可见，怀疑论是反实在论之外的另一选择，在当代争论中应予以认真对待。

八、历史编纂学与怀疑论者

我提出的这种怀疑论解释与标准理解之间很难调和。在批评性评论中，后者表现出一种反感姿态，不去认真领会怀疑论观点的细节。在历史学界有人付出更多的努力去理解怀疑论者，即便如此怀疑论者的观点也被误解了，它们的重要性没有得到认可，它们被认为是次要的。在这里我无法详细探究这一忽视的成因，应该说这些原因与对排斥怀疑论者的某些个人、想法、学说的忠实信奉有关。人们倾向于把哲学史描绘成超越其时代的那些大人物的系列（柏拉图、亚里士多德、奥古斯丁、阿奎那、笛卡儿、贝克莱、休谟、康德，等等），这种做法加剧了对怀疑论的忽视。某些特定的人受到过度尊奉，而其他思想家的成就，尤其是那些大人物的对手们的成就被忽视了。

在希腊哲学内部，个人信奉所造成的对特定哲学家的扭曲理解可以在柏拉图学园史中看到，这一发展史包含一系列的关于他的观点的不同解释。这些解释都在证明一个由该学园的某个领袖所接受的哲学立场（反怀疑论、怀疑论、折中主义）。对柏拉图的忠诚迫使这些领袖认为他们捍卫了柏拉图本人的立场，柏拉图成了有名无实的傀儡而不是真正的哲学家。由这种个人信奉所鼓励的对待其他哲学的态度可以在伊壁鸠鲁的追随者克罗特斯身上看到，他的"其他哲学家的学说让人无法生存"的观点不仅是针对怀疑论者的，也针对德谟克利特、亚里士多德、巴门尼德、苏格拉底以及除了其老师之外的几乎所有的哲学家。正如普鲁塔克表明的那样，克罗特斯对伊壁鸠鲁的忠诚以及他诋毁其他观点的目的，而非负责地尝试去比较和理解其他学派，才是克罗特斯得出他的结论的最终依据。

当代哲学史看法中的许多缺陷、错误和不准确性都可以根据对特定个人的类似忠诚来加以解释。❶ 不仅是怀疑论，而且所有的希腊化思想都被历史学家和认识论家忽视了，他们倾向于把希腊化思想描述为柏拉图和亚里士多德之后的衰落阶段。虽然最近人们对该阶段产生了一些兴趣，但普遍的态度仍然是体现在麦科尔关于怀疑论者的论著中的那种态度，该著作认为古代思想在柏拉图和亚里士多德那里达到高潮，怀疑论及同时期的其他哲学只是"最高的思辨活动已然停止"的时代里的一个缓慢进展而已。❷ 就像塞德利（Sedley）在反驳康福德（Cornford）指责希腊化哲学"价值极低"时指出的那样：

---

❶ 正如科弗尔德在智者学派的例子中以及波普金和施密特在后期怀疑论的例子中表明的那样，哲学的衍变受到许多我们不曾注意的趋势和思想家的影响。举一个中世纪思想中的例子，现代怀疑论思想早被中世纪哲学家安萨里（Al‑Ghazali）和奥特库尔的尼古拉（Nicholas of Autrecourt）预见到了，他们在主流哲学论争甚至历史研究中几乎没有受到关注（See Groarke, "Descartes' First Meditation: Something Old, Something New, Something Borrowed" and "On Nicholas of Autrecourt and the Law of Non‑contradiction"）。特别是，伯恩耶特认为在笛卡儿对身体的怀疑中出现了一些新的东西，这一看法是错误的。尼古拉明确指出，一个人无法知道一个命题是否正确，或者一个人是否有"胡子、脑袋、头发等"（"Letters to Bernard", p. 659.）。

❷ Maccoll, *The Greek Sceptics*, p. 2.

事实上，那些主要的希腊化哲学家既没有生活在亚里士多德的阴影里，也没有生活在任何其他人的阴影里。当然，苏格拉底、柏拉图、亚里士多德以及其他一系列的思想家，都是这些新时代哲学家从中得以产生的智识背景的重要组成部分，他们的工作经常被有意或无意地加以考虑。在希腊化哲学至关重要的前半个世纪里，却是那些当时的论争、议题和理论奠定了基调。结果就是古代思想史上最激动人心和最丰富的一个时期到来了，在这个时期一些基本的哲学问题被第一次端上台面。❶

专家们越来越多地注意到塞德利的观点，尽管哲学系的学生仍然凭借布伦博（Brumbaugh）的《希腊哲学》——这本书（尽管有很多优点）认为仅花费两页笔墨来谈论亚里士多德之后的希腊哲学是合适的——这样的著作来进入古代思想。

我们可以把著名的怀疑论者的名字［皮浪、阿塞西劳斯、卡尔尼亚德斯、埃奈西德穆（Aenesidemus）、塞克斯都］加入伟大哲学家的标准名单之中，从而改善我们对古代哲学的看法。这将促使人们对哲学史持有一种更客观的立场，虽然还是过分侧重某些特定的个人。当然，某些怀疑论者非常有影响力或洞察力，但是怀疑论最好被理解为生活在特定智识氛围中的个体所构成的群体的产物，而不是一种被某些人（如皮浪或阿塞西劳斯）发明出来的观点。事实上，怀疑论者与其他竞争性学派之间的差异比我们想象的要少，将希腊怀疑论看作对所有希腊

---

❶ Sedley, "The Protagonists", pp. 1 – 2.

认识论讨论焦点的一种自然（也可以说是不可避免的）回应是最有益的。因此，怀疑论的历史和发展必须被看作对一系列的历史语境——包括盛行的思维方式、文化和智识理想、各种智识传统以及怀疑论者同代人（怀疑论的和非怀疑论的）的影响——的回应。怀疑论的助力因素来自于该学派内外各种各样的哲学家，整个哲学传统而非特定个人催生了怀疑论思想。

怀疑论者受益于德谟克利特、希俄斯的梅特罗多洛、普罗泰戈拉、苏格拉底、摩尼穆斯和昔勒尼学派哲学家（在第二章和第三章我们会表明这一点），这一点非常重要，因为我们已经在他们的哲学中发现了对实在论的批判，对信念的更具主观性的解释以及在后来的怀疑论中达到顶峰的道德观点。这些倾向是重要的，既因为对它们的理解是理解怀疑论者的最好准备，也因为其他评论者忽视了他们预见现代认识论思想的程度（标准的哲学史过分强调了早期希腊哲学的本体论关怀）。从这个意义上说，怀疑论是信念的反实在论解释这一早期倾向的延续，而不是对当时哲学潮流的拒绝。

为了强调怀疑论的这个维度，我们首先从怀疑论与早期希腊哲学——巴门尼德、赫拉克利特、埃庇卡摩斯以及其他一些前苏格拉底哲学家——的联系处开始考察它的历史，因为正是这些人提出了最终导致怀疑论出现的那些问题。他们的哲学已经包含反实在论的萌芽，他们与怀疑论者的紧密关联经常被低估。专家们对这些人的观点中的很多细节都很熟悉，但是为了照顾那些非专业性读者，我们必须呈现这些细节，因为它们为我们后面的讨论奠定了基础。

第二章　怀疑论兴起之前的希腊认识论

一般认为，希腊怀疑论的创始人是皮浪和阿塞西劳斯，二人均创立了后来的怀疑论学派。然而，他们的观点是对当时盛行的主题和潮流的反映，并非最早的探讨。在本章中，我们会追溯那些激发他们的哲学思考的问题，尤其突显前苏格拉底思想与古代和现代认识论之间的关联性。

值得注意的是，很多研究者在早期主张——真理是很难被认识甚至是不可能被认识的——中寻找怀疑论的起源。例如，塞德利就认为怀疑论主张先行出现，然后才是寻找理由对其进行论证。❶与此相反，我们将看到，不仅关注怀疑论的结论，而且还关注导致怀疑论出现的那些问题——回避怀疑论观点的思想家经常强调的问题——会让我们更好地理解怀疑论者。因此，最重要的怀疑论学派来自两种反怀疑论哲学，即德谟克利特的原子论和柏拉图主义。

最终，怀疑论是建立在"对立"或"反题"问题上的。它指的是这样一个问题：我们如何能够在相反的观点之间做出选择？在形而上学内部，对对抗性力量的古老迷恋表现在各种调和对立性概念、状态、实体——巴门尼德的存在与非存在、毕达哥拉斯式的和亚里士多德式的矛盾、赫拉克利特的矛盾性世

---

❶　Sedley，"The Motivation of Greek Scepticism"，p. 10.

界——的企图中。在认识论内部，同样的兴趣表现在反题问题上，表现在调和对立性观点的企图中。

从我们现在的观点来看，希腊人对反题的关注所表现出的那种困惑让人费解，但如果我们提醒自己理解如下事实，那么我们就能够更好地理解这种困惑：在希腊人那里理性探究还处于早期阶段，还无法在相反的观点之间做出选择；科学还不会依赖实践的和理论的成功来促使人们达成一些共识；对立的哲学观点激增；对其他文化迅速增长的兴趣解释了人们对相互冲突的习俗和传统的意识；神秘主义和非理性主义是反对常识的有力力量；社会培养和奖励进行争辩的能力；各种各样的社会力量（战争、政治竞争，让神与神、人与人甚至神与人展开斗争的宗教）使我们有可能采用对立的方式来看待几乎所有的情况。

希腊认识论的基础是当人们试图在相互竞争的主张或观点之间做出选择时所产生的那些基本问题。对这些问题的不同回答最终将赫拉克利特、普罗泰戈拉、柏拉图和怀疑论者区别开来，虽然他们在重视矛盾方面是根本一致的。赫拉克利特和普罗泰戈拉的观点是对应的，都有其正确性；柏拉图得出结论说我们必须超越日常世界，因为它充满了矛盾；怀疑论者则认为我们不可能知道哪个主张是正确的。他们对类似矛盾的共同关切解释了后期希腊哲学发展过程中的很多反常现象（埃奈西德穆放弃了他的怀疑论，转而支持赫拉克利特的观点；学园派对怀疑论的认可；等等）。

对于当前的语境而言，重要的是希腊人对矛盾的关注使获得绝对（实在论的）真理的信心大打折扣，迫使哲学家认真对待如下一种可能性：我们对世界的看法是被我们的兴趣、知觉、社会背景、人类本性以及其他各种主观因素所影响的。这一点，再加上理性无法在对立的观点之间做出选择这一观点，最终导致了古代怀疑论不同学派的产生。因此，在前苏格拉底时代对矛盾的强调中，人们发现了怀疑论者到来的迹象，关于实在论真理是否可能的古代争论的开端也埋藏于其中。

一、克塞诺芬尼

关于反题的最早研究是在克塞诺芬尼的论证中发现的。虽然成对出现的矛盾在更早的哲学［如在斐瑞库得斯（Phere-cydes）、阿库西拉乌斯（Acusilaus）、阿那克西曼德那里，在毕达哥拉斯的对立表那里］中发挥着影响，但克塞诺芬尼似乎是第一个正式指出对立观点之间的矛盾的人。在其对神的拟人性概念的批评中，克塞诺芬尼写道："凡人相信神是被造的，它们有其自己的穿着、声音和身体。但是如果牛（和马）和狮子有手或能够绘画和创造类似人创造的艺术作品，那么马画出来的神就会像马，牛的则像牛，它们画出的各自的神的形体是按照自身所属物种的形体来安排的。埃塞俄比亚人的神长着塌鼻子和黑头发，色雷斯人的神则长着灰眼睛和红头发。"❶ 根据克塞诺芬尼的观点，关于神的这些对立概念是同样有（无）效的，没有理由选择其一而放弃另一。这表明我们对神的看法不是对客观（实在论的）真理的把握，而是由人类本性和社会习俗（生活形式）界定的东西。克塞诺芬尼认为，我们可以克服

---

❶ Frag. 14–16. 所引《残篇》遵循的是迪尔斯－克兰茨版（B 部分）的顺序，如果没有特别说明，翻译来自弗里曼。

这些主观性影响。但是他对神的解释在这里与我们的讨论无关，重要的是他用矛盾的看法来阐明大部分宗教主张的相对性。当怀疑论者使用同样的矛盾来支持自己的结论——在关于神的对立性观点中做出选择是不可能的——时，他们延续和推进的正是克塞诺芬尼的这一立场。❶

人们在克塞诺芬尼的如下表述中发现了另一个反题例子："如果神没有创造黄色的蜂蜜"，我们"会说无花果更甜"。❷ 同样地，道德问题也避不开信念对主观因素的依赖，它不揭示超越的真理。当皮浪主义者建议我们通过事物在我们的生活中"出现的持续性或罕见性"来判断其价值❸，因而不能确定任何事物"本身"的真正价值时，他们持有的是同样的看法。❹

基于这些反题，克塞诺芬尼最后指出没有人能够认识清晰明白的真理，推测（dokos）适用于所有事物。❺ 根据塞克斯都的说法，他把寻找真理比作在一个黑暗的房间里寻找金子，因为人们不知道自己什么时候找到了它。❻ 虽然如此，他认为人类仍然能够学着更好地去理解事物，❼ 提出他的形而上学是种推测，接近于实在的推测。❽ 就像学园派和皮浪主义哲学家都承认的那样，这种对更具主观性观点的承诺预示着后来的怀疑论。❾

---

❶ *DND* 1. 76 – 1. 77，cf. 81 – 83.

❷ Frag. 38.

❸ 黄金稀有而珍贵，水量多而无甚价值（虽然它也很重要）。

❹ *PH* 1. 141 – 1. 44，D. L. 9. 87 – 9. 88.

❺ Frag. 34.

❻ *AM* 7. 52.

❼ Frag. 18.

❽ Frag. 23 – 26.

❾ *PH* 1. 224 – 1. 25，*Ac* 2. 74. 皮浪的学生蒂孟在他的讽刺诗中将克塞诺芬尼视为怀疑论的一个主要成员。

然而，并不是克塞诺芬尼的结论，而是他得出结论的方式（通过反题）才是他对产生古代怀疑论的那一潮流做出的最大贡献。❶

二、赫拉克利特

　　虽然赫拉克利特对克塞诺芬尼有所反感，但他是继克塞诺芬尼之后下一个重要的对反题感兴趣的前苏格拉底哲学家。他声称世界充满了变化和矛盾，这不仅使他热衷于关注冲突状态（战争与和平、冬天与夏天、饥饿与饱腹），而且热衷于其格言警句中层出的那些对立性观点。他写道"上升的道路和下降的道路是同一条路"，❷ 同一条道路可以从不同的两个方面去看。在圆圈上始点和终点是同一的，❸ 当我们书写的时候笔画既是直的又是歪的。❹ "和谐的宇宙不过是随意堆积起来的一堆尘土。"❺ "我们同时踏入和不踏入"同一条河流，❻ 因为河水一直在流动。❼

---

　　❶　与巴恩斯的观点相反，见巴氏著作《前苏格拉底哲学家》（*The Presocratic Philosophers*）第七章（这方面也可参见 *PH* 1.224－1.225，2.18－2.19）。

　　❷　Frag. 60.

　　❸　Frag. 103.

　　❹　Frag. 59.

　　❺　Frag. 124.

　　❻　Frag. 493.

　　❼　参见威尔伯（Wilbur）和艾伦（Allen）的《希腊哲学家的世界》，第67页。在《残篇》12那里表现出来的那种困境可做类似的解释（见罗宾逊的《早期希腊哲学导论》第91页），就像柏拉图的记述（《残篇》A.6，《克拉底鲁》4023）——赫拉克利特说人不能两次踏入同一条河流——也可做类似的解释那样。但柏拉图不会采纳这种解读，然而他的解释是模糊的，与《残篇》12和493不相符，并被很多评论者加以质疑，比如罗宾逊（同上）、基尔克（《赫拉克利特》第366页）以及雷文和舍费尔德（《前苏格拉底哲学家》第195—197页）。

　　赫拉克利特的很多论述都涉及反题，我们无法在这里对其进行详细的考察，我们必须把我们的注意力集中在那些预示了后来怀疑论者的反题上。❶ "太阳的宽度相当于人脚的宽度"❷就是一个很好的例子。弗里曼逐字解释这一主张，认为它"让人难以置信"，因为赫拉克利特"似乎忽略了如下事实：……距离可以改变外表的大小"。❸ 然而这不是赫拉克利特的观点。相反，他只是想把从感知的和理性的角度得来的不同结论进行对比。《残篇》46、54、56、107 和 123❹ 使一些人认为这种比较表明赫拉克利特不信任视觉，但是这与赫拉克利特的其他论述不符。❺ 他可能更倾向于认为太阳的大小是相对于理性和知觉而言的（从知觉的角度来看，太阳的宽度确实相当于人脚的宽度）。无论如何，这里涉及的理性与知觉之间的区别成为怀疑论的一个基本主题，因为它确立了知觉的主观性。❻ 西塞罗（以及更后来的安萨里）在攻击感觉时❼就使用了太阳的真实大小与外观大小之间的对比这一案例。从不同距离观察物体得来的外观大小之间的类似对比是贯穿怀疑论讨论的一个常见主题，

---

❶　比如 Frag. *58/79/96/99.*

❷　Frag. 3.

❸　Freeman, *Companion to the Presocratic Philosophers*, p. 112.

❹　基尔克忽视了《残篇》123 中的相关部分。

❺　《残篇》55："不管是视觉对象还是听觉或经验中的对象，我都非常看重"。这与古特里的看法（《希腊哲学史》）相左，不必为了接受赫拉克利特的看法而放弃视觉，视觉恰恰证实着赫拉克利特的看法（比如，视觉表明上升的道路和下降的道路是同一条道路）。

❻　比如可参考卡尔尼亚德斯对标准的反驳论证（《反对博学家》7. 159 - 7. 164），还有塞克斯都的看法即感觉印象将我们与实在分开（《皮浪主义概论》2. 72 - 2. 75），以及后面章节的讨论。

❼　*Ac* 2. 82, *De Fin* 1. 20.

并被进一步形式化为皮浪主义"十式"中的第五论式。❶

　　赫拉克利特与怀疑论的紧密关系还体现在他对主观状态——睡眠与清醒❷、醉酒与冷静❸——的比较中，这些主观状态提供了对实在的不同感知。特别是在将梦境、幻觉和迷狂视为最高真理的潜在来源这一文化背景下，异常状态无法被轻易拒绝，它们与正常知觉之间的对比成为一种激发反题的标准方式。在这个过程中，哲学家们阐明了人类的信念是相对于人的知觉状态而言的。

　　当赫拉克利特以克塞诺芬尼曾讨论过的主题为基础，对比不同物种之间的观点时，更加普遍的信念决定因素就被激发出来了。就像他所说，人类爱清泉胜于泥土，爱黄金胜于糠秕，然而猪爱泥土胜于清泉❹，驴爱糠秕胜过黄金。❺"海水纯净又肮脏——对于鱼来说它可以饮用和维持生命，但对于人来说它不可饮用且会致命。"❻虽然赫拉克利特仍然认为人类的观点是优越的，❼但是他所引用的那些例子成为后来许多怀疑论论点中的对立性结论的基础。❽

　　当赫拉克利特提出自己对对立问题的哲学回应时他背离了怀疑论的途径。因为虽然他对知识采取了一种很谨慎的态度，但是他的警句如"自然喜欢隐藏"❾和"眼睛和耳朵是野蛮人

---

❶　*PH* 1. 118 – 1. 123，D. L. 9. 85 – 9. 86，Philo 181 – 183.
❷　Frag. 21/26/75/88/89.
❸　Frag. 117.
❹　Frag. 136.
❺　Frag. 9.
❻　Frag. 61.
❼　Frag. 82/83.
❽　*PH* 1. 40 – 1. 79，D. L. 9. 79 – 9. 80，Philo 171 – 175.
❾　Frag. 123.

的劣质证人"❶ 暗示了真理虽说是艰难的但不是无法获得的。❷它仍然可以在能够宽纳对立性观点的哲学立场中被发现。相反，怀疑论者对反题的回应是在任何主张的真理性上悬置判断。尽管这两个结论不同，但它们都是建立在对相反观点的同等有效性的共同承认之上的。

在后来的希腊哲学中，赫拉克利特与怀疑论的密切关系体现在埃奈西德穆那里，布罗查德称后者"与皮浪一样，是古代怀疑论者中最杰出的代表"。❸ 虽然他是古代怀疑论的关键人物（皮浪主义的复兴者和第一个总结其观点的人），但是他后来改弦成了一个赫拉克利特主义者。❹ 根据塞克斯都的说法，埃奈西德穆及其追随者将怀疑论视为"一条通向赫拉克利特哲学的道路（hodos），因为认为对立性现象的内容属于同一个事物会导向认为对立性实体的内容属于同一个事物"。❺ 正如塞克斯都回应的那样，这两种哲学根本不相容，虽然这并不意味着我们要去质疑埃奈西德穆的改宗。❻ 相反，鉴于反题在怀疑论中的核心地位及其在赫拉克利特观点中的重要性，上述举动就是可想而知的。布罗查德描述了这种可能发生的变化："在思考人类思想中的对立和对等性时，难道埃奈西德穆不会追问这种对立和对等性从何而来吗？人类的心灵，尤其是像他这样的人的

---

❶ Frag. 107.

❷ 《残篇》78（"出于人性无正确的理解，但出于神性则有"）似乎表明了一种激进的怀疑论，但赫拉克利特相信我们能够把握神圣之物（见《残篇》86）。

❸ Brochard, *Les Sceptiques Grecs*, p. 241.

❹ *De An* 9.5, 14.5, *AM* 7.349, 9.336–9.367, 10.216.

❺ *PH* 1.210.

❻ 就像策勒认为的那样，见《斯多亚主义者、伊壁鸠鲁主义者和怀疑论者》第278页，以及《苏格拉底与苏格拉底学派》第302页。

心灵是不会长久满足于此的，它需要一个解释。在对一切都表示怀疑之后，它想知道为什么自己会去怀疑。赫拉克利特体系正好给出了答案。对立双方之所以在思想中是同等有效的，因为它们在现实中就是同等有效的。"❶ 因此，埃奈西德穆对怀疑论的叛离（或者如伯里表明的，对他的追随者的叛离）就成了其哲学演变过程中的一种可以理解的延续。

三、埃庇卡摩斯

人们在阿尔克迈翁那里找到了怀疑论者的另一个早期身影，他声称诸神拥有确定性，但是人类必须使用证据来进行推测。❷然而，反题的发展在他的哲学残篇中并不明显，❸ 巴恩斯过多强调了他的怀疑论倾向。怀疑论者先驱中更重要、也更容易被忽视的是埃庇卡摩斯（Epicharmus），他将不同物种之间的差异进行对比，嘲讽荣耀，认为我们的信念是相对于人类本性而言的，因而并不像绝对真理那样可信。❹ "我们如此谈论事物，娱乐自己，认为自己天赋异禀，这些根本就不重要。因为狗对同类也可以表现得落落大方，牛、驴甚至猪也是如此。"❺ "那么人的本性是什么呢？吹牛而已！"❻ 这些见解很好地抓住了后来

---

❶　Brochard, *Les Sceptiques Grecs*, p. 285.

❷　《残篇》1，但是 1a 部分则说人类对事物有所理解。

❸　虽然他确实对物理世界中的对立有所解释，《残篇》2 可以被视为他对反题的思考。

❹　根据弗里曼，埃庇卡摩斯在这里戏仿克塞诺芬尼，但这与《残篇》5 和 10 的基调不太一致，也与他关于反题的其他论述不一致。考虑到《残篇》15，这一问题是复杂的，但它是一个不同的问题，甚至可以被不同地解释。

❺　Frag. 5.

❻　Frag. 10.

怀疑论的精神，它被用来攻击那些过于高估自己把握先验真理能力的独断论者。如蒂孟暗指埃庇卡摩斯时所言，"人只不过是装满了空洞观点的袋子"。❶

埃庇卡摩斯在其警言中也对日常观点加以质疑并引出反题，"我是一具肉身。肉身为秽，秽为粪土。如果大地盖亚为神，那么我亦为神而非秽"。❷ 卡尔尼亚德斯，最重要的学园派怀疑论者，沿着这条线索得出一系列的结论，反对有关神的标准理解，指出这些理解均能够推出山川河流日月星辰等无不是神的结论。❸ 然而，埃庇卡摩斯论证的内容并不像它采取的形式那样重要，因为它是怀疑论主张——人们可以通过连续的推论从任何主张中推导出一个反题——的一个明确的先兆。

这种引出反题的方法也可见于埃庇卡摩斯对赫拉克利特观点的拙劣模仿之中，❹ 即对万物皆变的观点的模仿。根据普鲁塔克的说法，这些模仿是很多智者论证流动说——如赴宴者非受邀者、欠钱者非借钱者——的基础。根据一个著名的故事，埃庇卡摩斯写了一个戏剧，其中一个赫拉克利特主义者因拒绝偿还贷款而被贷方殴打，他声称他已经发生变化，不再是借钱时的自己。当贷方被指控攻击别人时，贷方反败为胜，辩称自己不是有罪的一方，因为万物皆流，他不再是发动攻击的那个人。这样的情景（除了博人一笑外，埃庇卡摩斯出名于此）在常识——认为我们仍然是我们——和赫拉克利特学说——认为

---

❶ Aris. in Eus. 763c. 人们可以在文艺复兴时期的绘画中找到类似的情感，在那里生命的短暂性经常被描绘为孩子们嘴边吹着猪的膀胱。

❷ Frag. 64.

❸ *AM* 9. 182 – 9. 190.

❹ Frag. 2.

我们已经改变——之间建立起一种对峙。很容易看出为什么这种对立后来被用在归谬论证中，因为消除这种矛盾的最简单方法就是拒绝赫拉克利特的观点。然而，从怀疑论的观点来看这并不是一个令人满意的答案，因为怀疑论哲学随后辩称，每一种观点（包括赫拉克利特学说的替代性立场）都能被同等地驳斥。

四、巴门尼德

根据伯恩耶特的说法，怀疑论始于巴门尼德。❶ 鉴于我们已经注意到的那些倾向，这是一种误解，虽然它具有一定的真实性。更有可能的是，巴门尼德是克塞诺芬尼的学生，一些古代评论家认同这一点，巴门尼德采用反题论证模式来建立相似的结论（实在为一，始终如一而静止）。❷

乍一看，巴门尼德似乎与以怀疑论为目的的反题的发展历程无关，因为不同观点之间的对立在他的哲学中并不特别突出。他确实认为思维是相对于身体构造而言的；他写道，后者是

---

❶ Burnyeat，"Protagoras and Self – Refutation in Later Greek Philosophy"，p. 60.

❷ 见《形而上学》A5，986b18，《亚里士多德〈物理学〉释》22 – 24，第欧根尼·拉尔修9. 21 – 9. 23，《智者》242d。至少，巴门尼德的关联性不能因为他们的观点之间存在重要的差异而被否认——塔兰（同上，第3页）、基尔克、莱文和舍费尔德（《前苏格拉底哲学家》第165页，还可见第240～241页。在这些地方，他们写道："当然，在巴门尼德那里不仅仅有对克塞诺芬尼神学和认识论的表面继承。巴门尼德用六步格韵诗来写他的哲学著作很可能部分是受到了克塞诺芬尼的启发，后者在西西里岛和南意大利度过了他的那漫长的一生的后期岁月。"）是这样做的。人们可能会得出这样的看法，即芝诺不是巴门尼德的学生，或者维特根斯坦并没有师从罗素。

"众多任意躯干结合"的产物。❶ 但是他对怀疑论的最大贡献是在其他地方，即他认为理性没有能力处理矛盾。

在某些方面，巴门尼德的主要论点让人想起我们前述过的埃庇卡摩斯的警言，因为二人都以一个最初的陈述开始，经过一系列的推论，最终引向与开始时的陈述相对立的观点。在巴门尼德的例子中，最初的陈述是这样一个假设，即我们能够探索、思考和讨论非存在；它反而会导向相反的结论，即非存在存在。当巴门尼德继续前行开始拒绝日常推理——它设定了存在和非存在——的折返道路（palintropos keleuthos）时，他就将自己与怀疑论的消极维度联系起来了。正是沿着这条探究之路：

> 凡人一无所知
> 徘徊，善变；因为他们的无助
> 在他们的胸间，引导他们分心；他们被带着
> 既聋且哑，茫茫然如温顺的原人，
> 他们认为存在和非存在是一样的
> 因为二者都存在
> 又不一样，因为非存在不存在；一切道路
> 均会折返❷

在这里，巴门尼德认为，我们对存在和非存在的承诺将我们

---

❶ 根据亚里士多德和狄奥弗拉斯的说法，巴门尼德继续说道，正是"躯干组合物的实体"才思考，虽然一些当代评论家不同意这一点［比如甘勒普（Gallop）］。在我看来，认为亚里士多德和狄奥弗拉斯是错的这一看法是不可信的，尤其是不同的解释会使《残篇》中的前两行与后两行之间的联系变得难以理解。

❷ Frag. 6.4 – 6.9.

拉入两个方向，使我们成为"善变的"。因为人类是"茫茫然如温顺的原人"，徘徊在对实在的最终本性的无知之中。❶ 日常主张往往会自我否定，产生（像怀疑论者表明的那样）相反的观点。

巴门尼德与怀疑论的亲密关系受限于他的那种包含存在和一的形而上学（怀疑论者断然拒绝这种形而上学），虽然他似乎并不认为他在这方面的主张能够免于反驳。相反，他的论证削弱了所有的主张，包括那些关于存在和一的主张，因为这些主张依赖于他拒绝的那些区分（存在与非存在、生成与消亡、不同的颜色和地点、过去现在以及未来之间的区分）。❷ 就其逻辑结论来看，他对不变的、不可分割的、统一的实在的承诺破坏了他在言说或思考这一事实（更不用说说出真理了），因为它否认了具体个体的存在。❸ 当他拒绝常人所做的区分的时候，巴门尼德自己也意识到了这一点。❹

巴门尼德对反题的青睐还可以在柏拉图的《巴门尼德》中看到，这部著作描述了早期哲学家致力于一种能够不断引出相

---

❶ 塔兰（《巴门尼德》第 69～72 页）和伯内斯（Bernays）把这段描绘成对赫拉克利特的一种攻击。然而，它包含的批评是针对普通人的（这显然会拒斥巴门尼德的观点），一个更加具体的目标与关于"凡人"和"茫茫然温顺的原人"的一般探讨是不相符的。对于我所采纳的这一立场的一种决定性辩护可见盖勒普（Gallop）（"导论"，第 11 页），莫莱拉托斯（Mourelatos）（《巴门尼德之路》第 78 页），斯托克斯（Stokes）（《前苏格拉底哲学中的一与多》第 193～194 页），基尔克、莱文和舍费尔德（《前苏格拉底哲学》第 247～248 页）。

❷ 后面的那个区分是有争议的，可见格罗尔克的 *Parmenides' Timeless Universe* 和 *Parmenides' Timeless Universe*, *Again*。

❸ 参见 Gallop, "Introduction", p. 28.

❹ 我无法在这里为它辩护，但是我相信正确的结论是巴门尼德把他对存在和一的承诺看作超语言的，以及所有的主张都是如此。这种观点消除了他思想中的所有矛盾，并使他的哲学更符合韦斯特、班步罗和菲尔德纽斯的看法，即他采纳了一种神秘主义的观点。

反观点的辩证方法。❶ 以他自己关于一存在的结论为例，巴门
尼德有时对比不止两个，而是三个或四个结论，最后声称"无
论一存在或不存在，一与多——与自身和他者相关的多——在
任何方面都存在和不存在、显现和不显现"。许多评论者对巴
门尼德从他自己的哲学中推导出矛盾感到困惑，但这是由于他
们把矛盾视为巴门尼德观点的反面而造成的。巴门尼德也许认
为这些矛盾的出现是日常推理的软弱和反复无常的另一种表
现。❷ 事实上，他的哲学被这些推论证明是正确的，因为对存
在和一的真正理解必须超越人类理性（他将他的哲学放在一位
女神之口中并非偶然）。通过阐明理性的弱点，如下做法——
"将关于同一事物的同一方面的不同看法对立起来"——就像
《智者》中的爱利亚陌生人说的那样：为知识开辟了道路。❸

　　考虑到他最终拒绝理性和日常观点，当他提出一种对意见
（doxa）的有条件的认同时，巴门尼德预示了怀疑论的积极维
度。他宣称它是不可靠的和"欺骗性的"，❹ 尽管如此，他还是
最终提供了一个可以设想的最好的宇宙论版本。就像克塞诺芬
尼的形而上学一样，这种对猜测的有条件的接受代替了客观真

---

❶　*Par* 136a – c.

❷　在那些关于巴门尼德的通常解释——这些解释尊重《残篇》7.5 中提到的
他对推理活动（logoi）的认可——中存在很大的张力。根据康福德的说法，巴门尼
德是"拒斥矛盾假相的逻辑学先知"（*Plato and Parmenides*，p. 92）。与此相反，韦
斯特（*Early Greek Philosophy and the Orient*，pp. 221 – 222）的抱怨是正确的，因为
这样的说法很难与明显矛盾的观点相符。

❸　Frag. 1/8.

❹　对巴门尼德观点的这种解释消除了由柏拉图的《巴门尼德篇》提出的很多
困难。对"一"而非存在的强调仍然会受到批评，虽然这类批评似乎有些问题：巴
门尼德的观点表明二者是不可分离的。巴门尼德给柏拉图留下了深刻的印象（见
《巴门尼德篇》，尤其是《泰阿泰德篇》183e – 4，还有《智者篇》），这表明柏拉图
对他的观点非常熟悉。

理，这预示了温和怀疑论，虽然怀疑论者主张的是猜测只可作为实际事务的基础而非形而上学思辨的基础。

五、芝　诺

在巴门尼德的哲学继承者、爱利亚的芝诺提出的论证中，反题同样扮演着重要角色。他攻击复多性，认为复多性包含"有限和无限的"事物，❶"大和小的"事物，❷"相似和不相似的"事物。❸他用以攻击大多数人的那些具体观点的变体被怀疑论者加以采用，❹尽管他的影响要更加广泛。他给后来的思想家留下的遗产是，任何主张都可以被讨论和加以驳斥。❺

人们经常认为芝诺对巴门尼德的一的认同与其对普遍矛盾的认同是不相容的，然而我们已经看到，巴门尼德显然是认同二者的。根据欧德莫斯的说法，芝诺声称如果有人能向他解释一，他就能谈论存在的事物。就像辛普里丘表明的，这似乎意味着一需要一个解释以及芝诺驱除了多和一。❻无论人们在这

---

❶ Frag. 11.

❷ Frag. 9.

❸ Frag. 12. 这里使用的是李版本的记号和翻译。

❹ *D. L.* 9.72, *PH* 3.65 – 3.80.

❺ 那些认为芝诺的辩证法并不局限于对复多性的批判的研究者（Freeman, *Companion*, p. 157; Cornford, *Plato and Parmenides*, pp. 67 – 68; Von Fritz, *Real Encyclopadie*; and most importantly, Solmsen, "The Tradition about Zeno"）在我看来大体上是正确的，虽然在我们现在的讨论语境中并非他的实际思想而是他对后期希腊哲学的影响才是最重要的。

❻ 虽然亚历山大认为这意味着芝诺通过攻击物理学上的诸多单一体来攻击多，然而，由此就说芝诺没能意识到根据同样的理由一也是可以被拒绝的是不合适的，诸多的单一体与一之间的区别（如可见 Lee, *Zeno of Elea*, p. 26）似乎对于古代思维方式而言是陌生的（见 Solmsen, "The Tradition about Zeno", pp. 138 –139）。

一方面作何解释，芝诺对物理学意义上的最小的点的攻击都是基于一个原则（任何具有延展性的东西都是可分的），这意味着一没有大小（且不存在）或可分割且不存在（因为它包含复多性）。我们很难理解为什么芝诺没能看到这一点，特别是当他在很多其他观点中使用这一原则时。❶ 他用以建立多必须同时是零和无限大的那些具体步骤特别适用于一。正如基尔克（Kirk）、雷文（Raven）和舍费尔德（Schofield）所说："很难拒绝这样的结论……［这］确实削弱了巴门尼德的《真理》，芝诺完全意识到了这一点。也许他喜欢这样一种想法，即常识和巴门尼德的形而上学会因同样的辩证策略而陷入尴尬境地。"❷ 重要的是芝诺从来没有否认过一的矛盾本性，他反对多的论证表明它也是矛盾的，反对任何形而上学的。芝诺对反题的运用延伸到他的位置论证、运动悖论和谷堆悖论，还延伸到斐洛旁努斯记述过的一个论证那里。这些论点没有一个是攻击

---

❶ 以运动悖论为例。在二分法和阿基里斯追龟的例子中，运动悖论这一原则是非常明显的，虽然它也可以在飞矢不动和运动场例子中找到。这些悖论通常被解释为对时空不可分性的攻击，但是这并不表明芝诺否认延展性包含不可分性，因为讨论中的点是零量（zero magnitude）的（参见弗莱的《对希腊原子论者的两项研究》第71-75页，以及基尔克、莱文和舍费尔德的《前苏格拉底哲学家》第265页）。比如，飞矢的飞行经过的那些点必须有零量的空间延展性，因为这是飞矢所占据的那些唯一的点，在这些点上飞矢占据着"与自身等同的空间"。还必须有零量的时间延展性，因为时间类似于空间，飞矢的飞行是连续的。这样的解释似乎被芝诺关于点没有量的大小的论点所证实。类似的观点也可以用在运动场悖论上，虽然很难接受标准的看法，即运动场悖论是对不可分性的攻击。相反，似乎没有理由拒绝亚里士多德的解释。如果像李说的那样，认为芝诺的观点是"幼稚的"那就是没有理解这个观点提出的背景（在这种背景下，现代相对论的概念还被讨论着）。根据李的解释，我们将不得不认为柏拉图对相对性判断的忧虑是幼稚的，但正是这种忧虑成了接受理念世界的根本原因。

❷ Kirk, Raven, and Schofield, *The Presocratic Philosophers*, p. 269.

一的。❶

　　因此，后来的古代思想家毫无保留地把芝诺和反题联系在一起。比如，柏拉图问道："我们怎么能够无视爱利亚的帕拉穆德斯（芝诺）拥有一种言说的技艺，凭借这种技艺他能够使相同的事情对于他的听众而言同时呈现为相似和不相似、一和多或静止和运动。"❷ 与此相似，皮浪主义者蒂孟写道："伟大芝诺的力量，从不失败；可击败任何一方，亦可让任何一方取胜。"❸ 普鲁塔克在他的《伯利克里生平传》中提到了后一评论，在那里他说芝诺通过使用反题论证提升了其将对手带入无知状态（aporia）的能力。对反题的青睐能够解释亚里士多德的主张即芝诺发现了辩证法，❹ 在《亚西比德》中他是一个智者，❺ 在《海伦颂》开篇伊索克拉底的评论中芝诺被归类为智者，与高尔吉亚和普罗泰戈拉为伍。❻ 盖伦更进一步，将芝诺与阿那克萨图斯、皮浪一起列为怀疑论者，❼ 认为他拒绝一切称真的主张。

---

　　❶ 反对运动的观点可以被理解为对复多性的攻击，但这不是它们被呈现的方式，必须在不考虑芝诺是否支持这一个问题的前提下才能理解它们。李对斐洛旁努斯提到的《残篇》的解释暴露出他不愿意质疑芝诺将他的攻击限制在复多性上。他拒绝质疑的理由是"芝诺的所有其他论证都是无穷倒退的……"，虽然他自己也注意到了两个例外。另一个是论证的特点，他说这个特点与公元前 5 世纪后期的论证相仿。我们可以更容易地得出结论：芝诺是智者的先驱（见 Kerferd, *The Sophistic Movement*）。

　　❷ *Phaed* 261d6 – 8.

　　❸ *D. L.* 9. 25.

　　❹ *D. L.* 8. 57.

　　❺ 对这一主张的批评可见 Vlastos, "Plato's Testimony".

　　❻ 他认为芝诺和其他人否认虚假或矛盾的可能性，玩弄着流行的诡辩论论证。对这一问题的讨论，可见克菲尔德的《智者运动》（第 91 ~ 92 页）。

　　❼ DK A. 15.

六、恩培多克勒

芝诺之后的前苏格拉底思想家年谱很难（也许不可能）确定。我们只要注意到这些思想家对怀疑论的兴起做出了贡献就足够了。恩培多克勒是一个重要的例子。为了回应巴门尼德对消亡和生成的否定，恩培多克勒把它们解释为构成世界的基本要素（这些要素本身不会生成或消亡）之间的配置的变化。根据他的解释，这些要素是吸引（爱）和排斥（恨）的力量，以及四"根"：火、水、土、气。

当他说"我们通过参与土而理解土，参与水而理解水，参与气而理解气，参与火而理解火"时，❶ 恩培多克勒认识到了知觉的主观性。因为尽管恩培多克勒认为我们的知觉与客观世界相对应，但上述说法使思维有赖于我们的物理构造。❷ 因而神圣之物是我们无法企及的，因为它超越了物理性存在。❸

恩培多克勒指出，感官乃是捕获事物发出的流射的通道，他以此来解释感官的运作。在《美诺篇》中苏格拉底问道："你同意恩培多克勒的观点吗？存在之物抛出流射？……他们有这些流射进入和穿越的通道？……正如品达所说：颜色是形状的流射，它与视觉和可感的东西相称……［这］也能让你解释声音为何物、气味为何物以及许多其他类似的东西。"根据这一说法，"通过感－知觉而来的"印象"必然是真的"，❹ 是

---

❶ *AM* 7.121，115－16；*Phys* 160，26；*Met* B4，1000B6，*De Sens* 9.
❷ Frag. A86，105，106，108，109 and *Met* G5，1009b，10－25.
❸ Frag. 134，cf. *AM* 7.122.
❹ *Met* G5，1009b，15－20.

一种源自存在之物的流射。然而，这并不意味着我们可以超越信念的主观决定因素，因为感官通道的形状和大小限制了我们接收到的流射。只有那些符合感官通道的流射才能被接收，因此它们只能提供实在的部分内容。

　　恩培多克勒对感官的限度和能力的态度可以从他对传统问题的回应中看出，这些传统问题是由于不同感官之间的对立而产生的。正如塞克斯都指出的那样，"对于眼睛来说绘画似乎有凹槽和凸起，但是对于触觉来说则不是这样。蜂蜜对于舌头来说是令人愉悦的，但对于眼睛来说则不是这样；因此，我们无法判断说它一定是令人愉悦的还是相反……"。❶ 在试图解决这些差异时，恩培多克勒采用了"关于所有感官的同类相知理论，认为当某物符合任一感官的通道时，感知就会出现。这就是为什么一种感官无法判断另一种感官的对象的原因，因为对于感知对象来说，有些通道太宽，有些通道太窄，所以有些东西直接穿越而过没有接触，而另一些东西则根本无法进入"。❷ 从这个观点来看，感官并不是矛盾的或对立的，它们之所以矛盾或对立是因为它们反映了世界的不同（和部分的）方面，而这些方面是通过特定种类的流射表现出来的。为了全面地理解世界，我们必须接受所有的感官，以及它们所揭示的世界的所有不同方面。恩培多克勒写道："来吧，现在，用你的全部力量去观察每一事物是多么清晰，既不是比起听觉来更相信视觉，也不是比起舌尖的通道来更相信嘈杂的听觉，更不是不去信任任何其他的器官，而是不管以何种渠道去理解，都要以清晰的

---

❶ *PH* 1. 92.

❷ *De Sens* 7.

方式去把握每一事物。"❶ 这样的做法是否能够令人满意地解决不同感官之间所特有的各种对立，这一点是存疑的，但是在这里我们只需注意到如下暗示就够了：每一感官给予我们的都是一幅有限的世界图景。

恩培多克勒自己并不根据这些想法来拒绝实在论真理，但是很容易就看出，它们使我们对世界的看法变成相对于我们感官通道的大小和形状了。他自己也强调主观经验的有限本性：

> 凡人承蒙的尘缘是短暂的
> 劫数速临，他们犹如缭绕青烟
> 幽幽而逝
> 人只信自己的遭逢
> 千般殊途；却执迷自夸
> 彼如何知晓整全❷

七、阿那克萨戈拉

与恩培多克勒一样，阿那克萨戈拉认为世界是由基本的存在要素构成的。然而，这些"种子"太小，无法被感知，所以阿那克萨戈拉反对感官，声称感官的缺陷无法让我们判断真假，他通过指出当我们往白颜色中一次一滴地加入黑颜色时无法感

---

❶ *AM.* 7. 125.
❷ *AM.* 7. 123.

知到颜色的渐变来阐明我们的感官缺陷。❶

　　抛开基尔克、雷文和舍费尔德的看法，❷ 阿那克萨戈拉的感官怀疑论也可以在其他现存的残篇中看到，因为这些残篇强调知觉的相对性和信念的主观性。❸ 因此，"阿那克萨戈拉认为感知是由对立而来的，因为相似的并不会被相似的所影响……一个温度和我们一样冷暖的事物通过接触既不会温暖我们也不会使我们寒冷，我们也不能靠甜苦的相似物来辨别甜苦；相反，我们是由热知冷，由咸知鲜，由苦知甜，在每种情况中所知与所缺成正比。"❹ 这一段落的意义不能被夸大，它使知觉知识依赖于主观状态，声称对温暖、甜度或鲜度的感知不是事物本身所是的直接指示，而是我们主观状态的显露。"感觉表象"，阿那克萨戈拉解释道，"是那些知觉之外的外在事物的主观图像"。❺

　　根据亚里士多德的主张——阿那克萨戈拉告诉他的学生说事物"将会是他们所认为的那样"❻——来判断，阿那克萨戈

---

　　❶　*AM*. 7. 90. 这里的渐变论证在某种程度上让人想起了芝诺的谷堆论证。两者都预示了怀疑论者对连锁悖论的使用。

　　❷　Kirk，Raven，and Schofield，*The Presocratic Philosophers*，p. 384.

　　❸　在这一点上人们可能会想到阿那克萨戈拉的如下诡辩："雪是冻结的水，水是黑色的，因而雪也是黑色的"（《皮浪主义概论》1. 33），虽然人们必然会怀疑它是否真的是对感官的攻击。

　　❹　*De Sens.* 27ff.

　　❺　*AM*. 7. 140. 这里的 phainomena 指的是感觉印象，这是由语境和对特定感觉（视觉）的提及来确定的。狄俄提姆斯对德谟克利特观点的解释（塞克斯都对此有所讨论）可见下章的讨论。伯里将引文中的最后一个短语翻译为"非明显的事物"，尽管我们将看到这些事物在感官知觉领域对应着外部事物。目前，我们看到，非明显的事物被定义为通过其他事物而被知觉到的事物（《皮浪主义概论》2. 98），这意味着那些事物存在于感觉印象领域之外（对非明显事物的本质的探讨，可见下文的分析）。

　　❻　*Met* G5，l009b，25－30.

拉将信念解释为我们的主观状态被实在影响的方式。如此理解，只要我们知道我们的主观状态，我们似乎知道事物是其所是的方式。采用这种解读，阿那克萨戈拉的认识论就是对现代反实在论一个明显的预示，因为它将日常信念与哲学怀疑隔离开，将前者理解为我们受世界影响的方式而非外部世界本身的方式。阿那克萨戈拉差一点走向完全的观念论，只因为他相信理性能够超越感官的主观限制去发现一些客观真理。❶ 正如我们随后将看到的，人们在德谟克利特的思想中发现了类似的主张。

小　结

　　正是在前苏格拉底思想这一背景之下，我们才能更好地理解怀疑论者的直接先驱们的观点。甚至在这些先驱将他们的注意力转向对立问题之前，该问题就已然成了希腊认识论——它挑起了信念的相对性问题，对人类发现实在论真理的能力提出怀疑——的一个重要组成部分。在提出具体的对立来说明信念的主观性，批判理性在不同的观点之间做出选择的能力，以及在为反常的结论提供巧妙的论证时，哲学家们，如克塞诺芬尼、赫拉克利特、巴门尼德和阿那克萨戈拉，为产生怀疑论的那些争论准备了基础。

　　虽然如此，需要注意的是怀疑论者还受到了前苏格拉底思想中我们没有考虑过的多种趋势的影响。比如，在其对不同思想流派的分类中（塞克斯都著作的价值很大一方面就在于它对其他学派的归整），塞克斯都展示了怀疑论者对哲学家泰勒斯、

------

❶ *AM.* 7. 91 – 7. 92.

毕达哥拉斯、阿那克西美尼和阿那克西曼德的熟识。这些及其他哲学观点的多样性引发了怀疑论；它们相互对立，难以取舍。在这个意义上早期希腊哲学的发展就是一个反题——怀疑论者在诉诸各种"独断论"哲学家的对立观点时辨识到了反题——不断进展的过程。因而再次确信：怀疑论者是他们自身所处的智识环境的一个重要组成部分，他们援引了从早期哲学家那里继承来的典型对立。

　　从现代认识论角度看，前苏格拉底思想家那里的对立主题是次要的。我们仍然无法解决诸如芝诺悖论那样的悖论这一点是有争议的，但是希腊人所进行的那些讨论的重要性并不取决于现代认识论的这种看法。因为，虽然前苏格拉底思想家所讨论的那些具体对立似乎不再如此紧要，但它们确实表明信念与我们的主观观点有关，并提出了这样一种可能性：理性无法按照上帝之眼的视角来决定什么是正确的。这些问题的意义有助于接下来我们对人类发现实在论真理的能力的讨论。讽刺的是，正是部分地由于引发这一讨论的动机是我们不再在意的那些分歧，对立性观点的问题才变得如此普遍并成为这种激烈争论的焦点。如果没有这样一个明显的压倒一切的问题，哲学家们可能不会如此深入地探究信念的基础。❶

---

　　❶　相比之下，亚里士多德对怀疑论问题的处理出奇地轻率和无法令人满意，部分原因在于他对很多传统对立的常识性处理方式使得他对怀疑论问题的解决不那么重要。与现代哲学家一样，他忽略了这样一个事实：这些对立建立在一些更基本的问题之上，而这些更基本的问题是不容易回避的。

第三章　怀疑论的兴起

　　历史地看，怀疑论是怀疑论者的直接先驱中存在的三种倾向的完成。第一个倾向是对实在论的批判，第二个是采纳更具主观性的（反实在论的）信念观，第三个是对宁静这一道德－心理目标的承诺。我们已经讨论了前苏格拉底思想中的前两种趋势。为了了解它们是如何继续发展的，了解对立如何成为获得宁静的工具和成为怀疑论的前提，我们需要转向那些在怀疑论的诞生中扮演着重要角色的哲学家。

一、智　　者

　　虽然把智者看作一个统一的学派有失偏颇，但是值得注意的是他们都对怀疑论的兴起做出了贡献。我们后面再详论普罗泰戈拉的观点，现在我们通过讨论如下一点来开始我们对怀疑论的直接先驱的叙述：智者的观点和论证创造了一种氛围，该氛围引发了反题从而为怀疑论准备了道路。

　　智者特有的那种论证可以在《双重论证》（*Twofold Arguments*）中看到，这是一篇匿名论文，附于塞克斯都·恩披里柯的著作中。该文并不为一个明确的观点辩护，而是通过叙述支持和反对一系列对立性观点的典型论证（"在希腊由那些进行哲学思考的人提出"）来处理各种各样的话题，表明支持和反对的论证具有同样的说服力。虽然有些评论者声称该文的作者是普罗泰戈拉的追随者，但通常与他的学派相关的那些论证并没有得到特别关注，并且有迹象表明该文思想另有源头（第九节赞扬记忆术，第四节与普罗泰戈拉对真理的解释不符）。就我们的目的而言，注意到《双重论证》是对反题的精巧呈现就足够了。

《双重论证》中关于价值判断的部分尤其具有启发性。它的第一部分首先是对善恶同一性论点的辩护，引用了一长列的反对意见来阐明价值判断的相对性。比如，"死亡对那些死去的人来说是坏事，但是对殡葬人员和掘墓者来说就是好事"，虽然"半人马座人与拉皮斯人之间的战争对于拉皮斯人来说是好事，但是对于半人马座人来说就是坏事"。列举了很多这样的例子之后，作者转向了相反的假设——善恶并非同一，并通过指出对这一假设进行否定会导致不可接受的反题来为其辩护。如果你对你的敌人做了错事，那么结果是你对他们做了好事；如果生病是坏事，那么生病就是好事，如此，等等。因此，具体的对立被用来支持主要的对立的两个方面——善恶是一样的，也不是一样的。从主要的对立到小的对立的这种反复运动让人想起了巴门尼德主义者。

在《双重论证》的后面部分，作者从"得体与可耻"的角度讨论了价值，用一长列的对立来论证得体与可耻是同一的。例如，女性在室内洗澡是得体的，而在竞赛场洗澡则是可耻的。对男人来说，两种方式均是得体的。其他的例子则通过指出"不同的城邦和不同的族群认为可耻的事情"来说明得体与可耻的相对性。马其顿人认为少女婚前性交是得体的，但希腊人则认为这是可耻的。文身是色雷斯人的一种漂亮装饰，但对于希腊人来说则是一种惩罚。

　　　　斯基泰人认为战胜对手的勇士应该剥下对手的头皮将其挂在马勒上,将其头骨镀上金或银用以啜饮或祭拜。在希腊人中,没有人愿意与这样的人为伍。马萨哥特人将双亲分而食之,认为将他们埋在他们孩子的体内是最好的归宿。但是在希腊,如果有人这样做,他将被赶出这个国家,并因做出如此可耻可怕之事羞愧而死。

　　这些事例层出不穷,作者最后总结道:"如果有人命令人们把他们都认为是可耻的事物堆在一起,然后再命令他们将他们认为是体面的东西从这堆东西中挑出来,那么最后不会有什么东西剩下,他们会把这堆东西都分了,因为人们的意见是不同的。"对立的观点因此相互抵消,破坏了任何可能的共识。使用同样的比较和一些具体的例子,怀疑论者随后辩称没有办法建立起道德和宗教规范。❶

　　在其他情况中,怀疑论者在智者学派那里有其根源还明显体现在欧提德莫斯(Euthydemus)、安提丰(Antiphon)、克里提亚斯(Critias)等人所使用的反题中。高尔吉亚发展了一种修辞方法,该方法通过对立性观点而前进,明显与巴门尼德相左,意在论证无物存在,如果有物存在那么我们不可能知道其

---

　　❶ 可见 D. L. 9.83, *PH* 1.145 – 1.163, 3.218 – 3.234, Philo 193 – 202, *De Rep* 3.4.8 – 3.4.32 以及 *DND* 1.63, 1.81 – 1.88。关于卡尔尼亚德斯观点的大部分描述都遗失了,但仍有足够的内容让我们知道卡尔尼亚德斯使用了各种反题(见《论神圣制度》5.16.2 – 4, 6.6.2 – 4, 6.6.19, 23)。在这方面值得注意的是,他也使用了类似智者为不公正辩护的那些论点,声称这更符合自利原则(见《论神圣制度》5.16.12)。

存在，如果我们知道其存在那么我们也无法交流这一点。❶ 很难判断他的结论是出于严肃的考虑还是出于一种修辞技能的炫耀，但这是次要问题。无论如何，它们都可以用来反对任何主张，怀疑论者经常这样使用它们。❷ 因此，在《皮浪主义概论》中，塞克斯都为我们保留了高尔吉亚推理中最重要的部分。

更普遍地说，智者们在论证方面的独创性及其对修辞性辩论的投入有助于推广这样一种想法，即人们可以为任何主张进行辩护。因此智者的论辩与怀疑论的论证模式有许多共同之处，虽然同时也存在一定差异。尤其是，前者的目标是在辩论中获胜，而后者则意在追求一种不作决定的状态，一种欲望的弃绝。❸ 也许正因为如此，智者更注重推诿搪塞和仅仅是口头上的矛盾，虽然这些东西也出现在怀疑论那里，而怀疑论者则很善于修辞性展示。最著名的例子是卡尔尼亚德斯的罗马之行，据说他在那里为正义而雄辩，第二天又以同样有力的辩论反对正义。根据麦科尔的说法，他的演讲词读起来"更像（公元前）五世纪高尔吉亚时代的东西而非（公元前）2 世纪卡尔尼亚德斯时代的东西"。❹ 更合适的说法是，这些演讲词证明了这两个时代之间的连续性。

二、德谟克利特：原子论、观念论与宁静

我们知道德谟克利特是个原子论者。他声称原子和虚空是

---

❶　Frag. 3, *AM* 7. 65 – 7. 87.

❷　*PH*. 2. 50 – 2. 60.

❸　当然怀疑论者会争辩说，消除欲望是符合我们自身的利益的，但是这种自利概念与智者们的自利概念是相去甚远的。

❹　Maccoll, *The Greek Sceptics*, p. 41.

实在的最终构成部分，这似乎使他不太可能成为在怀疑论诞生过程中扮演重要角色的人物，但是对怀疑论的发展他有三个重要的贡献。因为这些贡献对应着其哲学的三个不同方面，我们在下面继续讨论时将对其加以区分。

（一）原子论

尽管它承诺了实在论真理，但是德谟克利特的原子论也有预示怀疑论思想的间接方面。德谟克利特怀疑感官和日常主张的真实性，因为它们与他关于原子的论断相矛盾，原子在德谟克利特看来是不可见或不可被感知的。感官太弱，无法感知原子，因此由感官得来的知识是不合法的，它是"杂种"。"真正的"知识必须通过理性和理智获得，"当杂种不再能看见更小的东西，或听见、嗅到、尝到、感知到更小的东西，而［事物］又更精微时"，理性和理智就要接管任务了。●

设想这样一种观点：我们对感官的日常依赖限制了我们对实在的认识，创造了一幅错误的世界图景。正如德谟克利特所言，感官带来的不纯知识只通过人类习俗（nomos）而存在，❷我们与实在分离，对实在一无所知。❸ 这里所表现出的那种怀疑态度可以从一个古代的见解中看到，该见解认为德谟克利特赞同"无可无不可"（ou mallon）——怀疑论者在宣称相反的观点同样令人信服时使用的一个惯用语。根据塞克斯都（《皮浪主义概论》1. 213 – 1. 214）、狄奥弗拉斯，❹ 也许还有克罗特

● *AM*. 7. 138 – 7. 139，Frag A. 37.

❷ Frag 9/11/125.

❸ Frag 6/7/8/10.

❹ *De Sens* 69.

斯的解释，德谟克利特用这一惯用语来表明在普通分歧中对立双方同等无效，因为对立双方都假定了日常生活中事物的存在。❶ 如此使用的这一惯用语表明了对原子和虚空而非一种成熟的怀疑论的坚守，虽然它对日常信念的拒斥是朝向后者迈出的重要一步。当他暗示理智知识植根于感官中时，德谟克利特自己表明这为一种更全面的怀疑论提供了基础。他问道，我们"可怜的灵魂"如何能够克服它们呢？❷

（二）观念论

德谟克利特原子论中的怀疑论意蕴已被广泛承认。与此相反，他与观念论之间的联系几乎无人知晓。这在一定程度上是因为评论家过分强调了他执着于回应巴门尼德否定变化（通过否定存在变成非存在，非存在变成存在）的论点。从巴门尼德的观点来看，德谟克利特的哲学是一个明显的失败（它赞同一个无法被解释的非存在存在），这表明他受其他问题促动。

---

❶ 尽管有这些证据，德雷西（DeLacy）认为，亚里士多德的评论和普鲁塔克对相关解释的"强烈"拒绝却表明了相反的结论：德谟克利特的无可无不可只意味着存在（由原子构成）并不比非存在（虚空）更真实。然而，普鲁塔克的强调标志着他对克罗特斯的蔑视（在他的评论中这是很明显的），而不是对这一特定观点的肯定。他的反驳是对比塞克斯都的解释还要激进的那种解释的攻击。与此相一致的是，原子论者对无可无不可这一原则的使用比他所允许的范围还要宽广（见亚里士多德的《物理学》G4，203b25s 和《残篇》A.8），普鲁塔克特意说明了他对怀疑论解释的拒绝，以这样一句话开始他下一段的讨论："但不管我们如何看待……"，他更深层的看法是，正是伊壁鸠鲁的观点允诺了无可无不可（而不是他对无可无不可这个用语的解释）这一点，成为他为德谟克利特观点进行辩护的关键。

至于亚里士多德，他在其他地方认为德谟克利特使用无可无不可这一表达是将其作为怀疑论结论的基础（《形而上学》G5，1009b10 – 11）。也许这说明德谟克利特采取了这两种解释，这两种解释都与他的观点相一致。

❷ Frag 125.

根据亚里士多德的观点，德谟克利特发展了他的认识论以便来解释各种传统的对立。这些对立包括早已耳熟能详的那些对比，比如人与其他物种之间的对比（"对于很多动物而言情况似乎完全相反"），还有不同个体所持观点之间的对比。同样的事情对一些人来说是甜的，对另一些人来说是苦的，有病的或精神失常的人对世界的感知与正常人的感知是不同的。事实上，如果几乎所有的人都有病或精神失常，那么健康的人就会被认为是有问题的。❶ 在不同时期，我们对世界的看法也有不同的特点——比如生病的时候和健康的时候，年轻的时候和年老的时候，等等。❷

原子论之所以有吸引力正在于它提供了一种关于世界的相反图像——它所暗示的。最关键的一点是，身体是由原子组成的，它与世界的交互及对世界的感知是原子撞击身体的结果。❸ 因而只要构成身体的原子改变了，那么知觉也会改变，通过"［身体］复合体❹内部的改变"，同样的事物对于不同的两个人可能会呈现得完全相反，"会由于一个小小的混合而改变，仅由于这一改变而呈现完全不同的样貌"。❺ 因此，构成身体的原子的不同解释了不同物种、个体和心理状态所持有的相反观点。

对对立性观点的这种解释的消极后果是德谟克利特的如下结论，即我们无法知道"真实"（etee）存在的东西，因为"实

---

❶ *PH.* 1. 213.

❷ 也许正是这种能达到如此效果的实验解释了第欧根尼·拉尔修在其《名哲言行录》9. 38 – 9. 40 部分所提及的那些行为。

❸ *Met* G5，1009b 7，*AM* 7. 136.

❹ 这里的"复合体"不是构成某些东西的原子，除非事物改变，否则它们保持不变。

❺ *De Gen*，A1 315b6.

际上我们无法确切地把握任何东西，除了随着身体条件的改变和进入身体影响身体的事物［原子］的改变而改变着的东西外"。❶ 因此，知觉的主观性使我们无法把握实在论真理。因为信念与身体的构造有关，我们"实际上对任何事物一无所知；但对我们每个人来说都有一个原子相互作用后产生的遗迹——信念"。❷

　　然而，德谟克利特的认识论并不是完全消极的，因为它表明我们可以根据我们的身体构造知道相对的真实，即使我们无法感知那些独立自存的东西。在这里，我们发现了德谟克利特思想中的观念论倾向：我们对感觉印象拥有直接意识意味着虽然我们的知觉是有限的，但是我们可以知道相对于我们的主观性而言的世界的真实本质。因此，在其《论证据》这部承诺为感知一辩的著作中，德谟克利特声称人类只能把握与身体一致的那些变化，这仍然表明某些东西是可知的。塞克斯都拒绝接受对感知的这种辩护，这误导了很多评论家，他们无法看到他不允许感知具有通达实在论真理的能力。相反，德谟克利特则认可感知，不过是在它们能够被用来把握观念论真理的意义上。

　　德谟克利特承认我们认识相对于我们的主观性而言的世界本质的能力，这也有助于解释亚里士多德在提及德谟克利特时的以下主张：德谟克利特相信"真理是主观的"，并且在昏迷状态中拥有的直觉经验是真实的。❸ 当然，后者在是否符合独立自存的外部对象世界的意义上是不真实的，但在它们能够真实地告诉我们从我们的视角出发世界是如何呈现的意义上又是

---

❶　Frag 9. , *AM.* 7. 136.

❷　Frag 7 , *AM* 7. 137.

❸　*De A.* , 404a29.

真实的。我们知道我们的知觉，并且知道它们是世界与我们的身体相互作用的结果。如此一来，"真理就存在于现象（phain-omena）之中"。❶ 对原子和虚空的理性认同仍然会削弱这样的主张：世界中的对象是坚固的、苦的、冷的或热的，但不会削弱这样的主张：当我们的身体与原子和虚空相互作用时，它们看起来就是这样的。

因此，德谟克利特的哲学认为现象（phainomena）是超越感觉的原子知识之外的次好选择。正如狄俄提姆斯报道的那样，它们构成了第二个真理标准，这种标准允许我们以一种主观的方式来判断存在于感觉之外的"非显然之物"。❷ 因此，现象可以用来判断外部事物，只要我们切记现象只显示它们是如何向我们显现的就行，"感觉到的现象是外部事物的［主观］图像"。❸

（三）宁　　静

德谟克利特关于现象的看法让我们能够更容易地理解他对实际事务的投入，后者需要比关于原子和虚空的形而上学思考更多的东西。然而，现象的真理并不是日常行为的充分基础（它还需要一个关于我们如何回应现象的决定）。根据狄俄提姆斯的说法，德谟克利特由此使用情感（pathoi）来作为"选取和恶绝"的第三个标准，它将允许我们决定如何行动。"我们觉得合我们意的东西是值得选取的，而觉得不合意的那些东西

---

❶ *De Gen* A1，315b6 10－11.

❷ *AM* 7. 140.

❸ 需再次注意：非显然之物"不显明自身，但可以通过他物而被理解"（《皮浪主义概论》2.98）。可与前面关于阿那克萨戈拉的讨论进行比较。

是需要恶绝的"。❶ 这一观点是德谟克利特认同感觉现象的自然延伸，需要一些这样的观点来完善他的哲学，使其成为形而上学思考、日常信念和实际事务的综合基础。

必须强调的是，德谟克利特建议我们应该做看起来恰当的事情，而不是意气行事，后者会带来灾难。因此我们应该谨慎地权衡行为。德谟克利特详细地阐述了这一建议，提出了一种由中道来获得幸福的方式，这最好被看作对反题问题的一个回应。注意到对立性观点之间的势均力敌，❷ 德谟克利特建议我们去选择那些能够使我们美满幸福的观点和行为方式：

> 快乐是通过适度的享受和生活的和谐创造出来的。过多或不足的东西容易改变，在灵魂中引起极大的扰动。被巨大分歧所扰动的灵魂既不安稳也不愉快。因此，人们必须专注于能够获得的东西，满足于自己所拥有的东西，少留意别人艳羡的东西，不要在心里记挂这些东西。相反，你需要想想那些不幸之人的生活，想想他们所受的巨大痛苦，以便反过来看到自己的所有和处境还算不错，甚至让人羡慕，而你也可以通过不再渴求更多的东西而获得灵魂的安宁……人必须……把自己的生活与处境更糟之人的生活比较一下，想想自己的幸运、别人的痛苦，想想自己比别人过得好很多。如果你坚持这样去想，你就会生活得更

---

❶ *Am* 7. 140. 其现代版本就是休谟关于激情的解释或密尔在《功利主义》中对可欲之物的解释。

❷ 论述好坏判断的相对性："那些给予我们好处的东西，也可能会给予我们伤害……深水有很多用处，但是也会有害，比如有淹死人的危险"（《残篇》172）。

加安宁……❶

这里的建议是，宁静可以通过专注于那些与扰乱宁静的想法相反的想法来实现。❷

这种关注境况较差者的想法，有时会与冷漠和对任何境况的无动于衷联系起来。但是德谟克利特宣扬中道和享乐，宣称一个人必须服从"生活的必要条件"，❸没有节日的生活"就像漫长的道路没有客栈"❹一样。正如第欧根尼·拉尔修描述的那样，他意在追求的"冷静智慧"这一目标意味着"行动的终点是幸福（euthumia），这与快乐并不等同……而是一种灵魂保持安宁和强大的状态，不受恐惧、盲信或任何其他的情感干扰"。❺因此，我们应该谨慎对待我们所经历的事情，但这不等于说我们应该拒绝活动（需要拒绝的只是过度的欲望和期待）。德谟克利特据说被称为"善笑者"（gelasinos），因为他嘲笑人们的愚蠢及其欲望的膨胀。❻

---

❶ Frag 191/3.

❷ 现代研究者对该方法的有效性事实重视不够。问题在于，我们天生倾向于将自己与那些境况较好的人进行比较，这些比较会产生（如德谟克利特警告的那样）痛苦和嫉妒。

❸ Frag 289.

❹ Frag 230.

❺ D. L. 9. 45.

❻ 当阿布德拉人要求希波克拉底治愈德谟克利特的疯狂和讥笑时，希波克拉底据说得出的结论是德谟克利特是正常的甚至明智的。其他轶事与下面一种传统看法有关：因广泛游学之故，德谟克利特对埃及和东方宗教传说有巨大兴趣。普林尼相信他是魔法的倡导者，就像希波克拉底是医术的倡导者一样。他还记述了德谟克利特建议使用人骨来治愈疾病。据说罪犯的头骨对某些疾病更有疗效，而客人的头骨则对其他疾病更有疗效。辛塞勒斯说德谟克利特在金、银和宝石上书写，而这些东西都是由其他材料炼制而来的。另一组非常不同的轶事讲述了德谟克利特的科学研究工作，据说这些研究让阿布德拉人免于灾难。

德谟克利特式理想的历史意义在后来希腊伦理学的发展中表现出来，后者把灵魂的宁静作为道德目标，把反题作为到达这一目标的途径。一旦德谟克利特指出，一个人可以通过考虑更糟境况中的人来克服自己的不幸感，其他人很快就会意识到还有许多其他方式来克服不幸福（比如通过提醒我们自己善来自于恶，内在的而非外在的东西才是重要的，等等）。目前我们只需注意：德谟克利特采纳的这种技巧传给了古代怀疑论，后者与那些催生不满和扰乱灵魂安宁的观点之间颇多龃龉。

三、普罗泰戈拉：实用性与反实在论真理

根据一些古代评论家［第欧根尼·拉尔修、斐洛斯特拉图斯（Philostratus）、赫西奇乌斯（Hesychius）、阿普列乌斯（Apuleius）］的说法，普罗泰戈拉是德谟克利特的学生。但这个看法通常被认为不实而不被采纳，因为两人的生活年代无法匹配。虽然欧文提出的年代考证可以使他们成为同时代人，且普罗泰戈拉受教于德谟克利特这一点在哲学上也并非毫无意义，二人表达了类似的关切，但是这个问题要想获得最终的解决也许是不可能的。

（一）对立问题

普罗泰戈拉对对立性观点的投入可以在第欧根尼·拉尔修的评论中看到，拉尔修说他是"第一个指出关于每个事物都有两种对立性观点（logoi）的人"。❶ 在他的两部关于"对立性观

---

❶　D. L. 9. 51，A20.

点"的著作（Antilogiai）中，普罗泰戈拉一定列举了一些具体的反题，❶ 但这些著作没有流传下来。根据柏拉图和塞克斯都的看法，普罗泰戈拉对比了人类和其他物种，❷ 并且还对比了青年和老人、醒者和睡者、健康人和病人所拥有的不同观点。❸ 亚里士多德同样认为普罗泰戈拉和德谟克利特的动机是一样的，即都是受相同的反题所激励。此外普罗泰戈拉还暗示了其他类型的对立，比如他说他不知道神是否存在，因为生命太短暂，问题太难。❹

（二）反实在论真理

普罗泰戈拉对对立问题的反应如果与其他古代反实在论者的观点相比较就会更容易理解。我们已经知道德谟克利特承认我们无法感知外部世界的真实本质，他认为虽然如此我们仍然可以确定它以一些特定的方式向我们呈现。这是一个背离一般实在论的重要动向，虽然他仍然承认我们有能力知道我们的精神状态以及由此而来的实在论真理。事实上，他认为理性仍然可以确定实在的终极构成是原子和虚空。与此相反，普罗泰戈拉的反实在论则走得更远，它拒斥一切实在论真理，根据主观表象来界定真理。在这个过程中，他拒绝了原子论的怀疑论维度（即我们不能"在实在中"把握"真理"），因为他的界定使实在和真理均成为可把握的。他可以与当代的反实在论者相比较，后者根据生活形式来界定真理，虽然普罗泰戈拉走得更远，

---

❶　D. L. 9. 55.

❷　*Prot* 333e - 4c.

❸　*PH* 1. 219，*AM* 7. 60 - 7. 64.

❹　DK A. 23，*AM* 9. 56.

把真理理解为相对于每个特定个体而言的真理。❶

　　普罗泰戈拉的观点在柏拉图的《泰阿泰德篇》中有所记载。柏拉图告诉我们，普罗泰戈拉认为，"每件事对于我来说呈现为什么样的它就是什么样的，于你亦然"。❷ 这意味着不同的人有不同的真理，但普罗泰戈拉接受了这一结果。举一个能使他的哲学更有道理的传统例子：对于风是暖的、热的还是冷的这个问题，没有一个标准答案。相反，不同的气候、年龄和健康状况都会影响人们对风之冷暖的判断，我们只能说对于某个人而言它是暖的或冷的。在现代思想中，我们想当然地认为，对温暖、大小、口味及其他许多概念的判断是相对于特定的个体而言的，尽管我们通常认为这将它们与其他类型的判断（如科学断言）——那些能够绝对地为真的判断——区别开来。相反，普罗泰戈拉认为所有的真理都是相对于特定的个体而言的，由此就取消了更高的（实在论的）真理。正是通过这种方式，普罗泰戈拉得出了令人吃惊的结论，即所有的主张都是真的，即使那些相互冲突的亦然。❸ 普罗泰戈拉用惯用语"无可无不可"（ou mallon）❹ 来表达这一点。根据他的解释，个人成了"万物的尺度"，因为"事物在我看来是如何的，它实际上就是

---

　　❶ 一些（虽然不是很多）研究者认为普罗泰戈拉的真理是相对于人性而言的，即相对于作为一个物种的人类而非某个个体而言的。这种观点不仅与希腊人的看法（See Kerferd, and Guthrie, *A History of Greek Philosophy*, 3：188 – 189）相左，而且与用以支持普罗泰戈拉式的相对主义的那些对立不符。这些对立包括人类与其他物种之间的差异，同时也包含醉酒者和清醒者、年轻人和老人、病人和健康人等不同个体的印象之间的差异。对个体的强调是这个时代的特色（比如昔勒尼学派也是如此）。

　　❷ *Prot* 386a.

　　❸ *AM* 7. 60，D. L. 9. 51，DK A. 13，14，15，21a.

　　❹ *Ad Col* 1109A.

如何的；事物在你看来是如何的，它实际上就是如何的"。●

这种对实在论的真理概念的彻底否定解释了塞克斯都的如下评断：普罗泰戈拉抛弃了真理的标准。普罗泰戈拉致力于普遍的真理，这种真理却是主观的，但塞克斯都这里说的真理标准指的是实在论真理，而它不能是主观的。他解释说：

> 有些人……将阿布德拉的普罗泰戈拉算作废除准则的那一类哲学家，因为他主张所有的印象和意见都是正确的，真理是相对的，因为向某人呈现的任何东西或某人对其发表意见的任何东西都相对于该人而言当下为真……因此，对于在疯狂中出现的现象而言，疯子也是可靠的标准，睡者是睡眠中出现的现象的标准，婴儿是婴儿期出现的现象的标准，古人是古时出现的现象的标准。不允许用此一境况去支持彼一境况是不合适的〔因为它避开了选择此境况而非彼境况的问题〕……正如有些人认为的那样，这个人拒绝标准，因为标准自认为是对事物本身的检验，对真假进行区分，然而他却不承认谬误，亦不承认任何物自体的存在。❷

普罗泰戈拉关于真理相对性的看法在这里与本身绝对为真的事物或事态形成对比。塞克斯都认为，不仅普罗泰戈拉拒绝实在论真理，欧蒂德谟和狄奥尼索多洛斯"据说也持有同样的看法，因为他们也把存在的和真的事物看作相对的事物"。❸ 在

● *Crat* 386a.
❷ *AM* 7.60–7.64.
❸ *AM* 7.64.

这三种情况下，我们都有明显的案例来反对如下一种通常的看法（该看法由伯恩耶特和其他人提出）：所有希腊人都接受了有关真理的实在论解释。

塞克斯都在《皮浪主义概论》❶ 中进一步阐明了普罗泰戈拉的观点，他在那里描述了普罗泰戈拉的学说，以便将其与怀疑论区别开来。在注意到普罗泰戈拉和皮浪主义者都引入了相对性，都认为向每个个体呈现的东西才是真实的之后，塞克斯都继续区分他们的观点。普罗泰戈拉坚持认为，世界和我们的身体是变易的，所有现象的原因（logoi）都存在于世界之中，并根据我们的主观状态而作用于我们。处于特定状态的人所把握到的原因是以某种方式向该状态中的人呈现出来的原因。因此，"人是事物本身的标准"，这不是说人类是以上帝之眼（实在论的）的角度知道这些原因，而是说他们以人类的视角知道事物的原因。❷ 因而正如德谟克利特已经说过的那样，知觉是相对于不断变化的外部世界和主观状态而言的。相比之下，皮浪主义者并不武断地认为"事物是变易的以及……所有现象的原因在其中存续，这些都是我们要悬隔判断的不明朗的事物"。❸ 从皮浪主义者的观点来看，普罗泰戈拉的问题在于他的前提，即一个变动不居的外部世界存在着，它包含着感知的原

---

❶　*PH* 1. 216 – 1. 219.

❷　对《皮浪主义概论》1. 217 中的这一论述做如下解释是无用的：人类能够在实在论的意义上对事物本身做出判断。因为这种解释与前面提到的段落以及塞克斯都的主张即普罗泰戈拉引进了相对性思想是不相符的。塞克斯都对普罗泰戈拉式的学说这一非明朗的事物——皮浪主义者攻击的地方——的概括（《皮浪主义概论》1. 219）并不包含如下主张：我们能够发现绝对存在的东西（皮浪主义者会拒绝的一个典范性的非显然真理）。

❸　*PH* 1. 219.

因。皮浪主义者则回避所有关于外部世界的指涉，拒绝任何关于外部世界的主张，认为它有可能并不存在（见第六章）。

（三）实用性

根据很多古代评论家的看法，普罗泰戈拉所提出的相对主义是站不住脚的、不一致的和荒谬的。亚里士多德针对普罗泰戈拉的观点提出了很多经典批评："他说在所有事物中人才是尺度，这仅仅意味着向每个人呈现的事物同时就是事物本身。但是一旦如此，同一个事物就既存在也不存在，既是坏的也是好的，更不用说其他的反题，因为该群人看似美丽的事物对于其他一群人来说可能就是丑的，向每个人呈现的东西被拿来当作尺度。"❶ 在其他地方，亚里士多德嘲笑普罗泰戈拉说，他必须坚持认为船只、墙和人是一样的东西。❷ 在更早一点的哲学中，柏拉图和德谟克利特都以类似的方式批评过普罗泰戈拉，认为他必须接受自己的观点或真或假，因为它们在一些人看来是错误的。❸

虽然它很难维持下去，但这种推理被很多现代评论家不加批判地接受了。首先，普罗泰戈拉坚持如下看法似乎并不是非常矛盾的：当亚里士多德说普罗泰戈拉错了时亚里士多德是正确的；对于亚里士多德而言这是正确的，但是对于普罗泰戈拉或其他人而言这是错的（如说香草冰淇淋你尝着好吃我尝着难吃并不矛盾）。只有当人们回避问题，认定真理不能以普罗泰戈拉提出的主观方式来解释时，矛盾才会出现。

---

❶ *Met* K6, 1062b13.
❷ *Met* G4, 1007b18.
❸ *AM* 7.389.

人们可能仍然会说，普罗泰戈拉让我们无法在信念之间做出选择（每个信念都是正确的），但这会忽视他将实用性作为抉择意见的基础的做法。他可以用这一点来捍卫自己的观点，并且仍然可以反驳批评者的观点而不必坚持他们是错误的，因为单单指出虽然他们的观点是正确的但几乎是没用的就足够了。苏格拉底假扮普罗泰戈拉是为了解释这如何使得他的相对主义与他是明智的、他的观点对别人来说更可取等主张相一致：

　　我确实主张，真理就是像我写的那样。我们每个人都是"存在的东西"和"不存在的东西"的尺度，但是，个体的人之间有着巨大的差异，对这个人而言"存在"并且"显现为"这样的东西，对另一人而言就会"显现为"那样。我的意思不是说，智慧及有智慧的人不存在，而是说如果我们当中有人能够将对一个人"显现为"坏的东西变成对这个人"显现为"好的东西，那么这个人就是有智慧的。另外，关于这个论证，无须纠缠具体措辞，要根据以下方式来更清楚地理解我的意思。比如，回忆一下前述的内容，即对一个病人来说，他吃的东西"显现为"苦的，但是对于健康人而言则"显现为"相反的状态。这两个人谁也不比谁更有智慧——而这是不可能的，不应由于这个病人确信吃的东西是苦的就认为他是无知的，也不应由于健康人确信相反的东西就认为他是有智慧的。需要做的是进入另一个更高的更好的阶段。因此，在教育中，我们需要做的就是把差的状态转变为好的状态。医生是通过药物来做到这一点的，而智者则是通过言辞。这不是说有人可以使以前确信错的东西的人变成确信对的东西的人，因为既不可能确信"不存在的东西",也不可能确信正在经验的东西——正被经验的东西为真——之外的东西。不过,我认为,当灵魂的状态不好时,它就会确信与这种状态相符合的不好的东西,所以如果灵魂的状态变好,那么他就会确信与之相符的好的东西。这些好的东西,有些人由于缺乏经验而称之为"真理",但我认为这些东西只是比早先的"更好"而已,并不"更真"。苏格拉底啊,我当然不会把有智慧的人称为青蛙,处理身体事务的人叫医生,处理庄稼的人叫农民。当庄稼不好时,农民就让它们克服不好的状态,获得好的状态。同样,有智慧的和优秀的演说家使得好的东西而不是坏的东西对城邦显得更可取。我认为,凡是对城邦"显现为"正当可取的东西,并且只要城邦认可这样的东西,那它们对于城邦而言就看上去是正当的。同理,能够以这种方式进行教育的智者就是有智慧的……❶

根据这种说法,所有的信念都是正确的,但是有些信念更好或更坏,这取决于它们的实用性,即给我们的生活带来好或坏的影响。正如苏格拉底在他的例子中解释的那样,同样的食物对健康的人来说是甜的,对病人来说就是酸的,确实如此,但是尝起来甜的食物更可取;在这个意义上,健康的人的观点是更好的。明智的人可以改变病人,让其觉得食物不再是酸的,将不好的观点置换为更好的观点。在其他情况下,明智之士可以改变一个不成功的人使其成功,或者改变整个群体使其由混

---

❶ *Th* 166d – 167c.

乱走向和谐。

因此，普罗泰戈拉认为，作为个体，我们应该根据对我们有利的事物来选择自己的观点。比如我们应该接受社会规范和习俗，因为比起无政府状态和不安全、不正义的状况来，它们更为可取。❶ 在决定我们应该接受谁为明智之人时我们可以依靠日常观察，看看谁在促进健康、教育后代、使个人更成功和在平复混乱方面取得了成功。做出这种决定也许没有万无一失的方法，而且会有一些相反的主张使这个问题变得模糊，但是对于谁被治愈了、谁的情况变好了等事情仍然有可能形成一种看法（人性为共识提供了一些基础）。当我们必须在相互竞争的思想家、意见之间做出选择时，实际后果应该成为决策的基础。❷ 我们已经在很多例子中使用了类似的方法——比如，当我们决定是否支持一项医疗程序时，我们往往不是通过听取我们不懂的技术论证，而是通过观察这一程序的常见后果来做出。

鉴于这种见解，普罗泰戈拉就可以宣称他自己是明智的，因为他注意到，当他的学生跟随他学习时别人看到了他们在进步。❸ 他乐于接受别人的评判（以及他相信能够达成实际共识），这一点可以在他信心满满的约定条款中看出：学生如果

---

❶ *Prot* 320c–f. 人们可以在 *Anonymous Lamblichi* 中找到另一种为 nomos 辩护的观点，该观点认为人们无法独自生活，如果想生存下去并繁荣昌盛，就必须与他人联合在一起。

❷ 因此没有理由接受苏格拉底关于普罗泰戈拉的论断，即普罗泰戈拉肯定认识到不明智之人对有利之物持有错误的信念。这一论断与普罗泰戈拉的主要观点相左，苏格拉底说普罗泰戈拉可能会因为他胡说八道而批评他。普罗泰戈拉可以承认所有人对于有利之物都持有正确的看法，尽管有些人会获得更多实际的成功（因为真理是相对于个体意见而言的）。

❸ *Prot* 318a.

确实认为他的教导不值得，可以拒绝付款给他。❶ 他的实际关怀及所获得的尊荣还体现在他被任命为图里宪法的制定者，体现在记载他与伯利克里一整天都在讨论一个被标枪投中身亡的运动员的报告里，他们试图通过最正宗的论证（orthotatos logos）❷ 来确定死因到底是标枪、投掷者还是比赛的组织者。

虽然很难更详细地描述普罗泰戈拉的观点，但现在清楚的是，它包含一种积极哲学，不能被亚里士多德、德谟克利特和柏拉图随便打发。其认识论的关键是将实践的成功视为摆脱对立和择取信念的方式。这一观点尤其重要，因为它预示了现代实用主义。与普罗泰戈拉不同，实用主义者认为实用性决定什么是"真实的"，虽然他们同样赞同将实用性作为信念的基础等类似的诉求。在这两种情况下，超验真理和形而上学思辨都因为更具实践性意义的信念标准而被拒绝。这里最重要的一点是，普罗泰戈拉在这个方向上的前进让我们离怀疑论者又近了一步。

四、梅特罗多洛和阿那克萨图斯：观念论与宁静

德谟克利特和普罗泰戈拉的哲学提供了一个普遍的背景，在该背景中那些影响力较小的思想家在怀疑论的兴起中所起到的作用得以彰明。他们的观点将德谟克利特和普罗泰戈拉的主题推向了更明确的怀疑论立场。不幸的是，现有资料的匮乏使

---

❶ *Prot* 328c – d.
❷ orthos logos 是"最直接的"思考方式，用巴门尼德的话说就是最少"回返的"思考方式。

得对某些重要思想家［比如纳乌斯法奈斯（Nausiphanes）］❶ 的解释太过偏颇以至于让人感觉他们不值得关注，虽然我们对一般哲学趋势和具体残篇的了解使我们能够勾勒出那些促成怀疑论兴起的最重要思想家的观点。

（一）开俄斯的梅特罗多洛

塞克斯都将开俄斯的梅特罗多洛（Metrodorus）刻画为一个抛弃真理标准的人，主张"我们一无所知，甚至不知道我们是否一无所知"。❷ 作为德谟克利特的追随者，他肯定熟知那些标准的对立，这表明他提示了怀疑论消极维度的最初形式。有时人们会认为，他的哲学的这一方面与他下面的主张是不相容的"凡人们感知到的事物都是存在的"❸。但是如果我们在德谟克利特的语境中来理解的话，那么所有的不一致就会消失。正如我们已经看到的那样，德谟克利特认为，我们能够知道被感知的东西可以（仅仅）作为主观经验的一个要素而存在，这与我们无法知道终极实在的本质这一主张是相容的。这样理解的话，梅特罗多洛的立场就是我们在德谟克利特那里发现的那种观念论趋势的一个自然延伸。然而，他的怀疑论思想走得更远，因为他还拒绝承认我们可以确定原子和虚空这种终极实在。因而他的认识论更接近现代思想中的观念论倾向。❹

---

❶ 此人将宁静立为道德目标（《残篇》3），并主张事物看上去既存在又不存在（《残篇》4）。

❷ *AM* 7.48，87–88.

❸ Frag. 2.

❹ 梅特罗多洛的观念论证明他不是（塞德利认为是）第一个怀疑论者。相反，怀疑论者提出了一种甚至连观念论真理也加以拒绝的更为激进的立场。

（二）阿那克萨图斯

梅特罗多洛的影响从他的学生士麦那的第欧根尼传到了皮浪的老师阿那克萨图斯（Anaxarchus）那里。尽管盖伦将阿那克萨图斯归类为怀疑论者，❶ 但阿那克萨图斯的一些主张如"存在的事物就像一幅风景画"，"类似在睡梦或疯狂中体验到的印象"❷ 等表明他更接近一种观念论的立场。阿那克萨图斯的反实在论承认我们感知某些物体，却质疑它们是否是绝对的实在（怀疑论者甚至怀疑我们知道被感知之物的能力）。为了回应普通事物确实存在这一看法，阿那克萨图斯将它们比作一幅风景画或睡梦、疯狂时接受的印象，这些东西并不反映外部世界。刚刚成熟起来的实在论真理因此被置换成了一种更具主观性色彩的反实在论。

在道德领域，阿那克萨图斯同样强调信念的主观性质，提倡通过将扰乱我们的东西与其反题对立起来从而获得宁静这一德谟克利特式的方法。根据第欧根尼·拉尔修的记载，当他死于暴君尼禄之手时，他保持了他的镇静，❸ 他知足常乐，有鉴于此，他被称为"幸福"（eudaimonikos）之人。这段故事可能是杜撰的，但是似乎阿那克萨图斯在抵制不幸方面确实非常成功。在一个著名的事件中，他治愈了亚历山大大帝在愤怒中杀死一个朋友后的沮丧之情。他的同僚们的温和方式失败了，阿那克萨图斯责备国王，向他喊道："你是亚历山大，全世界备受瞩目之人；而如今却匍地哀哭如奴，畏惧律法的严惩和人们

---

❶ DK A15.
❷ DK A16.
❸ D. L. 9. 60, 59.

的谴责，但是你才是民众的律法和正义的裁度者，因为你已经享有统治和管理的权利，而不是像奴隶那样服从众人之见的掌管。你难道不知道……宙斯身边常伴正义之神和律法之神，由此宙斯这一世界的掌管者所做任何之事就既是合法的又是公正的?"❶ 暂且不论阿那克萨图斯的行为正确与否，他的上述言行是德谟克利特方法的一个很好案例。他让亚历山大以一种相反的方式（一种认为他所做的是对的而不是错的方式）来看待他犯下的谋杀罪行，平衡亚历山大的情绪。那些一开始就认同亚历山大的人却无力帮助他。

五、苏格拉底：温和怀疑论

像梅特罗多洛和阿那克萨图斯这样的德谟克利特主义者在早期皮浪主义那里发挥着特别重要的作用。学园派怀疑论起源于柏拉图，更多受惠于普罗泰戈拉和智者学派。根据学园派的主张，甚至连柏拉图也是怀疑论者，虽然在这方面起最重要作用的是苏格拉底。

（一）苏格拉底的辩证法

苏格拉底的怀疑论倾向经常被忽视，这种忽视有时到了荒谬的程度。❷ 柏拉图把他刻画为一个追求知识的人，与此同时苏格拉底又反复提到我们并没有找到知识。例如，没有哪个道德术语的界定是令人满意的。相反，任何一个具体的定义都被

---

❶ Plutarch, *Alexander* LII Perrin.

❷ 比如在策勒的《苏格拉底与苏格拉底学派》（*Socrates and the Socratic Schools*）中就是这样。

表明是有问题的。苏格拉底那里常见的策略是反驳论证，它以一个问题的答案开始，推导出一个反题，继而终结于这一对立。就像策勒写道的："对每个问题的各个方面，苏格拉底都提出了每个概念在自身中或在与其他概念的关系中包含的对立……"❶传统的反题有时会在这种讨论中被使用，❷ 但是它们的作用很小，而苏格拉底，像后来的学园派那样，非常依赖他的这样一种能力，该能力能够在几乎所有观点之中不断发问并发现矛盾之处。❸

　　苏格拉底辩证法的一个很好展现就是《欧叙弗荣》（*Eu-thyphro*）。当欧叙弗荣决定起诉他父亲时，苏格拉底建议他先行给出一个关于虔诚的准确解释，❹ 这一对话进而演变为关于虔诚之本质的探讨。然后苏格拉底揭示了包含在欧叙弗荣对虔诚的界定中的矛盾。❺ 对此，欧叙弗荣抱怨说，他的主张被施了魔法，正在绕圈运行，拒绝待在它们被放置的地方。（苏格拉底回答说，它们就像戴达鲁斯的雕塑那样自己跑掉了。）当欧叙弗荣"绕了一圈"回到他开始的地方继而支持此前反对的观点时，讨论达到了高潮。❻ 在对话的尾声，我们看到欧叙弗荣无法为他的观点辩护，但我们没有得到一个替代的选项，一个对虔诚的正面解释。

　　这种探究活动背后的怀疑论可以在《申辩篇》中看到。在这部著作中，苏格拉底为其辩证法做了辩护，并暗示自己之所

❶　Zeller, *Socrates and the Socratic Schools*, p. 132.
❷　*Mem* 1. 1. 11 – 14, 3. 8. 4 – 10, 4. 2. 12 – 23.
❸　D. L. 2. 28, *Mem*. 2. 8. 4 – 10. 将这些有关苏格拉底的评论与努梅纽斯和拉尔修关于阿塞西劳斯的评论进行比较是有趣的。
❹　*Eut* 4b, 4e.
❺　*Eut* 7e – 8b, 10.
❻　*Eut* 15b – c.

以受到审判，是因为他让那些自认为有知识的人感到难堪。相反，德尔斐神谕宣告他才是希腊最聪明的人，显然是因为他认识到自己缺乏智慧。"先生们，有可能的是，事实上神是有智慧的，他的神谕意味着人的智慧微不足道或毫无价值，当他说起这个人，苏格拉底时，他只是以我的名字为例，好像在说……'在你们这些凡人中，像苏格拉底这样最聪明的人明白自己的智慧是毫无价值的'。"❶

（二）温和怀疑论

尽管苏格拉底有其怀疑论结论，但是当他说他"知道（oida）做错事、不服从人主，不管是神是人，都是错误的、可耻的"时，❷ 他似乎又拒绝了怀疑论。然而，怀疑论的核心是声称理性无法确定什么是真的，这一点与确信（conviction）是相容的。事实上，确信与动词"知道"的用法是一致的，只要它表达的是一种基于其他理由而获得的确定性。苏格拉底之所以持有这种确定性，是因为他的确信不是基于理性，而是基于神谕以及指导他个人事务的那个神圣的内在之声。❸ 甚至在《克里同篇》中，理性也只是用来处理与克里同相反的那一立场的工具（见下文）。信仰，而非理性，才是苏格拉底持有的信念及确定性的基础，他的立场与他的怀疑论是一致的。用现代的术语来说，他的立场是一种温和怀疑论。

苏格拉底温和怀疑论立场的另一个表现就是他对习俗和惯例的接纳（这一接纳可能会在道德上受到批评）。就像他的其

---

❶ *Apol* 23a – b.

❷ *Apol* 29b.

❸ *Apol* 31c – d.

他信念一样，这一接纳的基础是个人确信以及人类无法公平对待诸竞争性观点这一结论。例如，在《欧叙弗荣》中，苏格拉底认为对人父的传统义务要高于一个奴隶的权利，他为这一点辩护不是通过证明其正确性，而是通过拒绝欧叙弗荣的反面论证来完成的。苏格拉底认为，真正认识到我们的无知会让我们更谦卑，更不愿拒绝传统义务。正如他在某处说的，"你（欧叙弗荣）认为你对神圣、虔诚的了解是如此准确，以至于当这些事情发生时，如你所说，你不会担心自己因把生父置于法庭而有所失敬"。❶苏格拉底认为，我们在把握真确之物时的无能让我们无法毫无顾虑地拒绝传统习见。❷

在《理想国》中，苏格拉底攻击了由色拉叙马库斯和那些呼吁本性解放的智者们提出的对传统价值的批判。在《理想国》和《欧叙弗荣》中，他谴责了那些对神不敬的故事。❸ 在《克里同篇》中，他认为他必须遵守城邦的律法，因为它就像他的双亲一样❹，只有在这些律法有违习俗法和美德的时候，他才会不服从它们。❺

---

❶ *Eut* 4e.

❷ 人们当然可以正当地反驳说我们没有理由去接纳习俗，但是至少可以说这些习俗是最具有直觉吸引力的规范。

❸ *Rep* 2. 377c – 83c，*Eut* 6.

❹ *Crito* 50 – 54.

❺ *Crito* 47 – 48，*Apol* 31 – 32. 当苏格拉底拒绝世间功绩时他似乎是在拒绝传统，因为这些功绩在传统的希腊价值体系中扮演着重要角色。尼采在《偶像的黄昏》中谴责了对这些价值的拒绝。然而，苏格拉底对世间功绩的冷漠与其说是对希腊人力量观的扭转，不如说是它的一种变体，因为这种冷漠能使人应付任何境况（请注意亚历山大的说法：如果他不是亚历山大，他就会是第欧根尼）。苏格拉底在战场上展示了他对力量的推崇，《申辩篇》（33 – 34）中记载的他拒绝求助于怜悯也是如此，在他说逃避法律的制裁就类似于"最低等的卑贱者"的行为（《克里同篇》52）时也是如此。

在《克里同篇》中，当苏格拉底说即使他受到了不公正的审判时他也必须遵守雅典的律法时，他似乎采纳了一种不同的观点。但是即使在这里，他的论证也是对他人（在这里就是克里同）观点的一种批评，而不是一个独立的关于正义的论证。在这个过程中，苏格拉底通过设定一系列可能性不大的命题来为传统的道德原则之辩护提供一个暧昧模糊的基础：一个错误无法缓解另一个错误，❶ 他不遵守律法会摧毁后者，如果他逃跑的话他不会幸福，他儿子的情况会更糟，如此，等等。更重要的是，他的推理回避了这样一个问题：一个人能否通过用对父母的传统义务来类比论证对城邦的义务，并借此方式来接纳后者。我们很难知道苏格拉底是否想到了这些问题，虽然这些问题对他来说并不重要；他的观点的真正基础是一种个人确信。

（三）宁　静

尽管苏格拉底因其哲学家身份而著名，但令人印象最深刻的不是他的推理能力，而是他的性格。像其他早期怀疑论者一样，他主要关注的是道德事务，不是科学活动。❷ 尽管他很少详细讨论自己的观点，但他的生活和言论表明他追求宁静，这使他更接近怀疑论者。当他最后面对死亡时，他说一个人应该培养"免于对灵魂之命运焦虑"的状态。❸ 他自己在这方面的成功很好地体现了他的人格，柏拉图在《欧叙弗荣》《申辩篇》《克里同篇》以及《斐多》中对此有很多刻画（还可见《回忆

---

　　❶　试比较下面的说法：苏格拉底在《理想国》中指出，如果说谎能够将另一个错误最小化（例如通过阻止某人实施暗杀计划），那么说谎就是被允许的。

　　❷　*Mem* 1. 1. 11, *AM* 11.2, *Apol* 19b – d.

　　❸　*Ph* 114d.

苏格拉底》），在这些刻画中，尽管苏格拉底受到不公正的指责、审判和处罚，但是他仍泰然自若。当克里同要告诉苏格拉底死刑将至时，他说："我一直对你感到奇怪，因为我看到你居然睡得如此安详……在我以往的生活中我就经常想到你具有如此这般的品格是多么幸运，但是现在，在这种不幸的境况之中，当我看到你是如何坦然处之时，我更加感受到你的品格的伟大。"❶

在《理想国》开篇，苏格拉底因西法洛斯对老年阶段的解释而钦佩他。与其他人将老年解释为对宴会、会饮和性欲丧失兴趣不同，西法洛斯将其描述为从"一大群疯狂的奴隶主"（就像索福克勒斯说的那样）那里解放出来，这些奴隶主像暴君一样统治着人们。❷ 这是一个备受欢迎的改变，主要是因为它能带来心灵的平静。以一种让人想起德谟克利特的方式，一个人可以用这种平静来抵消伴随老年而来的孱弱无力（还可见西塞罗《论老年》）。一般而言，苏格拉底反驳任何观点的能力能够让他反对那种认为他是不幸的受害者的看法。当他谈到我们对死亡的普遍恐惧时他展示了这一技艺，他指出："先生们，恐惧死亡只不过是在一个人并不聪明的时候自以为聪明，以为自己知道自己本不知道的东西。没有人知道死亡对于一个人来说到底是不是一种至福，然而人们害怕死亡，就好像他们知道死亡是一种至恶一样。相信自己知道自己本不知道的事情，这当然最应受到责备。"❸ 因此，对我们认识死亡——我们不知道它是不是一种恶——的能力持一种怀疑论态度，能够让我们平

---

❶ *Ph.* 43b. 特里德尼克（Tredennick）译本。
❷ *Rep* 1. 329d.
❸ *Apol* 29b，28b－29a.

静地接受死亡。我们必须严肃对待这一观点：死亡是好的，也许是最好的。在《斐多》（114d）中，苏格拉底告诉我们，我们应该冒险持有一种充满希望的观点，像咒语一样重复它，因为当我们面对死亡时它能够激发我们的信心。他在安慰克里同时说，死亡可以带他进入天堂般幸福的境地，只有他的身体才会被焚毁或埋葬。❶

在很多情况下，苏格拉底都能够用一种异于常人看待特定境况的看法来保持冷静或培养他人的冷静。当他被踢了一脚而众人惊讶于他的无动于衷时，他反问说自己是否应该表现得像头驴那样，仅仅因为别人踢了他一脚。❷ 在另一个场合，据说他告诉赞西佩不要羞耻于为客人准备的那些微薄晚餐，"因为如果他们是理性的，他们会忍受它，如果他们一无是处，那么我们不必对他们上心"。❸ 在这些以及许多其他例子中，❹ 苏格拉底发现了一种反驳关于怨恨、不幸、愤怒、羞耻或失望的日常看法的论证方式。他设法在最艰难的环境中保持平静，为皮浪、阿塞西劳斯以及后来的怀疑论者对宁静的系统探索提供了一个范例。

六、麦加拉学派

苏格拉底与怀疑论的联系延伸到了他的追随者和相关学派那里。麦加拉学派由欧几里得领导，他融合了苏格拉底和巴门

---

❶ *Phaedo* 115C－16, *Apol* 4oc－1a, *Crito* 54b－d.
❷ D. L. 2.21, 2.35.
❸ D. L. 2.34.
❹ *Mem* 2.2, 3.72, 3.13.4－6.

尼德的辩证法，坚持存在的统一性和变易的不可能性。怀疑论思想中对时间的巴门尼德式批评很有可能继承自这一学派。❶该学派的思想表明巴门尼德的影响仍是一种不可忽视的力量，很多麦加拉哲学家在随后的发展中发挥了重要的作用［塞克斯都提到的有艾利斯的阿里克塞努斯（Alexinus of Elis）、斐洛（Philo）、欧布里德（Eubulides）和狄奥多鲁斯·克洛诺斯（Diodorus Cronus）］。麦加拉学派最杰出的代表是斯提尔波，据说他教导过皮浪的追随者蒂孟。皮浪可能是布莱森的学生，后者常被认为是斯提尔波的儿子。❷ 更有可能的是，苏达斯认为布莱森是苏格拉底或欧几里得的门徒，不管是哪种情况，他都提示了苏格拉底和皮浪之间的联系。

七、摩尼穆斯和昔尼克学派的不动心

　　除了麦加拉学说，斯提尔波还支持昔尼克学派的道德观。后者起源于苏格拉底的追随者安提斯泰，他将苏格拉底的目标——无论发生什么，都要保持宁静、独立和不动心——发挥到了极致。斯提尔波并不关心物质上的损失，他说流放并不是一件坏事，他女儿不检点的生活也没有让他感到丢脸。

　　最彻底的昔尼克主义者过着乞讨生活，采取最严厉的禁欲主义，反对日常虚荣和欲望，通过拥抱苦难来使自己习惯苦难。他们认为，奴役或自由对于智者来说是无关紧要的。安提斯泰的学生，昔尼克主义者西诺珀的第欧根尼，在很多方面都是最

---

❶ Groarke, "Parmenides' Timeless Universe, Again".

❷ D. L. 9. 61.

引人注目的古代哲学家。尽管他和其他昔尼克主义者走向了极端，但重要的是要看到，他们是一种更加普遍的趋势的一个组成部分，这一趋势将不动心视为一个可以通过反题来培育的理想状态。这一看法从第欧根尼传递到克拉提斯，再到芝诺和斯多葛学派，他们把对外在事物的不动心状态看作他们思想的核心部分。然而，斯多葛学派只是这一效应的一个例子：不动心、宁静和反题在相互竞争的学派中都同样重要。爱比克泰德建议我们必须控制自己的目标和欲望而不是外在事物；❶ 伊壁鸠鲁关心的是长期的而非短期的幸福；摩尼穆斯（Monimus）说，万物是由我们对其的看法决定的；❷ 而怀疑论者则试图通过采用一种看待事物的相反方式来排除那些扰人的想法（见下文），凡此种种，都是这同一趋势的一部分，它们说明了不同思想流派之间的基本统一性。

摩尼穆斯

昔尼克学派与怀疑论的联系最明显地表现在摩尼穆斯这里。记载其观点的现存文献并不多见，盖伦（Galen）将其（与芝诺、阿那克萨图斯和皮浪）划归为怀疑论者，❸ 塞克斯都将其视为那类抛弃真理标准的人，❹ 塞克斯都和米安德（Meander）都报道过他的如下主张：一切信念都是虚假的（tuphos，"愚蠢的"，字面上是"烟雾"的意思），"一个非存在存在的虚幻想

---

❶ *Ench* 1, cf. *Dis* 7.27, Frag, in Gel. 29.15–21.
❷ *Med.* 2.15.
❸ DK A.15.
❹ *AM* 7.48.

象"。❶ 这不是说无物存在，而是说我们认为存在的事物并不存在于我们的知觉之外（就像物自体那样）。正如我们已经看到过的那样，塞克斯都告诉我们，与阿那克萨图斯一样，摩尼穆斯"把存在的事物比作一幅风景画，认为它们类似于睡梦或疯狂中经验到的印象"。❷ 这意味着感觉印象，像梦境和幻觉那样，代表的是心理状态而非外在事物，我们无法知道超出它们之外的世界。

摩尼穆斯的格言"事物取决于我们对其的看法"❸ 似乎隐含着一种类似的观念论，因为它攻击了一些事物和境况客观上是好的或坏的这一看法。确切地说，一种境况是好是坏（幸运还是不幸）取决于我们采取的观点。像德谟克利特、苏格拉底以及其他人一样，摩尼穆斯同样建议如果我们对事物采取正确的看法，那么我们就会在任何境况中都感到满意。通过采纳这样一种看法，摩尼穆斯再次将由绝对事物构成的客观世界置换成了一个由人类对特定处境的反应所构成的主观世界。

八、昔勒尼学派：外部事物和他心

在所有苏格拉底学派中，由昔勒尼的亚里斯提卜（Aristippus）领导的昔勒尼学派是最终发展为怀疑论的那种反实在论趋势的最重要代表。他们诉诸传统的对立，认为感官不可信，❹ 事物在不同环境中对不同的个体和不同的物种按照不同的方式

---

❶ *AM* 8.5，D. L. 6.83.
❷ *AM* 7.88.
❸ *Med* 1.15.
❹ D. L. 2.93，2.95.

呈现，这表明我们不能判断外部事物的本性。❶ 因此，昔勒尼主义者悬置了对外部事物本性的判断，承认它们"看上去如何"（phainetai），但拒绝更进一步和使用"是"这个词。❷ 这一举动非常接近于观念论回避实在论主张的那种企图。因此，他们不说外部事物是甜的、热的或黑的，而是说他们自身被"甜到""热到""染黑"——也就是说，用的是那些陈述他们自己的印象和感受（pathoi）状态的主张而不是任何关于外部世界的断言。❸

与现代观念论者类似，昔勒尼主义者将关于感受的主张看作一种确保真理的方式；❹ 我们至少能够知道我们的印象，每一个印象自身之内都包含着"确保自身为真的明显特征"。因此，如果意见"限制在我们的反应范围之内"，那么它就不会出错，但是当它"超过界限参与关于外部事物的判断和声明"时，它就会无休止地与自身纠缠并陷入冲突之中。❺ 这预示了皮浪主义者，虽然后者认为诉诸感受并不是发现真理的途径而只是处理实际事务的一种方式。

从现代认识论的立场来看，昔勒尼学派以及我们注意到的其他趋势的一个重要方面是他们非常重视那些将不同个体的观点区别开来的东西。与此相反，现代观念论认为人的感觉印象是统一的。当然，古代人对个体性事物的强调在某种程度上是由对立推动的，而这些对立在现代已经不再那么令人困惑了。

---

❶ *Ad Col* 1120C – E，Aris. in Eus. 764c，D.'L. 2. 92.
❷ *Ad Col* 1120D，cf. *AM* 7. 190 – 200.
❸ *Ad Col* 1120D – F.
❹ *Ac* 2. 20，D. L. 2. 92，Eus. 718c，Aris. in Eus. 764c.
❺ *Ad Col* 1120E – F，cf. 1121C.

然而，在昔勒尼主义者这里，他们已经提出了那些被现代观念论所忽视的真正问题。尤其是，昔勒尼主义者认为知觉与外部世界对应的不可能性会引出另一个问题：我们如何能够知道其他个体是否有与我们相似的印象（他心问题）？就像塞克斯都在描述昔勒尼学派的观点时指出的那样：

> 发生在我们身上的感受向我们揭示的只是它自身。因此，只有我们的感受对我们来说才是显然的，至于产生这些感受的外部事物，虽然可能存在，但对我们而言不是显然的。因此，虽然我们对自己的感受可以加以正确的判断，但至于外在事物方面，我们则无法判断。前者是可被认识的，后者不是。由于位置、间隔、运动、变化和其他原因，我们的灵魂无法辨识它们。所以，他们主张不存在对人类来说是共同的标准，存在的只是称呼事物的共同的名称。因此，尽管人们都在使用"白""甜"等词语，但事物并无共同的白色属性或甜的属性。每个人都只能感觉到他自己的感受，至于这个感受在他自己这里、在同伴身上是否都是由白色的事物引起的，无法感觉同伴的感受的这个人是不能做出断定的，同伴亦如此。人们之间并无共同的感受，说向我显现为如此这般的事物也会向同伴显现为如此这般，这种说法是轻率的。所以，我是这样被构造起来的，以至于能够从给我以印象的事物那里获得一种白色感觉，但另一个人因其不同的构造方式可能会获得不同的感受。对我们显现为如此这般的事物并不总是对每一个人都显现为如此这般。事实上，这种差异在黄疸病人、眼疾患者以及那些正常人的情况中是显而易见的。因为在同一个对象

的作用下，有的人会感受到黄色，有的是暗红色，有的是白色。同样，那些正常的人对同一对象的感受也是不一样的，比如灰色眼睛的人接收到的感受是一种，蓝色眼睛的人是另一种，黑色眼睛的人又是一种。❶

这在当代研究中从未被提及，这是对他心问题的经典表述。现代科学可以解释产生这一问题的某些反题，但是我们如何能够知道他人拥有与我们类似的知觉这一基本问题至今仍然存在。❷

在道德领域，昔勒尼主义者同样强调个人感受，认为我们只能通达我们自己的情感，没有什么是天生公正或首要的。❸因此，我们应该推崇我们的情感而非普遍原则作为我们获得快乐这一最高之善的指导。❹ 正如古代和现代的很多评论经常提到的那样，快乐这一概念在很大程度上偏离了苏格拉底的美德，后者主张我们不应该让快乐左右我们，❺ 当我们考虑快乐时，贫穷与富裕、奴役与自由、高贵与卑微、荣誉与耻辱都是不相关的。❻ 这是禁欲主义开始盛行的标志，亚里斯提卜感觉有必要针对这一趋势写下两部著作：《致那些责备他喜好陈酒和女

---

❶　*AM* 7. 194 – 7. 198.

❷　一个更加基本的问题是唯我论问题。它在昔勒尼学派的观点中并没有起核心作用，虽然至少亚里士多德意识到了这个问题，尤其当他批评亚里斯提卜的追随者说他们不知道他们的老师是否存在时（《福音预备》765c）。人们可能会对此做出各种解释，但重要的是如果想对昔勒尼学派做出令人满意的回应的话，就需要证明我们能够把握他心的存在和本质，而不是想当然地认定如此。

❸　Aris. in Eus. 764c, cf. *Ac* 2. 142.

❹　D. L. 3. 91, *Ac* 2. 131, Eus. 764a.

❺　D. L. 2. 75.

❻　D. L. 2. 94.

人的人》和《致那些责备他生活奢侈的人》。❶

昔勒尼学派与外部世界

尽管我们已经在昔勒尼学派的观点中有很多接近观念论、反实在论的东西，但是伯恩耶特认为由此就得出结论说昔勒尼学派预示了现代思想家是错误的。尤其是，他不认为昔勒尼主义者探讨了外部世界问题，坚持认为将他们有关内在情感和外部对象的观念比附于现代的外部世界概念犯了"时代倒置的"错误。❷ 根据他的解释，现代哲学家用"外部"一词指的是"外在于心灵"，而希腊哲学家用"ektos"一词来表示"外在于身体"。由此可见，"人的身体在哲学上还没有成为外部世界的一部分"，不是怀疑论探究的对象。❸ "因此，希腊哲学并没有意识到如何以一种普遍的方式来证明外部世界的存在这一问题。这个问题本身是现代的产物。"❹ 根据伯恩耶特的观点，正是外部世界问题的引入导致了一种更加激进的现代怀疑论的产生，这种怀疑论"在笛卡儿那里是相当新颖的"。❺ 当马特森和罗蒂声称古代没有区分感觉和身体的时候，他们实际上提出的是一个类似的分析。

---

❶ D. L. 2. 83 – 2. 84。当被问及为什么哲学家会出入于富贵之家而不是相反的情况时，亚里斯提卜回答说哲学家知道他们需要什么，富贵之人却不知道（D. L. 8. 69）。他适应环境的能力在一个故事中得到了更清楚地展现：他被督查官员阿塔菲涅斯抓获入狱，被问及他是否还能自在如初，他回答说："是的，你这个傻瓜，我现在正处于最高兴的时刻，因为我马上就要会见阿塔菲涅斯了，难道还有其他的事情能让我更快乐吗？"（D. L. 2. 79）

❷ Burnyeat, "Idealism in Greek Philosophy", p. 40.

❸ Ibid. , p. 42.

❹ Ibid. , p. 33.

❺ Ibid. , p. 49.

　　这种想要保持现代思想原创性的企图是大错特错的。首先，身体具有一种特殊的认知地位这一想法与昔勒尼学派在其中构建其观点的那个一般背景是不一致的。举例来说，巴门尼德的一、高尔吉亚的非存在以及各种各样的原子论，它们对身体的怀疑不亚于对其他任何事物的怀疑。❶ 与此一致，人们普遍倾向于信念的主观性概念，这使得所有信念都相对化了，而且没有人试图让有关身体的信念免于这种趋势。特别是，德谟克利特学派认为，我们只能知道我们对世界的主观反应这一观点适用于所有的印象，诸如德谟克利特、梅特罗多洛、摩尼穆斯和阿那克萨图斯这样的思想家对所有的感知都提出了怀疑。在这方面值得注意的是，激发这些思想家进行思考的那些反题多与梦境和幻觉有关，它们可以像误导我们对其他事物的理解那样误导我们对身体的认识。❷

　　亚里士多德曾嘲笑昔勒尼主义者，认为他们只承认自己的感受使得他们不可能说他们用舌头尝东西，用眼睛看东西或用耳朵听东西，在这里我们可以发现对身体知识的怀疑是非常明显的。事实上，"他们甚至不能说他们的手有多少根手指，也不能说每根手指是一还是多"。❸ 爱比克泰德（Epictetus）对皮浪和学园派提出了类似的批评，用以下说法来反驳他们："你

---

　　❶　伯恩耶特试图通过指出高尔吉亚的怀疑仅是一种修辞学练习，不像笛卡儿的怀疑那样激进，来降低其怀疑力度。伯恩耶特的做法是不合适的，尤其考虑到笛卡儿本人并不停留在他的怀疑上，而是最终将它们描述为"荒谬的"。关键的是，高尔吉亚的论点被怀疑论者用来支持如下结论：关于事物的存在，支持的证据和反对的证据是同等有效的。伯恩耶特对塞尼亚德斯的主张——所有印象和意见都是错的——的分析也有类似的毛病。即使当他说怀疑论者严肃对待无物存在这个看法的时候他是正确的，我们也必须看到怀疑论者只是表面上接受了高尔吉亚的主张。

　　❷　*AM* 7. 403 – 4，*Ac* 2. 51，*De A* 404a29，*Ac* 2. 89 – 90.

　　❸　Eus. 764d – 65c.

和我不是我非常确定地认识的同一个人"，"当我想吃东西时，我从不把食物放在眼睛那个地方而是放在靠近嘴的地方"。❶

如果我们将昔勒尼主义者放进古代怀疑论的更大背景下来考虑，我们就能更好地理解他们。需要特别指出的是，在后期皮浪主义那里对外部世界的怀疑包含对身体的怀疑。皮浪主义者提供了一些策略来削弱任何知识主张，明确认为没有办法证明外部世界的存在，或空间、地点、实体的存在。❷ 塞克斯都接受了"哲学家的观点"，即人是由灵魂和身体构成的，前者包括理智和感觉，而这与希腊哲学将身体与感觉混为一谈的主张相矛盾。在某处他评论说："说身体的实体与感觉和理智没有区别这是非常荒谬的。"❸ 利用这一区别，他继续质疑身体的存在，认为"感觉无法理解身体的实体"，因此理智也不可能知道它的存在。❹ 重要的是，类似的推理在塞克斯都的讨论中反复出现。❺

昔勒尼主义者也采纳了类似的观点，比如他们在日常意义上使用"ektos"一词，仅仅表示"外在于"或"外部"。他们认为我们直接觉察到的只是我们的印象，由此得出结论说我们无法知道这些印象之外的世界的本质。普鲁塔克在他对昔勒尼学派观点的总结中说，每个印象"在自身内包含着一个可以确保

---

❶ *Dis* 1.27.18. 欧德法特指出："伴随的那些姿势解释了这个典故，比如说指向眼睛或嘴巴的姿势。像第欧根尼这样的犬儒主义者很可能会用一种粗鄙的方式来阐明他的观点：在目前情况下这并非不可能。"

❷ 关于外部世界问题和反驳知识主张的论式的讨论，可见本书第六章（在《皮浪主义概论》3.119–35、《反对博学家》10.6–36 和《皮浪主义概论》3.38–55 中可以看到反对空间、地点和实体的讨论）。

❸ *AM* 7.291.

❹ *AM* 7.300.

❺ *AM* 7.352–58, 294–300, 6.55, *PH* 2.29–2.33. 此外还有本书第六章的讨论。

其为真的自明的特征"，并且"当它只证明自己时是值得信赖的，但当它证明自身之外的其他事物时则是不能被信赖的"。❶ 塞克斯都对昔勒尼主义者的解释与此类似：他们认为"发生在我们身上的感受（pathos）只向我们展示它自身。因此……只有我们的感受对我们才是清楚的，产生感受的外部事物虽然可能存在，但对我们而言不是清楚的"。❷

　　正是基于这一点，"昔勒尼哲学家断言只有感受存在，其他东西都不存在"。❸ 唯一可信的结论就是昔勒尼主义者质疑一切外在于印象的事物，提出了现代意义上的外部世界问题。相反的主张没有充分重视昔勒尼学派论点的细节和逻辑，认为现代问题没有先例，这只能说明他们对希腊认识论细节的理解是相当失败的。❹

---

❶　*Ad Col* 1121D.

❷　*AM* 7. 194，cf. D. L. 2. 92.

❸　*AM* 6. 53.

❹　质疑昔勒尼学派怀疑外部世界的最好方式就是诉诸塞克斯都的证词："在我们皮浪主义者针对外部事物的本质悬置判断的地方，昔勒尼主义者宣称这些对象有真实的本质，这些本质存在于理解之中"（《皮浪主义概论》1. 215）。塞克斯都在这里说的是皮浪主义者对于外部事物是否拥有一个真实的或不真实的本质不做判断，而昔勒尼主义者则认为它们有真实的本质，只不过存在于理解之中，理解之外的本质是无法知晓的。问题在于这会与昔勒尼思想的哲学基础相矛盾，也会与塞克斯都（《反对博学家》6. 53，7. 194 – 7. 195）相矛盾。昔勒尼主义者坚持认为"只有我们的感受才是显然的，外部事物作为感受的来源，可能存在，但它对于我们而言不是显然的"。这里使用的"可能"（tacha）表明产生感受的外部事物可能存在也可能不存在，皮浪主义者就是这样来使用"可能"这个词的（见《皮浪主义概论》194 – 195）。有鉴于此，塞克斯都在《皮浪主义概论》中的证词就是无法被接受的，尤其是当他尝试将皮浪主义与昔勒尼主义这另一种怀疑论哲学区分开时（可参考他关于阿塞西劳斯讲述的那些牵强的故事，《皮浪主义概论》1. 234 – 1. 235）。

　　无论如何，《皮浪主义概论》（1. 215）阐明了希腊哲学对外部世界问题有所考虑，即便昔勒尼主义没有考虑这些问题也改变不了这一点，因为塞克斯都在那里指出昔勒尼怀疑论不像皮浪主义那样激进，后者不仅怀疑外部事物的本质，还怀疑其存在（更详细的探讨见第六章）。

九、柏拉图

柏拉图的哲学构成了苏格拉底与怀疑论者之间关系链的最后一环。他留意到那些无法解决的矛盾，❶ 虽然他对矛盾的攻击本身就表明了他的关注点——反映在他的归谬论证和对话问答体中的关注点，甚至柏拉图的形式在《巴门尼德篇》中也受到了质疑。最终，现象世界因其充满变化和矛盾而被拒绝。事实上，柏拉图反对智者学派的一个看法：这样一种观点（指现象世界的变易性和矛盾性——译者注）是他们独有的。"那些花费时间去处理反题［logoi antilogikoi］的人最终认为他们是最聪明的人，他们是唯一认识到不管在事实中还是在思想中都不存在什么稳固的东西的人，所有的东西都像欧利波海峡里的海水一样上下跌宕，没有稳固的存在。"❷ 这里提到的所有事物都像欧利波海峡里的海水那样上下跌宕的说法是怀疑论主张"无可无不可"（ou mallon）的一个变体。正像塞克斯都在某处指出的那样，"当我们说'不更……'时，我们其实是要说'无可无不可'"。❸ 尽管柏拉图对此很反感，但他还是赞同智者和怀疑论者对现象世界的看法，并深信现象世界充满了矛盾和反题。不出所料，很多怀疑论思潮贯穿他的哲学，并在他的学园成为一个怀疑论学派之后广受重视。从我们的观点来看，对柏拉图进行怀疑论的解释似乎有点牵强，虽然我们仍然承认对立在他的观点中的重要性：我们认为他试图超越对立，以便寻找

---

❶ *Rep* 7. 537 – 9.

❷ *Phaed* 99d – 100c7，*Rep.* 5. 479.

❸ *PH* 1. 188.

一个更加稳固的知识基础。

十、怀疑论的兴起

　　柏拉图的哲学将我们带回我们的出发点。他的整个认识论是对我们如何或是否能够克服对立性观点之间的矛盾这一问题的回应。当怀疑论者发展出他们自己的回应时，这个问题已经历时良久，成为希腊认识论的焦点了。在克塞诺芬尼、赫拉克利特、巴门尼德、芝诺、恩培多克勒、阿那克萨戈拉、德谟克利特、普罗泰戈拉、梅特罗多洛、阿那克萨图斯、智者、苏格拉底、苏格拉底学派以及柏拉图的哲学中，这个问题的重要性已经以各种方式得到强调。哲学家们支持任一观点、反对任一观点的能力已经被一次又一次地提到。信念的相对性以及不同个体不同物种之间的对立性观点早在怀疑论之前就成了一个探讨的话题。关于世界的常识性看法被前苏格拉底哲学所否定，哲学被相互竞争的宇宙论所笼罩。

　　在道德领域，德谟克利特和他的追随者通过对立来获得宁静。苏格拉底已经在其一生中践行了这种方法。对对立的强调甚至还出现在戏剧中，出现在阿里斯托芬的《云》对正义与非正义的刻画中，还出现在欧里庇德斯《安提俄普》的如下描述中："如果一个人善于言辞，那么在任何情况下他都能够进行一场双重论证的比赛。"❶ 梅特罗多洛、德谟克利特、高尔吉亚、苏格拉底、摩尼穆斯等人都支持关于各式无知的论断。科林斯的塞尼亚德斯（Xeniades of Corinth）走得更远，坚持认为

----

❶　Frag 189N.

"每个印象和意见都是错的"。❶

　　这些一般趋势，而不是具体的怀疑论者，最好地解释了怀疑论的兴起。面对盛行于希腊哲学中的，出现在赫拉克利特、普罗泰戈拉和德谟克利特等思想家那里的，出现在不同学派之间、理性与常识之间的争论中的，还出现在频繁的令人印象深刻的修辞展示中的那些对立，怀疑论者得出结论：人类无法在一个观点和其反题之间做出决定，无法发现真理。从它的智识背景来看，如果没有怀疑论出现的话希腊认识论将会变成一个谜。❷

　　然而，怀疑论并不是完全消极的，它为信念提供的积极基础也被早期哲学家预见到了。这是如下结论的必然结果：人类无法客观地在对立性观点之间做出决定——人们必须认可一种更具主观性的择取信念的方式。当克塞诺芬尼在支持猜测的时候就在这个方向上做了最早的尝试。巴门尼德接受意见（doxa）而不是真理。赫拉克利特也承认信念的主观决定因素，尽管恩培多克勒和阿那克萨戈拉更为明显地走向了一种反实在论意义上的信念观，但他们都强调知觉的主观界限。他们认为，人类的信念是相对于主观状态而言的，这一看法导致了德谟克利特拒斥感觉是反映外部世界的镜子这一立场，并采纳了依靠与世界的主观互动来界定信念的路径。德谟克利特思想中的这种观念论倾向被他的追随者及其同侪进一步发扬；观念论的古代版本可以在梅特罗多洛、阿那克萨图斯和摩尼穆斯那里找到。普

---

❶　*AM* 7.53，7.48.

❷　有很多间接的事实表明了对个别怀疑论者产生影响的可能性，虽然似乎没有办法确定它们的重要性。比如，皮浪居住在艾利斯，苏格拉底的追随者斐多建立的学派也在那里，智者希庇阿斯的故乡也是那里。

罗泰戈拉完全剔除了客观真理，取而代之的是相对于特定个体而言的真理概念。苏格拉底则将他的冷静沉着与一种温和的怀疑论结合起来，这种温和怀疑论可以接纳习俗和惯例。

我们已经表明，怀疑论者的反实在论倾向预示着现代趋势，虽然这种预见已经在他们的许多前辈那里就明显地表现出来了，这些前辈在将主观性信念视为获得真理的途径方面往往更接近于反实在论者。诸如德谟克利特、梅特罗多洛、阿那克萨图斯和摩尼穆斯等哲学家思想中的怀疑论面相的悲观主义误导了现代研究者；后者没有看到这些哲学家在放弃实在论真理的同时，接纳了反实在论（尤其是观念论）的信念观。在这方面，昔勒尼主义者特别值得注意。他们把自己的断言限制在印象领域，以便捍卫他们的真理。普罗泰戈拉、欧叙德穆斯以及迪奥尼斯多罗（Dionysodorus）走得更远，用一种可实现的主观方式来重新界定真理。对个体的强调使这些思想家与现代反实在论者区别开来，但他们的思想仍然是现代反实在论（他们更敏感于他心问题）的一个重要镜像。怀疑论的前辈在当代认识论研究中几乎被完全忽视这一事实表明我们在很大程度上未能理解希腊哲学的某些核心内容。

如果一些前怀疑论思想家甚至比怀疑论者更明显地预见了反实在论，那么有人可能会问为什么还要研究怀疑论者呢？因为正是怀疑论，而不是其先辈，提供了最深入的实在论批判工作，也提供了实在论的最可信的替代方案。事实上，对人类能够获得客观真理这一日常看法的怀疑主义理解远远超越了早期（也许还有后来的）现代思想。从这个意义上说，早期希腊哲学只是关于信念之限度的探讨的开端，这一讨论最后在怀疑论学派那里发展成熟。

第四章　早期皮浪主义

　　古代怀疑论的最重要学派起源于皮浪。根据我们现有的资料，皮浪最初跟随梅特罗多洛学习，[1] 后在亚历山大宫廷跟随阿那克萨图斯学习，他钦佩德谟克利特，认为后者远超其他人。[2] 这些影响与其哲学的一些细节是非常吻合的，它是德谟克利特思想中反实在论维度的一个自然延申（当然还有来自印度的影响，不过其重要性被过分夸大了）。[3] 一般的偏见认为皮

---

[1]　Eus. 765c.

[2]　D. L. 9. 67.

[3]　弗林托夫（Flintoft）的建议即根据皮浪受印度哲学影响的程度来理解皮浪哲学具备一些初步的合理性。例如，如果他采纳了一种类似于古代佛教的观点的话，那么我们就可以理解他的观点及其中一些明显的矛盾之处，因为佛教主张消除所有的个体性和二元性，认为事物是不确定的、不可把握的，信念也是既非真亦非假的。所有的区分都被排除了，没有哪个范畴比其反题更有效。

　　然而，我们会看到，关于皮浪哲学中那些明显的矛盾之处其实还可以做另一种更加合理的解释。就目前而言，可以说他受到了印度佛教思想的影响，但还没到详加论述的地步。事实上，第欧根尼·拉尔修（9.61，9.63）提到的印度佛教对皮浪的影响是非常小的。更让人注意的应该是皮浪主义者对印度思想中被称为"四组辩难"（quadrilemma）的论证方式的频繁运用。它的突出特性表现在对下面两个问题的明确追问之中：第一个问题就是事物既存在又不存在，第二个问题就是事物既不存在又不不存在。但是，这两个问题也可以在不诉诸印度思想背景的情况下得到解释。第一个问题是普罗泰戈拉真理观的表现，普罗泰戈拉的结论就是事物既存在又不存在，第二个问题可以被看作塞尼亚德斯和高尔吉亚（甚至还有巴门尼德）的观点——所有主张都是错的——的提炼。综合起来看，这些激进的观点在怀疑论讨论中扮演着核心角色，这也是皮浪观点的最佳解释。从希腊人的角度来看，他的"四组辩难"是对不同个体所持有的竞争性观点之间的同等有效性重视的顶点，正是根据这种同等有效性才可以宣称所有观点都是正确的或错误的（见第欧根尼·拉尔修9.91）。（转下页）

浪和他的追随者们采取了一种彻底的、自我瓦解的怀疑论。但
是我们将看到，正是一种温和的怀疑论才为前面已经提到的问
题提供了一个合理的回应。

一、早期皮浪主义的论证

虽然我们可以从塞克斯都、斐洛、第欧根尼·拉尔修那里
收集那些激发早期皮浪主义者的问题，但是关于皮浪的观点目
前我们没有准确的解释。一般说来，皮浪派的论点坚持认为，
要想在相互独立的观点之间做出选择是不可能的，他们诉诸各
种反题来证明这一点。矛盾的一个重要来源是前皮浪哲学。在
塞克斯都关于那些据说可以让我们获得知识的"工具"的讨论
中，❶我们可以看到前皮浪哲学引发的那类矛盾。首先来看诸感
觉，他认为我们无法在下面的观点中进行正确的选择：我们应

（接上页）那些强调皮浪的观点和印度哲学之间存在相似性的作者过分夸大了
希腊哲学和印度哲学之间存在的那些一般性的相似之处（但这并不是因为它们彼此
之间的相互影响所造成的）。比如，在皮浪去印度（毫无疑问，正是有了此次东行，
印度的禁欲主义思想给他留下了深刻印象）之前，我们已经在希腊思想中看到人们
对对立的重视，对日常区分的拒绝，强调人类欲望的虚妄，以及对不动心的要求。
他最喜欢的作家是德谟克利特和荷马，德谟克利特传统以及与之类似的哲学在他的
思想中体现得最明显。更重要的是，德谟克利特式的方法——通过提出人们满意的
看法来对抗那些扰乱人心的看法——正是皮浪的宁静的基础。

佛陀的八正道与皮浪主义的教导不同，因为佛陀不是皮浪那种意义上的哲学
家。佛陀确实拒绝形而上的追求而支持一种宗教生活，但没有证据表明这是一个从
哲学思考中推导出来的结论（相反，它似乎表明佛陀走的是一条不同的觉悟之路）。
有鉴于此，佛陀可以坦然地接受矛盾的结论。与此相反，皮浪主义是一种意在避免
矛盾——或者通过在面对同等有效的竞争性观点时悬置判断，或者通过在日常事务
中接纳现象——的哲学努力。

❶ *PH* 2. 48 – 2. 69.

该跟随普罗泰戈拉并宣布所有的现象（phainomena）都是真的；或者像大多数哲学家那样宣称其中一些是真的一些是假的；再或者像塞尼亚德斯、高尔吉亚以及其他人那样声称所有的现象都是假的。接下来是理性，塞克斯都声称高尔吉亚的论点表明无物存在，因而我们不知道理性是否存在，更不用说理解实在了。事实上，即便我们承认理性存在，我们也无法发现真理，因为不同的理性做出的判断是不同的，我们无法在高尔吉亚和赫拉克利特的观点之间做出选择。那么，似乎理解实在的唯一途径就剩下同时运用感觉和理性了，但是这也是有问题的，因为感觉和理性并不能解决赫拉克利特、德谟克利特和高尔吉亚的矛盾。根据塞克斯都的看法，我们没有任何工具来获得真理，也没有任何方法来证明或反驳高尔吉亚所说的无物存在。

其他更直接地建构怀疑论结论的那些早期论点被收集和概括在埃奈西德穆的"式"中，他认为这些"式"是早期皮浪主义者的功劳。在很大程度上，这些论点是早期哲学中各类反题的一个详细再现，它们通过将来自不同物种❶、文化、个体、环境❷、感觉等的观点对立起来证明信念的相对性。皮浪主义者的一般策略被概括在塞克斯都关于旧式的介绍中，它也解释了他们通过阐明信念的相对性而在何为终极之真这一问题上提出悬置判断（epoche）的主张，❸ 我们无法"说出事物就其自

---

❶ 比如可以想想皮浪对荷马的青睐，"因为他把人比作蜜蜂、苍蝇和飞鸟"（D. L. 9. 67，Aris. 763b）。

❷ 羊角的碎片单独看是白色的，但就一个完整的羊角自身来看则是黑色的（银白色的碎屑单独看是黑色的，但结合在一起又是白色的），事物根据其稀有性与否而显得珍贵或低贱（黄金比水贵重，但水对于我们的生活而言更重要；在缺水的地域水本身又变得非常珍贵）。

❸ *PH* 1. 38 – 1. 39.

身而言所具有的本质，只能说出在其相对性存在中似乎具有的那些本质"。❶ 因此我们必须对"外部事物的真实本质"悬置判断。❷ 因为所有的"式"都显示了信念的相对性，所以塞克斯都将相对性的"式"视为基础性的式。

　　皮浪主义者早期论点的力量被低估了，这主要源于评论家们没有认识到这些论点是对实在论真理的一种攻击。❸ （一旦对此有所意识，无论是在塞克斯都的讨论中还是在这些论点本身那里，这都是显而易见的。）在大部分情况下，这些论点已经失去了最初的力量，尽管它们是建立在无法被回避的更基本的问题之上的。让我们来考虑一下塞克斯都作品的第四卷。它对比了我们在不同环境下所具有的不同的觉知状态，指出一个人无法决定哪种环境是通向真理的最可靠的向导："比如，物体给我们的印象因我们处于正常或不正常的状态而有所不同，因为神志不清的人或被神附身的人以为他们能够听见鬼魂的声音，而我们却听不到……一个披风在眼睛充血的人看来是橙黄色的，但在我看来却不是；同样的蜂蜜在我尝起来是甜的，但对于黄疸患者来说就是苦的。"❹ 我们对事物持有不同的看法，这一点

---

❶　*PH* 1. 140.

❷　*PH* 1. 163. 对外部事物之本质的研究可见第六章。

❸　比如斯特赖克说："正如一位同事向我表明的那样，近来的学者对论式的明显忽视可能是因为它们太糟糕了，我想它们是……"（"The Ten Modes of Aenesidemus"，p. 96）

❹　*PH* 1. 101 – 1. 103. 我们可以在第欧根尼·拉尔修（9. 82）和斐洛（178 – 180）那里发现相同的论述。在拉尔修的论述中提到了一个著名的事件，在这个事件中，伯利克里最钟爱的奴隶因从雅典卫城高处摔落而受伤。伯利克里在睡梦中梦见一种草药能够治愈他的伤痛。安纳斯和巴恩斯（《怀疑论的论式》第 84 页）想知道"站在屋顶的伯利克里的奴隶"如何为怀疑论第四式提供了证据，然而不难想到其中的关联。摔落可能会造成谵妄，这种谵妄能够被草药治愈，这种谵妄还可以说是另一种情况，在这种情况中形成的特殊的世界观与日常普通的看法相对立。

在其他情况下也常有发生，比如醒着和睡着时，年轻和年老时，饥饿和饱腹时❶，醉酒和清醒时❷，勇敢和害怕时，痛苦和放松时以及爱慕和憎恨时❸都是如此。

我们会很自然地抗议说，我们的官能缺陷（当睡着、喝醉和生病时）是导致那些主张的原因，而皮浪主义者就是用这些主张来反对常识性观点的，但皮浪主义者可以回应说："如果有人说因为某些体液的混合导致了那些处于非正常状态的人们产生了不正常的现象，那么我们就可以告诉他，因为健康的人也有混合的体液，所以这些体液也可以让健康的人产生不同现象，虽然对于处于非正常状态的人而言事物会显得是另外的样子。说带有某种混合体液的人能够改变事物，而带有不同的体液的人没有这种能力，纯然是想象而已。"❹ 正如塞克斯都在这里指出的那样，所谓不正常的物理状态扭曲我们的感知的这一看法预设了物理状态能够影响感知；一会儿主张这一观点而一会儿又在更普通的事例中否认它，这是荒谬的。那些声称自己在这种环境下感知到真理的人，像其他人一样，也受到环境及其激发的状态的影响，因而他们不是其自身状态或客观真伪的"公正法官"。❺

皮浪主义者们早期论点背后的那些基本问题更加清晰地体现在后期皮浪主义那里，我们将此留到第六章来谈❻，现在只需指出一点就够了，即早期皮浪主义是建立在对实在论真理的

---

❶ 简单的食物能使饥肠辘辘者感到满足，但无法使饱腹者感到满意。

❷ 喝醉的人会认同清醒时拒斥的那些行为。

❸ 情人眼里出西施。

❹ *PH* 1. 102 – 103.

❺ *PH* 1. 113

❻ 塞克斯都的确在处理第四式时讨论了标准问题，但这似乎有点不相关，关于标准问题的正面探讨要到后面关于其他论式的分析时才真正出现。

怀疑性攻击之上的，他们继承了那些传统反题，并以一种比通常认为的更复杂的方式倡导信念的主观性。根据皮浪的观点，事物本质上是同等地无关紧要的、不可测度的和不可判定的；没有什么东西可以被证明是光荣的或不光荣的、公正的或不公正的；我们必须放弃判断和意见，对事物的存在和不存在持同等看法。❶ 接受了这样一种观点，早期皮浪主义者避免断言什么是真的（因而践行一种 aphasia——"失语症"），拒斥心灵朝向对立性观点之中的任何一方的偏斜运动，承认在相互对立的主张之间没有办法做出选择。

二、皮浪主义作为一种实践哲学

将早期皮浪主义视为一种彻底的怀疑论，其证据可以在卡里斯图斯的安提戈努斯在其著作中记载的第欧根尼·拉尔修的几句表述那里找到。这些文字提到一些古老的故事，这些故事把一种猖狂和肆无忌惮的怀疑论归因于皮浪，这种怀疑论认为"他的感官不能裁定任何事物"，并且拒绝承认"所有危险，不管是驶来的车、悬崖、狗还是其他什么"。❷ 根据这种解释，怀疑论的创始者是一个由他的追随者陪伴着从而避开各种危险的人（人们必须设想，这些追随者几乎没有时间从事其他工作）。

如果这些故事不代表怀疑论的标准观点，就没有什么理由认真对待它们。对于任何古代思想家的令人难以置信的描述，我们必须持保留态度（可参见阿里斯托芬对苏格拉底的描述和

---

❶　Aris. in Eus. 758c‑d, D. L. 9. 61.

❷　D. L. 9. 62.

第欧根尼·拉尔修对所有古代思想家的讨论），而且在我们这
里的例子中还有一些特殊的问题。首先，这些故事甚至与皮浪
主义的消极维度都不一致，因为它经常被拿来辩护实际事务方
面的关怀。在这方面，它类似对形而上学的现代攻击，因为皮
浪主义者将他们的怀疑论看作消除同代人的无用思辨的一种方
式。这种思辨不仅不能解决实际问题，反而还会助长形而上学
幻想、言辞诡辩、矛盾和混乱，并导致独断论和自负。

塞克斯都在他对反怀疑论哲学家——他称为独断论者——
的讨论中表明了皮浪主义的态度。与很多其他评论家一样，安
纳斯和巴恩斯认为这种翻译（"独断论"）创造了一种并非为怀
疑论者持有的语气，但是事实并非如此。❶ 我们目前掌握的关
于皮浪主义者的材料清楚地表明，他们对独断论者的态度毫不
留情，称他们为"鲁莽的……自恋的……愚人"，"自负的夸夸
其谈者"，并一再指责他们傲慢、虚荣和独断。❷ 正如第欧根
尼·拉尔修写的那样，"他们称独断论哲学家为傻瓜，注意到
根据既有前提得出结论并不是真正的探究，而只是臆断，根据
这种推理人们甚至可以为不可能的东西辩护"。❸ 皮浪 "诚如蒂
孟所说，是最敌视智者的人"，❹ 而蒂孟本人则蔑视和讽刺反怀
疑论哲学家。❺ 在塞克斯都对辩证法的批评——他攻击的那些

---

❶ The Modes of Scepticism, p. 2. See also Rescher, *Scepticism*, Johonson, *Scepticism*, and Barnes, "Ancient Scepticism and Causation"。

❷ *PH* 1.62，90，177，2.193 – 194，205 – 206，229，3.280 – 81. "独断主义者"的同义词（雷舍尔和约翰森的"认知主义者"，巴恩斯的"相信者"）来自对"信念"（dogma）的翻译，而这种翻译其实没有意识到怀疑论所接受的那种反实在论意义上的信念观。

❸ D. L. 9.91.

❹ D. L. 9.69.

❺ D. L. 9.111.

论点为早期皮浪主义者所熟知——中我们可以看到皮浪主义者对其他思想家所持观点的拒斥；塞克斯都抱怨说，他们玩弄愚蠢的论点和悖论，没有任何实际意义。

　　至于诡辩（对其揭露是有用的），辩证法家是无话可说的，但他们会提出这样一些论证，如"如果你并非既有美丽的犄角又有犄角，那么你有犄角；但是你并非既有美丽的犄角又有犄角，所以你有犄角"，"如果某物运动，那么它要么在它所在的地方运动，要么在它不在的地方运动；但它既不能在它所在的地方运动（因为它是静止的），也不能在它不在的地方运动（这如何可能呢?），所以没有东西在运动"，"要么存在的东西发生变化，要么不存在的东西发生变化，但存在的东西不能变化（因为它存在），不存在的东西也不变化（因为变化是被动的，而不存在的东西不是被动的），所以最终没有东西发生变化"，"雪是冻结的水，水是黑色的，所以雪也是黑色的"。
　　当辩证法家收集了这一大堆废话之后，他皱起眉头，开始阐述辩证法，通过三段论来证明事物是变化的，事物是运动的，雪是白的，我们没有犄角。然而，只要让那些废话直面简单的事实，就可以通过运用来自现象的那些相反但同等有效的证据来使他们的断言破产。❶

---

　　❶ *PH* 2.241－2.244. 还可参考 *PH* 2.211。塞克斯都在那里嘲笑哲学家对定义的自负。他质疑道，如果他准备用这些定义来问某人是否见过一个骑马遛狗的人这将是非常荒谬的："嗨！理性的有死的，且有理智还懂科学的动物，你见过一个这样一个动物没有，它大声放笑，长着宽大的指甲，懂政治学，半边身体坐在一个有死的会嘶鸣的动物身上，还牵着一个会狂吠的四足动物?"

塞克斯都在这里提到的难题是由巴门尼德、芝诺、高尔吉亚、阿那克萨戈拉和麦加拉学派提出来的；皮浪和他的追随者应该很了解他们。皮浪主义者没有延续关注这些问题的哲学传统，而是废黜了这些问题，将他们的努力转向了实际的幸福目标。正如蒂孟所说，"我不关心那些胡说八道的人，也不关心斐多等其他人，不喜欢爱争辩的欧几里得，他把争辩之风带进了麦加拉学派之中。"❶

皮浪本人与苏格拉底一样，是个道德学家，为了获致宁静而拒斥科学。根据阿布德拉的阿斯卡纽斯（Ascanius of Abdera）的看法，他选择的是一种最高贵的哲学。❷ 根据另一些人的看法，皮浪没有"探究诸如下面的问题：什么风环绕着希腊，其归往何处，又从何处涌出"。❸ 皮浪"完全忽视了所有听上去很有意思的科学故事"，寄寓于"伟大的舒适和宁静之中；从未患得患失，始终没有分心"。❹

三、宁静与不动心

标志早期皮浪主义的，并且在关于皮浪的古代讨论中经常出现的一个主题并不是他的观点，而是他的"灵魂宁静"这一目标。蒂孟写道："皮浪啊，我很想知道，你的心灵的宁静来自于何处，你何以能够在众人之间表现得像神那般自若。"❺ 因

---

❶　D. L. 2. 107.

❷　D. L. 9. 61.

❸　D. L. 9. 65，69.

❹　*AM* 11. 1.

❺　D. L. 9. 65.

此，皮浪哲学是对幸福的实际探索的一个回应，尽管他否认了通常的看法，即认为幸福可以通过财富和寻常的快乐来达到。后者与皮浪式的宁静并非绝不相容（正如蒂孟的生活所例示的那样），但皮浪式的宁静致力于对外部环境的不动心，这使得有此心者能够接受任何幸运或不幸，能够不为命运所动。

塞克斯都在一段话中刻画了这种皮浪式的宁静目标，他用一件据说是发生在亚历山大宫廷画家阿佩勒斯身上的事来说明这一点（一件发生于皮浪在亚历山大宫廷逗留期间的事）。因此：

> 怀疑论者进行哲学研究，希望确定感觉印象中谁真谁假，并通过解决这些问题而获得宁静。但结果是发现自己陷入了同等有效的对立性命题之中。他无法确定谁真谁假，只能悬置判断。当进入这种悬置状态之后，突然发现宁静不期而至……
>
> 实际上，怀疑论者曾经历过画家阿佩勒斯经历过的体验。阿佩勒斯在画马的时候想要画出马嘴边的唾沫，但均告失败，一气之下他把用来擦洗颜色涂料的海绵扔向画布，出乎意料的是海绵留下的印记正好产生了马吐唾沫的效果。类似地，怀疑论者希望在考虑感性对象和思维对象的过程中通过做出决定来获得宁静，但因做不到而悬置判断，这时却发现宁静似乎跟随悬置不期而至，就像影子跟随物体一同出现那样。❶

---

❶ *PH* 1. 26 – 1. 29.

　　由此可见，虽然关于何为好坏的怀疑论是获得宁静的基础，但拒绝那些困扰着哲学家的问题是获得宁静的先决条件。正如苏格拉底和德谟克利特已经阐明的那样，这种怀疑论质疑任何事情都是坏的这一看法，因而促成了对外部环境的不动心。塞克斯都解释说：

　　　　一个人如果相信事物本性上有好坏之分，那么他就会永远处于不安宁之中：当他没有获得他认为本性为好的事物时，他就会认为自己碰到了本性为坏的事物，他要追求那些本性为好的事物。然而当他获得本性为好的事物后，他还是烦恼不断，因为他获得好的东西后会陷入非理性的狂喜之中，或者又会担心失去它，他会用尽一切办法去避免失去好的东西。另外，一个不在事物本性上断定其好坏的人，则既不会过分执着于某物，也不会费力逃避某物，由此他就不会有烦恼之感。❶

　　这里，在何为好坏问题上表现出的那种不确定性使人免于过度失望或高兴。一种类似的反对不幸的方式体现在皮浪所偏爱的一句荷马诗文中："唉，朋友，你也得死，为何这样悲伤？帕特罗克洛斯也死了，他难道不比你更强？"❷这种看法通过提醒我们那些更居功至伟的人遭受了类似的命运来抑制死亡的不幸；我们的处境是否很差，这一点是无法确定的（就像德谟克利特所说，我们可以用想一想那些处境更差的人来缓解自己的

----

❶ *PH* 1. 28.
❷ D. L. 9. 67.

情绪）。通过怀疑来消除忧虑的可能性解释了皮浪的说法，即任何想要幸福的人必须考察事物的本性，必须了解它们是同等冷漠、不可测度和不可判定的，并且必须避免做出判断和断言。❶

　　也许出于回应人们指责皮浪的禁欲主义过于严苛的需要，后期皮浪主义者为了证明他们关于 ataraxia（心神安宁、不动心）的解释，他们声称他们并非"完全不受烦扰"（因为他们有时也会冷、渴或生病），并且补充说，即便在无法避免的不幸中他们也能缓和他们的感情，这使得他们比其他人过得更好。皮浪也许采取了一种更强的观点：据说他在任何时候都能保持同样的镇静，❷ 在对他的伤口使用化脓油膏、手术和腐蚀性药物时，他甚至都没有皱眉。❸ 在其他地方，他也展现了他的不动心，比如，当他指责一个慷慨待他的追随者时；❹ 在他对荷马诗句——这些诗句专注于人类不稳定的目标、徒劳的追求和幼稚的愚蠢——的喜爱之中；❺ 他自言自语（也许是为了保持不动心而构造反题），以便训练自己变得更优秀。❻

　　第欧根尼·拉尔修注意到皮浪的追随者欧律洛克斯，是因为他"感到有愧于自己的行业"，未能保持冷静，有一次非常愤怒，抓起烤叉追赶他的厨师一直追到货场上。❼ 皮浪自身肯定更能够成功地控制他的情绪，因为他受到蒂孟、纳乌斯法奈

---

❶ Aris. in Eus. 758c – d.
❷ D. L. 9. 63.
❸ D. L. 9. 67.
❹ *Deip* 419d – e.
❺ D. L. 9. 67.
❻ D. L. 9. 64.
❼ D. L. 9. 68.

斯和伊壁鸠鲁等哲学家的深深尊敬,❶ 也受到为其树立雕像以示纪念、推选其为大祭司、因其功劳免除哲学家税责的那些同胞的尊敬。❷

据说皮浪与其妹妹菲丽斯塔过着一种可敬的清贫生活,"他有时拿一些家禽到市场上去卖,有时是猪仔,他会不动心地打扫屋子。据说他还可以不动心地给猪洗澡"。❸ 这种不动心不是对感官而言的,就像在彻底的怀疑论那里那样(感官的不动心使皮浪成了一个小丑而非圣贤);相反,它包含了一种沉着地接纳任何情况的意愿。感官方面的不动心〔以及对言语的完全排斥,一些作者将其与"失语症"(aphasia)联系起来〕与这里提到的活动是不相容的,也与记载他毫不犹豫地接受其感觉的那些轶事中提到的活动是不相容的。❹

皮浪对宁静的追求与称其是一个彻底的怀疑论者是不一致的,因为忽视悬崖、树木和疾驶的马车的人是不可能获得灵魂的宁静的,而后者恰是皮浪的生活目标。这样的态度更会带来灾祸,人们一定会好奇皮浪是如何接受这种态度并平稳过完他的九十年的。与其道德目标更符合的形象记载在另一则轶事之中:"当他的同行者因海上风暴而惊恐时,他却镇定自若,指

---

❶ D. L. 9. 64.

❷ D. L. 9. 64. 在描述埃利亚人的克吉勒尔式门廊时,第欧根尼·拉尔修写道:"在门廊的中央下面,屋顶不是由柱子支撑起来的,而是由一堵墙撑起来的,墙的两侧供奉着雕像。在通往外面市场的一侧,矗立着皮斯托克拉夫特之子皮浪的雕像。他是个诡辩家,从不对任何事情做出明确的承认。皮浪的坟墓离埃利亚人的城镇也不远。"(6. 24. 5)

❸ D. L. 9. 66.

❹ Eus. 7613,D. L. 9. 63. 没有关于那些据说保护他免于受伤的追随者的奇闻轶事。

着船上吃食的猪说，智慧的人应像猪那样毫不慌乱。"❶哈雷评论说：

> 皮浪没有剥夺自己的情感，也没有试图那样去做。他非常关心其他乘客的感受，因而给他们提供了一个……解释。他提倡一种像猪那样能够平静地吃食的生活，而不是一种像苦行僧那样的生活，表现得就好像没有自己的身体。这个……故事例证了节制或中庸（metriopatheia）这一古老的希腊概念，它是一个常识性概念，与我们面对无法控制的自然力量时我们能够控制自己的情感有关。这与所有觉知、所有人类感情的消失不同。它与在人类共同体中生活是一致的；事实上，这样的生活是非常有用的。皮浪的生活中那些或多或少"为人所知"的事实证明了他在艾利斯城邦生活的成功。❷

皮浪的名声并非一个谜，根据上述解释是完全可以理解的；它建立在一种品格的力量之上，这种力量来自对令人不安的信念的怀疑性拒绝。正如他在这则事例中注意到的那样，那些毫无根据的主张（风暴不会减弱，船会被摧毁，死于这种环境是令人害怕的，一个人因此而死是不公正的）都是恐惧和惊慌的原因。怀疑论可以通过显示这些主张的无根据性来帮助人们保持冷静。

伯恩耶特、策勒和马科尔都为以下主张辩护：皮浪想要屏

---

❶　D. L. 9. 68.

❷　"A Polemical Introduction", pp. 12 – 13, cf. *PH* 1. 25, 3. 236 and *AM*, 11. 155, 161.

蔽自己的所有感觉。他们诉诸那些著名的事例："当一条恶狗冲过来吓得他魂不守舍时，他回应他的批评者说要完全剥夺自己的人性维度是非常困难的，但是一个人应尽其所能与事实做斗争，如果可能的话，就用行动，如果不可能的话，就通过言辞。"❶ 然而，说这一则故事表明皮浪拒绝感觉却与其他许多表明他依赖感觉的轶事并不相符。这一则故事的特别之处不在于皮浪对感官知觉的使用，而在于他的恐惧和无法保持灵魂的宁静；他背离了自己所信奉的宁静，这给他带来了批评。他的理由是，他只是一个凡人，这意味着我们人类很难摆脱自身的恐惧和弱点，我们必须通过行动来对抗它们（以及产生它们的那些根源）。如果做不到这一点的话，那我们至少要这样去言说。❷

那些一贯惊叹苏格拉底沉着冷静的哲学家们，却没有看到皮浪也是如此。有时他们把皮浪主义解释为对道德目标和修身向道的放弃。伯恩耶特说，虽然皮浪主义者接纳习俗和惯例，但是他们并不认同他们接受的这种传统价值；相反，他们是以一种漫不经心的方式来接纳它们的，就像我们掷硬币那样。❸事实上，对外部环境的不动心意味着皮浪主义者（如塞克斯都在《反对博学家》11. 164 – 166 中所说）更愿意忍受惩罚、痛苦和迫害，以便努力做到有德性。在不幸之中保持"失语症"的典型就是特洛亚德的普拉鲁斯，一个"具有如此坚定勇气"的人，尽管受到不公正的指控和谴责，"他平静地承受了以背

---

❶ D. L. 9. 66, cf. Eus. 763.

❷ 在另一个场合，皮浪对妹妹的遭遇感到愤怒，他辩护说："人不应该对软弱的女人漠不关心。"（第欧根尼·拉尔修9. 66）

❸ "Can the Sceptic Live His Scepticism?", pp. 131 – 132.

叛者的身份受死,对他的同胞未置一词"。❶ 即使在更平凡的环境中,皮浪主义也不是对修身向道的拒绝,因为它需要不断地与愤怒、急躁、失望、嫉妒、羞耻和其他人类弱点抗争。任何想要在灾祸或痛苦中保持宁静的人都一定明白这绝非易事。❷

四、现　象

皮浪说我们应该避免做出断言(练习"失语症"),这意味着我们应该接受"我们无力知道实在论意义上的真理"这一事实。我们已经看到,这为反实在论意义上的信念概念提供了契机,虽然这在二手文献中没有得到重视。伯恩耶特不应该说皮浪主义者是那种"无法提供"相信 P 而不是 – P 的理由"的人,❸ 而是应该说皮浪主义者是那种"无法提供相信 P 而不是 – P 的实在论意义上"的理由的人,尤其是在伯恩耶特将希腊人的真理看作实在论意义上的真理的情况下。

关于皮浪在日常事务中所采纳的信念,我们没有详细的解释,虽然他可能接受现象(phainomena)作为生活的主观指南。这与他对德谟克利特遗产的继承是一致的,也与其老师梅特罗多洛和阿那克萨图斯的观点是一致的,还与其追随者蒂孟以及后期皮浪主义的观点是一致的。他对怀疑论的信念可以看作他

---

❶　D. L. 9. 115.

❷　梭罗不是个怀疑论者,但他持有一些类似的看法,他写道:"让我们像大自然那样从容地度日,不要被突然出现的果壳或飞蛾的翅膀所扰乱。让我们轻快地早早起床,或安静地吃饭,不受任何干扰;让伙伴们来来去去,让钟声飘荡,让孩子们哭泣———天都要过得尽兴。我们为什么要被世事的洪流裹挟而去呢?"(Walden,70)

❸　Burnyeat,"Can the Sceptic Live His Scepticism?",pp. 131 – 132.

接受的另一现象（无法认识实在论意义上的真理似乎是人类的命运）。❶ 根据埃奈西德穆的说法，皮浪不会武断地决定任何事情，而是根据明显的东西来指导自己。❷

当然，这是皮浪最著名的学生弗里乌斯的蒂孟的看法。他的生活细节——他的文学作品，他对酒和庭园的喜爱，以及关于他的那些轶事——都不符合彻底的怀疑论立场，虽然在其评论"欲望绝对是恶事之首"中，他也表达了对不动心和宁静的追求。❸ 当被打扰时，他会停止写作，"他的真实目标是保持灵魂的平和"。❹ 他接受现象和印象（phantasiai，包括感觉印象和更一般的印象）❺，这使得他的实际事务与其怀疑论立场得以相容，与此同时，在对待实在论意义上的真假问题时他悬置判断。"蜂蜜本身甜不甜我不确定"，他在回应一个典型的反对意见时说，"但是我同意它似乎是甜的"。❻ 的确，"现象无论在哪里都

---

❶ 这似乎与他的结论不相符，我们下面将解释一下明显的矛盾之处。

❷ D. L. 9. 106，可与103、62（只有他的哲学是基于对判断的悬置的，他在其日常生活中并不缺少远见）比较。

❸ Athenaeus 337.

❹ D. L. 9. 113. 很有可能的是通过提出对立命题来做到这一点的。提出的对立命题与那些搅扰人心的想法是对的。

❺ Burnyeat, *Can the Sceptic Live His Scepticism?*, 126 – 127. 关键之处在于，虽然 phainomena 与 phantasiai 经常用来指感官印象，但是它们也可以指通过其他方式产生的印象（例如，普罗泰戈拉的所有对手所共有的那种印象，即不是每个印象都是真实的，*AM* 7. 390）。斯图反对伯恩耶特对 phantasiai 的解释（"Sextus Empiricus on Non - Assertion"，fn. 6），但将 phantasiai 与显像区分开似乎是武断的，尤其是因为这与斯多亚学派对 phantasiai 的用法是不一致的。第欧根尼·拉尔修评论道："根据他们的观点，一些 phantasiai 是感觉材料，另一些不是；前者通过一个或多个感官而获得，后者，即不是感觉材料的那些 phantasiai，是通过心灵本身而获得的，就像在非物质性东西以及所有通过理性而获得的表象那种情况中一样。"（7. 51）

❻ D. L. 9. 105.

是（被认为是）有说服力的"。❶ 因此，蒂孟和皮浪都是按照习俗和自然生活的，❷ 因为事物根据自然必然性和文化习俗而显得或对或错、或真或假。

皮浪式的现象概念在后期皮浪主义那里出现了，它采取了蒂孟的格言，即现象是有说服力的，❸ 采用了他的例子（蜂蜜尝起来是甜的），并接受自然和习俗为实际事务的基础。❹ 根据第欧根尼·拉尔修的看法，皮浪主义者一般都声称自己不接受彻底的怀疑论立场："我们知道现在是白天，我们活着，以及生活中许多其他清晰明白的事实"，只对我们的对手积极论证的、声称已被确定把握的那些实在论主张悬置判断。❺ 塞克斯都也认同这一点，他坚持认为皮浪主义者并不反对现象，而且认为那些批评他们的人似乎并不熟悉"我们这个学派的论述"。❻ 他继续引用蒂孟的例子说，怀疑论者会认同蜂蜜尝起来是甜的，但会把怀疑限定在"就其本性而言它是否是甜的"这一问题上。❼

五、皮浪主义与观念论

与其他类型的怀疑论一样，早期皮浪主义与观念论的区

---

❶ *AM* 7. 30，D. L. 9. 105.

❷ Aris. in Eus. 759d，7623 and D. L. 9. 61，105.

❸ *AM* 7. 30，D. L. 9. 103 – 105.

❹ *PH* 1. 19 – 24 and *AM* 11. 2，其中蒂孟的评论首次提示了一种实践性标准。可见 Stough，*Greek scepticism*，*p.* 25。

❺ D. L. 9. 103.

❻ *PH* 1. 19.

❼ *PH* 1. 213.

别在于它不愿意承认我们对自己的印象（因而还有现象）有
所认识。这些猜度在现存的文献中没有被明确探讨过，但是
皮浪和蒂孟坚决排斥所有意见，以及他们未能从他们的怀疑
论结论中将"看上去是"类型的主张（他们在实际事务中接
受这些主张，但这并不是因为它们能被证明是正确的）排除
出去，这些都暗示了这些猜度。皮浪主义中的这一方面在后
期皮浪主义那里浮出水面，比如塞克斯都就谨慎地避开了人
类能够知道现象的主张。他认为，皮浪主义者并不反对感觉
印象，也不怀疑现象本身，因为"我想，没人会质疑潜藏着
的事物具有这样或那样的现象，值得质疑的是这个事物是否
真得像现象表现的那样"。❶ 这仅仅意味着皮浪主义者不去就
现象而争辩，而不是说现象是不可争辩的。"即使我们事实上
是直接反对它们的，但我们提出这样的论点不是为了废除现
象，而是为了指出独断论的轻率虚妄；因为，如果理性是这
样一个骗子，它把所有现象从我们的眼底下夺去，那么我们
当然应该以怀疑的眼光来看待那些非显然的事物（超出现象
之外的事物），以便避免鲁莽行事。"❷ 人们之所以接受和坚持
现象，不是因为人们能够把握它们的本质，而是因为人们需要
一个处理实际事务的基础。因此，虽然皮浪主义者将现象解释
为信念的主观性决定因素，从而在反实在论的意义上接纳它们，
但对现象的接受最终仍代表了一种朝向温和怀疑论而非观念论
的转变。

---

❶ *PH* 1. 19 – 1. 22.
❷ *PH* 1. 20.

六、早期皮浪主义的一致性

虽然这表明早期皮浪主义持有一种与信念和实际事务一致的观点，但是皮浪表达其结论的方式有问题。他的哲学似乎只允许这样的结论，即某些事物看上去是如此这般的，但是蒂孟告诉我们，皮浪认为事物就其本质而言是同等无关紧要的、不可测度的和不可判定的；每个主张都既非真也非假；每个东西都虚实难辨。[❶] 根据第欧根尼·拉尔修的看法，对于皮浪来说"没有什么是真实存在的……因为每个东西的本性都难以辨识"。[❷] 从表面上看，这些主张甚至是自相矛盾的；表面上看它们主张没有什么是真的或假的，但它们自己是真的；事物是不确定的，但是这个论断本身是确定的；事物本性难以辨识，但皮浪的这个说法表明它们可以被辨识。

通过将皮浪的主张解释为关于现象的主张，并假设他使用普通的断言来表达现象，那么我们就能够很容易地避免这个矛盾。这使他的哲学宣言与其温和怀疑论立场一致，也与皮浪主义的基本论点一致，这些论点认为事物看起来是不确定的，既非真亦非假，本性飘摇难以确定（因为任何主张都可以被反对）。后期皮浪主义认为这才是对皮浪理论的正确解释，他们明确地使用普通语言和动词"to be"（einai）来称谓现象。塞克斯都在其《反对伦理学家》的开头写道：

---

❶ Aris. in Eus. 758c – d. 除了一首为马其顿的亚历山大写的诗外（《反对博学家》1. 282），皮浪显然没有再写什么东西，所以这是我们能得到的最接近他的观点的材料了。

❷ D. L. 9. 61.

也许，我们应该先解释一下词语"是"具有的双重意义。第一层意义指的是"真实存在"（比如此时我们说"现在是白天"，指的就是"白天确实存在"），第二层意义指的是"看起来如何"（如有些博学家常说两个星辰之间的距离"是"一腕尺的距离，这里的"是"就是"看起来是而非真的是"，因为真实的距离也许是"一百斯塔德"，只是由于星辰的高度和距离，从我们的眼睛出发看上去是一腕尺而已）。……因为"是"的意义的双重性（在"X是Y"这样类型的句子中），我们说"是"并不表示真实存在，而是只表示现象。❶

同样的观点在塞克斯都讨论皮浪主义宣布怀疑论结论的典型方式时也被反复提及。❷ 他针对皮浪的行话无可无不可（ou mallon）给出了一种类似的解释，并根据第八式（相对性的式）区分了"是"的两种含义，他将其归因于早期的皮浪主义者。❸

蒂孟似乎证实了以下一点：皮浪和他的追随者意识到了不一致性问题，并对其怀疑论断言展开解释以便避免这种不一致性。蒂孟坚持认为"无可无不可"这句话"并没有断定任何关于绝对实在的主张，它表达的只是不做出断定"。❹ 同样地，亚里斯多克勒斯说，蒂孟认为皮浪主义的主张"无可无不可"可

---

❶ *AM* 11. 18 – 11. 19.
❷ *PH* 1. 187 – 1. 209.
❸ *PH* 1. 135.
❹ D. L. 9. 76.

以被理解为下面一个问题："为什么是，为什么不是，为什么有'为什么'这样的问题?"❶ 根据塞克斯都的看法，蒂孟坚持认为皮浪根据现象来将事物描述（或质疑其）为好的、坏的或无关紧要的。❷

　　根据这种解读，早期皮浪主义者（与普罗泰戈拉、梅特罗多洛以及在他们之前的昔勒尼学派中人一样）意识到他们需要对自己的主张进行解释，以使这些主张与自己的立场一致。蒂孟认为他们并没有超越习俗惯例，根据现象是有说服力的这一看法，我们可以推知现象不仅支配怀疑论者的主张，而且支配每个人的主张。❸ 如果这是他的观点，那么关于实际事务的日常主张就也是关于现象的，皮浪主义者在预示现代反实在论的过程中只不过意识到了这些主张的真实本性，因为皮浪主义者也提出了一种针对日常语言的反实在论解释。就我们的目的而言，重要的是皮浪主义者诉诸现象这一点保持了皮浪主义的一致性，削弱了针对它的那些典型指控。这些指控就像皮浪的标准看法一样，是对我们自己的指控而不是对怀疑论者的指控。

七、走向后期皮浪主义

　　从蒂孟的时代到公元 210 年塞克斯都去世，皮浪主义哲学

---

❶　Eus. , 759c.

❷　*AM* 11. 20，cf. 140. 这里的一些说法是模糊的（可见 Stough，*Greek scepticism* p. 25）。

❸　D. L. 9. 105.

家传承了很长一段时间（也许有点断断续续）。❶ 人们对这段历史中的皮浪主义哲学家知之甚少，但我们有理由相信这一时期的皮浪主义哲学家与我们已经了解的那些皮浪主义者（如皮浪、蒂孟）不会有太大差异。皮浪主义学派最显著的变化在于对早期皮浪主义已经提出的那些主题进行更为系统和全面的总结。现象仍然是皮浪主义者的积极哲学的焦点。据说埃奈西德穆、宙克西斯、老底嘉的安提俄库斯以及阿佩拉斯（Appellas）都接受现象作为自己生活的向导。❷ 根据斐洛斯特拉图斯的观点，法沃里努斯在其关于皮浪的著作中承认皮浪主义者有能力做出合法的判断。

对皮浪主义最完整的解读见于塞克斯都的著作。他针对我们在早期皮浪主义那里发现的那些观点提出了一个更加精致的解释。然而，在讨论他的观点之前，我们必须先讨论一下学园派，因为在蒂孟死后直到公元前 1 世纪皮浪主义作为一股强力思潮再次复兴之前，学园派成了怀疑论的主要学派。在学园派这里，我们同样发现了一种与古代怀疑论的典型观点不同、但也是温和的怀疑论立场。

---

❶　根据西坡波图斯和索提翁（第欧根尼·拉尔修 9. 115 – 9. 116），皮浪主义传统包含以下前后相继的哲学家：皮浪、蒂孟、塞浦路斯的狄奥斯库里德、罗德斯的尼可罗库斯、特罗亚德的普拉鲁斯、塞琉西亚的欧弗拉诺尔、亚历山大里亚的欧布鲁斯、托勒密、萨耳波冬、赫拉克利德、诺萨斯的埃奈西德穆、宙克西普斯、瘦脚宙克西斯（Leuxis）、老底嘉的安提俄库斯（Antiochus of Laodicea）、老底嘉的泰奥达斯、尼科米底亚的门诺多图斯、塔苏斯的希罗多德、塞克斯都·恩披里柯以及被称为塞西纳斯的萨图尼斯。一个重要的皮浪主义者不在这个列表里，他就是阿格里帕，塞克斯都曾把五式论证归功于他。

❷　D. L. 9. 106.

第五章　学园派中的怀疑论

　　学园派怀疑论（和"新学园"）❶ 开始于阿塞西劳斯。他出生于爱奥利斯的皮塔内，据说学习过数学、诗歌和哲学，并在公元前 262 年克拉提斯去世后成为学园派的领袖。蒂孟认为他将"健全的理智与狡黠的批评"混在了一起。轶事则表明他有敏锐的才智和刻薄的言辞。❷ 普鲁塔克将其描述为当时"最受爱戴的"哲学家。❸

　　要想知道怀疑论如何成为学园派的一部分，我们需要想起许多古代思想家对柏拉图的看法与我们并不相同。他们并不强调柏拉图对理性和先验真理的探求，而是将其解读为一个怀疑论者，比如他对辩证法的使用，对苏格拉底及其很多对话的不确定性的突显（参见第三章），都是这方面的证据。例如，西塞罗说柏拉图是个怀疑论者，因为他对于某个观点既支持又反对，不正面肯定任何东西，对一切事物进行探究，不做确定的

----

　　❶　学园派的历史有时划分得更具体一点，阿塞西劳斯的中期学园派或第二期学园派与始于卡尔尼亚德斯的新学园派或第三期学园派可以区分开。在这里，把学园派的怀疑论阶段看作一个整体是更方便的，需要的时候我们再区分阿塞西劳斯和卡尔尼亚德斯。

　　❷　当被问及为什么所有学派的学生都投奔伊壁鸠鲁而不是相反的情况时，阿塞西劳斯回答说："完人可以成为阉人，阉人却不可能成为完人。"（D. L. 4. 43）还有一次："当不检点的人否认一个东西比另一个东西对于他而言更伟大时，阿塞西劳斯回答说：'那么六寸和十寸对于你来说都是一样喽？'"（D. L. 4. 34）

　　❸　*Ad Col* 1121F.

陈述。❶ 这种说法肯定也可以用来解释阿塞西劳斯将学园派带入怀疑论阶段的做法。

尽管阿塞西劳斯忠于柏拉图，但是他的观点与皮浪相似，他很可能受到早期皮浪主义以及其他哲学成果的影响。❷ 与皮浪一样，阿塞西劳斯为信念提供了一个正面的基础，虽然他的哲学并不以此而闻名，而是以学园派与斯多亚学派之间的竞争以及他对斯多亚学派认识论的持续批判而闻名。

阿塞西劳斯之后，拉西德斯（Lacydes）、特勒克勒斯（Telecles）、伊凡德（Evander）和赫格斯努斯（Hegesinus）相继成为学园派的新领袖。❸ 人们对他们的观点知之甚少，虽然他们明显继承了阿塞西劳斯的教导。再下一任领袖是卡尔尼亚德斯，他是第三期学园的领袖，开创了学园派怀疑论中最完备的一种形式。与阿塞西劳斯一样，他攻击斯多亚学派，为信念提供正面的基础。根据第欧根尼·拉尔修的记载，他"仔细研究了斯多亚学派的著作，尤其是克吕西普的著作，通过成功地反驳这些著作中的观点而变得非常出名，以至于他经常说：'没有克吕西普的话，也没有今天的我'"。❹ 怀疑论学园派的最

---

❶ *Ac* 1.46.

❷ 正如策勒在谈及皮浪对阿塞西劳斯的可能影响时指出的那样，"学园派中这一思想倾向的创始者未能注意到同时期盛行于埃利斯城邦的那个哲学家——其出色的学生蒂孟是阿塞西劳斯的朋友，后在雅典成为一个多产的写作者——的观点，这怎么说都是不可能的"（《斯多亚学派、伊壁鸠鲁学派和怀疑论学派》，第528页）。蒂孟、阿里思通、努梅纽斯和塞克斯都对更紧密的关系也有所交代（第欧根尼·拉尔修4.33，《皮浪主义概论》1.232 – 1.233，《福音预备》729c，731a – b）。

❸ D. L. 4.60.

❹ D. L. 4.62. 尽管如此，学园派的论点仍然适用于所有重要学派的观点，塞克斯都写道，卡尔尼亚德斯的论点"不仅针对斯多亚学派，而且针对他所有的前辈"（*AM* 7.159, cf. Ac 2.7）。

后一位领袖是卡尔尼亚德斯的追随者和同伴，克里托马库斯
（Clitomachus）。之后，这一学派被拉瑞萨的斐洛接管和领导，
他建立起一种更加教条化的思维方式，从而结束了该学派的怀
疑论时期。❶

　　学园派怀疑论的传统观点可以用努梅纽斯的一则轶事来说
明。❷ 该则故事讲述了拉居德斯的仆人们如何聪明地偷他的东
西以至于他得出结论说根本不知道自己仓库里的真相，因而去
找阿塞西劳斯学习。甚至当仆人们的罪行暴露时，他们仍继续
偷盗，向斯多亚学派寻求建议，通过声称没人知道仓库里发生
了什么来为自己辩护。这最终迫使拉居德斯在实际事务中放弃
了他的怀疑论。贝尔对此评论说：

　　　　这是个有趣的故事，如果你把它交到拉封丹手中，他
　　会让它变得更加有趣。然而，谁都知道，这是一个由斯多
　　亚门徒杜撰出来的故事。这种伎俩在所有国家的所有时代
　　都一直被使用。人们一直在尝试并仍然在尝试嘲讽对手的
　　人格和观点。这种冲动一直盲目地针对着……怀疑论者，
　　以至于不仅良好的信念，而且还有可能性（probability）都
　　被放置一边。因为怀疑论者从来没有否认过，在日常生活
　　中人类必须通过感官的证词来指导自己的行为。怀疑论者
　　否认的只是下面一点：我们能够确定地说事物的真实本质

------

　　❶　关于克里托马库斯之后的学园派哲学，可见迪伦的《中期柏拉图主义》
（*The Middle Platonists*）、塔伦特的《怀疑主义或柏拉图主义？》（*Scepticism or Plato-
nism?*）。

　　❷　Eus. 734－736.

完全就是它所呈现出来的那个样子。❶

努梅纽斯（Numenius）并不是怀疑论的可靠指南，他的轶事有不少虚构成分（第欧根尼·拉尔修在4.59叙述了一个相同的故事，但他没有将其作为反对怀疑论的材料来看待）❷，因而贝尔的评论是更加恰当的。努梅纽斯对怀疑论的态度可以从他的如下主张中看出：卡尔尼亚德斯征服了人们的心灵，在阿塞西劳斯之后，他是"坏人中的坏人"。❸对学园派怀疑论的公允把握会表明这一评论不能被如此轻易地打发掉。

一、学园派怀疑论的论证

西塞罗认为新学园"通过正反论证"以达到其目的，❹他对新学园内部教导过程的描述集中在相互对立的观点上，❺这表明反题在学园派论证中非常重要。根据第欧根尼·拉尔修的观点，阿塞西劳斯是学园派中第一个"对问题的正反两面进行论证"的人，也是第一个"由于对立性观点之间的矛盾而悬置自己的判断"的人。❻卡尔尼亚德斯以其在罗马的正反论证出名，在那里他以同样的无碍辩才支持和反对正义。（有些人不认为学园派对矛盾两面持有**同等的**承诺，但是在接下来的部分

---

❶　123 Popkin.

❷　努梅纽斯喜欢粉饰自己的论述，如果将他与拉尔修两人关于门托耳被逐出学园派这一事件的叙述进行比较，就能很清楚地看到这点（Eus. 736d, D. L. 4.64）。

❸　Eus. 737d.

❹　*Ac* 1.45 –46, cf. 2.8.

❺　De Fin 2.2.

❻　D. L. 4.28.

我将驳斥这种观点。)

在我们转向讨论学园派的核心论点之前，了解下面一点是很重要的，即这些论点提出的背景是人类已经对自身把握真理的能力产生各种各样的质疑。我们目前掌握的最完整详细的学园派资料是西塞罗的《论学园派》。它发展了三个主题，即知觉的局限性、矛盾的不可解决性，以及早期哲学家观点中提出的对怀疑论的论证。在发展第一个主题时，西塞罗攻击了视觉的弱点，指出视觉容易受到幻觉的影响（如桨、鸽颈、船）；❶我们无法看得很远，而某些鸟类有更好的视力；太阳看起来"约等于人脚的大小"；我们无法区分双胞胎、鸡蛋、毛发、谷物或海豹等各自内部的不同标记。❷ 为了阐明矛盾无法解决，他援引了"说谎者悖论"，证明一些命题既不是真的也不是假的（比如"我在说谎"这个命题就既不是真的也不是假的），还有连锁悖论，通过援引无法区分的微小差异来攻击一般性的差别。❸当西塞罗引用早期哲学家的观点时，他列举了一批思想家，认为我们无法在他们之间进行选择。他求助于克塞诺芬尼、巴门尼德、阿那克萨戈拉、德谟克利特、梅特罗多洛、苏格拉底、柏拉图以及昔勒尼学派的权威，告诉鲁库勒斯说"我

---

❶　桨在水里看起来是弯的，鸽颈上的颜色看上去是会变化的，河岸在船上的人看来是运动的。

❷　*Ac* 2. 79 – 2. 85. 知觉的这些局限导致卡尔尼亚德斯宣布说神一定拥有与人不同的一些其他的知觉能力（《反对博学家》9. 140）。

❸　他说："如果渐次追问诸如一个人是富人还是穷人，是著名还是默默无闻，远处的事物是多还是少，是大还是小，是长还是短，是宽还是窄等问题，那么我们不知道到底在哪个合适的点上能够给出一个确定的答案。"（*Ac* 2. 92 – 2. 93，cf. 2. 93 – 2. 94）更常见的例子是，从一个人的胡子中拔下一根胡子并不会让他的胡子消失，因此，如果我们一根一根地往下拔，胡子最终还会留在脸上（因为我们每次都是拔下一根，而前面说了拔下一根胡子并没有什么影响）。

们所持有的观点，是你们承认已被那些最高尚的哲学家所认可的观点"。❶

需要特别留意的是，与笛卡儿在其《第一哲学沉思录》第一章中提出的著名推理类似，学园派提出了自己的推理模式。❷虽然伯恩耶特、波普金、马特森和笛卡儿都表明在其论断——人类会被超自然骗局欺骗（贝克说这个假说是"人类能够设想出的最大胆的形而上学假设"）——中出现了一些新的东西，❸但是学园派也做出过类似的设想；事实上，他们认为"神会欺骗我们"这一看法很可能是笛卡儿论点的来源。❹ 如果将其放在更大的学园派背景中来看待，这个论点引用了（笛卡儿也引用了）梦、幻觉、疯狂和超自然骗局等现象作为怀疑的理由。在这里我们无法讨论其细节（读者可参阅我在其他地方的论述），❺ 然而，应当注意的是，当评论者坚持认为这个论点只会引起对感觉印象的怀疑时（它质疑所有的信念），❻ 或者它并不

❶ *Ac* 2. 72，cf. 72–76，129–134，142–144.

❷ *Ac* 2. 47–2. 48.

❸ Beck，*The Metaphysics of Descartes*，p. 71.

❹ 高赫（*La Pensee metaphysique de Descartes*，p. 35）、罗宾（*Pyrrhon et le scepticism grec*，pp. 89–90）和我均曾提到过这一点。

❺ Groarke，"Descartes' First Meditation".

❻ 在《笛卡儿反对怀疑论》一书中，E. M. 柯利提出（与笛卡儿不同）学园派并没有对逻辑学和几何学中的"永恒"真理发出质疑，但这一看法是错误的。一般来说，当学园派运用诸如说谎者悖论——用来质疑基本的逻辑真理——时，他们就会产生这种质疑。在特定的论证中，学园派认为人类无法知道关于 visa（视觉现象）的真理，西塞罗用 visa 来翻译 phantasiai（经验现象）。然而，我们已经知道 phantasiai 包含经由纯粹理性演绎而来的那些印象，它并不局限在感觉印象上（可再次参考第欧根尼·拉尔修 7. 51）。西塞罗在《论学园派》（2. 42）中提出了同样的观点。与此一致的是，据说由神发送而来的那些印象包括神谕、预兆和祭祀方面的信息，它们包含的不仅是感觉印象（还包含比如道德律令、宗教真理及对未来的预测）。

意味着所有印象都可能是错的时❶，他们的这些评论是错的。学园派并没有认同笛卡儿推理的弱化版本，而是通过拒绝作为真理之担保的清晰明白的印象❷，以及质疑神的慈爱，而进一步推进了人们的怀疑。其中，对神的慈爱的怀疑会削弱笛卡儿的如下看法：神的至善使超自然骗局成为不可能。❸

　　学园派的核心观点通常（尽管不总是）❹被视为是对斯多亚学派的如下主张的攻击，即人类可以用"认知性印象"（phantasiai kataleptikai，以其清晰性和令人信服性为特征）作为真理的标准。在回应这个主张时，阿塞西劳斯和卡尔尼亚德斯❺都认为

---

❶　根据伯恩耶特（"Idealism in Greek Philosophy"，p. 47）的说法，学园派没有笛卡儿那样激进，因为他们并不认为我们"所有的"印象都可能是虚假的。对此我们的回应有二：

首先，这不符合希腊哲学精神，对于我们全部的日常信念进行怀疑在希腊哲学中是常见的（例如，在高尔吉亚、塞尼亚德斯、巴门尼德和皮浪主义者那里就是这样）。伯恩耶特将高尔吉亚的观点视为一种修辞上的卖弄，但是这样的说法也可以用在笛卡儿身上，笛卡儿并没有完全相信他的怀疑并最终认为这些怀疑是"荒谬的"（Oeuvres，p. 88；Philosophical Works，p. 199）。关键之处在于，高尔吉亚的论点（甚至还有塞尼亚德斯的观点）确实在质疑一切信念，他们的这种做法得到了怀疑论者的严肃对待。

第二，必须指出，伯恩耶特的论点是建立在对单个印象和印象群的人为区分上的。一旦我们认识到，一组印象不会出错这个印象是一个单个的印象，因而同样会受到学园派的怀疑，那么那种人为的区分就会瓦解。在这方面，我们应该注意到，学园派所讨论的许多单个印象都是关于以下事情的印象，即某组印象（比如在梦中的）是真实的。

❷　常常是通过使用我们下面会讨论的那些学园派论证。

❸　因此，他们认为神超越了美德（《论神性》3. 38 – 3. 39），至少考虑到了他不受道德律令的约束，因为没有什么高于他（《反对博学家》9. 176）。一般而言，值得注意的是希腊人对神的描述比基督教更能够让人怀疑诸神的慈善，这使得一种更严肃的怀疑论成为可能（伊斯兰思想中的安萨里与此类似）。

❹　塞克斯都提出了一个针对"卡尔尼亚德斯的所有前辈"的观点。

❺　可见 Ac 2. 77 – 2. 78 以及 AM 7，提及阿塞西劳斯观点的地方是 AM 153 – 154，卡尔尼亚德斯是 AM 159/164，还可参考 Eus 736d。

任何这样的印象都会有一个同等有效性的相反印象与之相伴，因而没有什么印象是确定的。正如西塞罗道明的那样："有些印象是真实的，有些是虚假的；虚假的东西不能被（当作真实的东西）加以感知。但是一个真实的印象一直是那样一类印象，而一个虚假的印象也可以是同样那一类印象，这一类别中的印象是无差别的，不可能其中的一些印象是能够被知觉的而另外一些无法被知觉。因此，最终说来没有印象能够被知觉。"●

学园派之所以认为一个明显为真的印象总会伴随有一个"完全类同"的虚假印象，是因为他们想到了一组清晰、明确且令人信服的但最终说来是错误的印象，这些印象在梦境、幻觉以及那些某些确信最终会被证明是错误的事例中出现过。关键之处在于，这些印象的存在阐明了我们的信念之所以具有说服力是因为主观性原因而致，不是因为它们从实在论的观点来看是真的。正如卡尔尼亚德斯承认的那样：

> 印象是有生命物的一种感受，它同时揭示它自身和自身之外的其他事物……当我们看一个东西时，我们把我们的视觉置于一种特定的境况下，该境况与我们看之前的境况是不一样的。由于这种变化，我们实际上知觉到两个事物：一个是变化本身，即印象；另一个是产生这种变化的东西，即可见的事物。其他感官也是如此。因此，正如光既能显示自身又能显示光照之下的东西那样，印象，作为有生命物的认识活动中的首要因素，也是如此，像光一样既显示自身也指示产生它的明显事物。但是，由于它并不总是指示真实的事

● *Ac* 2. 40 – 41, cf. 77 –78, 83, *AM* 7. 252.

物，而是经常带有欺骗性，就像不良信徒一样，误传消息发出者的意思，因而必然导致这样的结果，即我们不能把每个印象都当作真理的标准，而是——如果有的话——仅把那些真实的印象当作标准。但如此一来的话，因为根本不存在这种不会出错的真实印象，而是一个虚假的印象与显然真实的印象非常相像，无法区分……所以无法找到真理的标准。❶

西塞罗在其对笛卡儿怀疑论论证的学园派版本的解释中也提出了同样的观点，认为"心灵能够完全凭借自身而运动"，因此有可能产生与真实印象难以区分的虚假印象。"就好像人们……颤抖，脸色苍白，要么是他们自己，要么是由于……一些可怕的外部物体，没有任何东西可以区分产生颤抖和苍白的这两种根源，也没有办法区分自身产生的内部感觉状态和由外部事物导致的内部感觉状态。"❷ 这里的问题是，我们无法辨认何时知觉的主观维度是在反映真理。

二、学园派的论点、可能性与对等命题

根据斯特赖克的看法，学园派的核心论点比皮浪主义者的要弱，据此可对这两个学派进行区分。因为，虽然据说皮浪主义者提出了对立性观点具有同等效力（isotheneia）的主张，但为每个显然为真的印象寻找一个同样令人信服的错误印象的能力，只表明"我们永远无法确定一个给定的印象是不是真的"。❸ 例如，

---

❶ *AM* 7. 161 – 7. 164.

❷ *Ac* 2. 48.

❸ Striker, "Sceptical Strategies", p. 59.

如果一个认知性印象很少是错误的（比如说只有10%的可能性），那么就有可能为其匹配一个错误的印象，虽然它仍然可能（比如说有90%的可能性）是对的，也就是说，支持它和反对它的证据是不相等的。斯特赖克的结论是，学园派的论证方式和皮浪主义的论证方式是截然有别的。

然而，学园派不太可能会接受这样的结论，即他们的怀疑论为信念的可能性保留了空间。在我们了解何以如此之前，我们应该注意到另外两个可以削弱斯特赖克立场的问题。第一个是文本证据，该文本明确地将学园派及其核心论点与同等效力的相反命题联系起来（我们将看到，据称与此相矛盾的文本其实是相容的）。❶ 例如，西塞罗说阿塞西劳斯通过以下一种方式来说服他的听众："反对所有人的观点，以便当同一问题的反面具有同样有力的理由时，人们就更容易表示不同意。"❷ 普鲁塔克、尤西比乌斯（Eusebius）和塞克斯都也都报道了阿塞西劳斯对同等有效的相反命题的运用。❸ 根据希波里图斯（Hippolytus）的说法，学园派使用皮浪主义的表达式"无可无不可"来传达自己的怀疑论思想。❹ 该表达式与卡尔尼亚德斯有关，与其核心论点和阿塞西劳斯的核心论点有关，比如努梅纽斯说："卡尔尼亚德斯考虑到了那种虚假的但看起来似真的东西，也考虑到了由认知性印象把握到的似乎是真实之物，两种东西无高下之分，卡尔尼亚德斯既不承认此真彼虚，也不承认彼真此

❶ 认为学园派者没有"将一切东西都弄得像星辰的数量是奇数还是偶数那样成为不确定的"这一主张与学园派对怀疑论结论的回应有关（见下文，cf. Striker, Sceptical Strategies, p. 60）。

❷ *Ac* 1. 45 – 1. 46.

❸ *Ad Col* 1124A, Eusebius 726d, *PH* 1. 232, cf. Eus. 731b.

❹ *Haer* 1. 23. 3.

虚，或说在他看来无可无不可（ou mallon）。"❶ 鉴于如上结论，
学园派遭到了《论学园派》中提到的西塞罗的对手的攻击，后
者追问前者，当他们"大声宣称他们自己既不正确也不错误"❷
时他们如何能够对自己的学说充满信心呢？对学园派核心论点
的那些挥之不去的疑虑应该在塞克斯都那里被消除，当他攻击
斯多亚学派时他就在运用这些怀疑，虽然他一如往常地致力于
发现同等效力的相反命题。❸

　　要想理解为什么古代怀疑论者会采纳学园派的论点来建立同等
有效的相反命题，我们必须考虑一下这个论点的发展背景。在这
里，我们发现了斯特赖克解释中存在的第二个问题，因为它采用了
一个现代概念，即可能性，而这个概念在怀疑论和独断论的争论中
并没有发挥作用。没有哪个古代怀疑论者声称要建立相反论点的同
等可能性；一般来说，这个概念与古代思维方式格格不入。❹ 同等

---

❶ Num. in Eus. 738a.

❷ Ac 2 – 43.

❸ AM 7. 402 – 22.

❹ 认为 isostheneia 意味着"相同的可能性"的想法将一种模糊的可信性概念
与现代数学概念——它所要求的那种精确性和客观性对于古代思想而言是陌生
的——混淆在了一起。荷马因根据不同的状况给出不同的观点而成为第一个怀疑
者，他从来不明确地或独断地表达自己的观点，认为相反的两个说法具有同等的价
值，这种看法表明古代人对同等有效性的解释是多么松散。在大部分情况下，怀疑
论者和他们的对手是根据论点的修辞力量来判断论点是否成立的，而不是通过一些
客观的可能性标准。在怀疑论内部，这一点体现在怀疑论者修辞能力上（见 Eus.，
731 – 733，736 – 738，D. L. 4. 37 – 4. 62，在这里我们读到了这样的表述："卡尔尼
亚德斯的任何一个看法都是战无不胜的"，"在说服力方面"，阿塞西劳斯"无人能
敌"，等等）。在其他地方，对论点的心理效应的强调体现在怀疑论者的心理目标即
宁静上（关于怀疑论的这个方面可见下文）。在《皮浪主义概论》的结尾处，塞克
斯都承认，如果怀疑论者的论点足以对付"独断论者的病症即自负"，那么他们可
能会"故意提出那些缺乏足够说服力的论点"（PH 3. 280 – 3. 281）。在这种情况下
可以使用较弱的论点，因为它们已经足以产生所需的心理效应。

可能性的建立需要确定某些信念在多大程度上为真，但这不是怀疑论的做法。相反，他们提议的是同等效力的相反命题，意在（而且只意在）回应独断论者用以论证真理可知的那些具体论点。● 按照这种方式来理解，学园派论点就是同等效力的相反命题的一个例示，因为它破坏了（在这个意义上也就是等同于）斯多亚学派的认识论，后者的基础是我们能够通过诉诸认知性印象来获得确定的知识。正如塞克斯都反复说的，该论点的关键是指明如下一点：认知性印象和学园派拿来反驳其的错误印象在引人注目和自明性方面是等同的（isos）；这削弱了认知性印象的不可错性。关于可能性的问题无关紧要，因为斯多亚学派（甚至当他们回应学园派时也）❷ 没有提起过它，它在他们的认识论中也没有地位。

学园派的目标是反对独断论，他们从不讨论对信念进行概率论证的可能性。他们与之争论的那些思想家也没有提到这种可能性。在这个意义上可以说学园派正是他们生活于其中的智识背景的一部分。与其他古代思想家一样，他们认为知识系于确定性，只坚持认为没有什么印象是不会出错的，❸ 并以最普通的术语给出他们的结论，说我们无法感知真理，缺乏真理的

● 西塞罗文本中的科塔说他发现"证明一个东西是假的要比证明它是真的要容易得多"（*DND* 1.57），进而批评斯多亚学派和伊壁鸠鲁学派的论点（不是通过为怀疑论构建独立的论点）。卡尔尼亚德斯采取了同样的策略（*DND* 3.44），并在学园中将这种策略固定下来，在那里，讲学的方式总是对某人提出的假说进行反驳（De Fin 2.2）。正如西塞罗说的那样，"我们的惯用方法是提出与所有其他学派相对立的观点"（*Ac* 2.7）。

❷ 不是通过诉诸可能的真理，而是通过指出一个人可以区分开认知的和非认知的印象的方式。

❸ *Ac* 2.99.

标准,❶ 在谈论真理和具体的真理之间来回徘徊,从不停止。❷

　　如果认为学园派论点已经过时,或者认为我们可以通过论证认知性印象在现代意义上是可能的来反驳他们的结论,那么我们就错了。这种印象得以成为可能的唯一方式就是列举出它们的真实案例,指明它们比错误的印象更频繁出现。暂且不论程序问题(如何计算和区分印象的种类?如何确保某个案例是随机选取的?),学园派不可能接受这样的论点所依赖的印象(即某些印象是真的或可能是真的)。问题在于,它们是主观的,而且正如卡尔尼亚德斯所言,它们有可能会歪曲事实;特别是那些最强烈的印象有可能也是这样。诸神也可能会欺骗我们。我们的知觉或记忆可能会很弱。理性可能会使我们困惑,就像它在面对悖论和辩证法时那样。一般而言,我们可能会出错,或被骗。(正如现代思想家说的那样,人们认为他们看到的东西"像太阳一样清晰",但事实证明他们是错的。)

　　因此,论证信念的可能性无法绕开学园派的论点,因为它必须建立在学园派(甚至更明显的是后期皮浪主义)❸不认同的主张或观察之上。因此,当斯特赖克认为学园派只破坏了信念的确定性时,她至少在原则上是错误的。她之所以做出这样的分析,是因为没能认识到学园派怀疑论是对实在论真理的一种攻击。从这个角度来看,信念是主观的这一学园派主题,破坏了任何想要用例子来证明客观真信念的企图,因为所有信念都是主观的。怀疑论和独断论争论的核心不是确

---

❶　*Ac* 2. 40 – 2. 41, 77 – 78, 83, *AM* 7. 402 – 7. 422, cf, *Ac* 2. 15.

❷　*Ac* 1. 45, 2. 43 – 2. 44.

❸　考虑到它们的循环论证特点,对此的讨论可见第六章。

定性和可能性，而是客观性和主观性。再多的主观性证据也
无法弥合二者之间的沟壑，这样的证据也无法为客观的可能
性提供根据。

三、学园派的宁静

我们已经看到，学园派和皮浪主义都信奉同等有效的相反
命题。两个学派观点一致性的另一个证明就是他们都将反题视
为获得宁静这一道德目标的基础。学园派怀疑论的这个方面尤
为明显地体现在阿塞西劳斯那里，他认为怀疑论的目标是幸福，
他说"最终要悬置判断（关于任一主张是否为真的问题）——
与此相伴的，正如我们皮浪主义者说的那样，是灵魂的宁静
（ataraxia）"。❶ 这意味着要追求宁静，就像阿塞西劳斯说的那
样："大多数人……认为用心灵的眼睛和身体的眼睛去审视别
人的诗歌、绘画和雕塑并仔细研究其细节是合适的，然而他们
忽视了他们自己的生活，他们的生活中有很多令人愉快的东西
值得深思，他们总是盯着外部事物，欣赏别人的名誉和财富，
就像犯了奸淫罪的人，强奸别人的妻子，却无视自己及自己的
财富。"❷ 阿塞西劳斯在这里阐述了可以追溯到德谟克利特那里

---

❶ PH 1. 232. 根据库辛的说法，塞克斯都在这里对比了阿塞西劳斯和皮浪主
义者的观点，"对他们来说，Epoche 只是一个方法，其目的是 ataraxia"（"The Stoi-
cism of the New Academy"，p. 33）。然而，这种细微的区分并不符合皮浪主义观点的
那种松散性特征（cf. PH 1. 35，191）。他们认为 ataraxia 跟随 epoche 而来，"就像后
者的影子一样"，因此，他们并不把它们区分开；有时他们将 epoche 或实践标准
（非 ataraxia）当作怀疑论的终点（见 D. L. 9. 107，PH 1. 30，1. 231）。除此之外，正
文中的引文是对阿塞西劳斯观点为什么"几乎等同于"皮浪主义的三个解释中的第
二个，我们不能认为它包含一个还没有被提出的对比。

❷ *Tranq* 470A – B.

的主题，批评了我们关注他人好运的倾向，这种倾向滋生了不幸。相反，我们应该关注我们自己生活中那些令人愉快的方面，通过反对不满来确保我们的满意。害怕死亡是愚蠢的，❶ 因为这也会带来不幸。

在普鲁塔克的文章《论控制愤怒》中有一则相关的轶事，说阿塞西劳斯举办了一场夜宴，却发现他的奴隶忘了给朋友和外国客人买面包。"在这样的窘境之中，我们当中谁不会大发雷霆呢？"但阿塞西劳斯只是微笑着说："诸位亲朋好友我们开始宴饮美酒，这是多么美妙的一件事啊。"——意思是虽然没有面包，但饮酒和畅谈的时刻会马上来到。在这里我们发现了一个非常明显的通过反题来获得宁静的实例。

对卡尔尼亚德斯哲学思想的现存解释强调其论辩力而非其对外在环境的不动心，虽然他确实说过我们应该过一种适度的生活（"根据伊壁鸠鲁原则甚至一种快乐的生活都是不可能的"❷），并且使用反题来获得精神的安宁。根据普鲁塔克的说法，卡尔尼亚德斯认为，我们应该用出乎意料的事来反对意料中的事，应该经常提醒自己为那些出乎意料的事做好准备，否则它的突然到来常会引起我们的悲伤。❸ 根据西塞罗的说法，卡尔尼亚德斯批评克吕西普赞同欧里庇得斯对苦海生活的一些论述，认为克吕西普的赞同会带来抑郁，欧里庇得斯的说法应该被用来"安慰那些遭遇一系列厄运的人"。❹ 这里我们发现一个关于反题的经典案例：卡尔尼亚德斯反对人们的不满感，

---

❶ *Cons ad Apoll* 110.
❷ *Non Epic* 1089C.
❸ *Tranq* 474F – 475A.
❹ *Tus Dis* 3. 59 – 3. 60.

认为与别人相比我们是幸运的。在其他地方，卡尔尼亚德斯在一次著名的演讲中说，智慧之人不会为自己国家的衰落而苦恼——这篇演讲意在帮助克里托马库斯承受丧失母国迦太基之痛。❶ 不管这对克里托马库斯的效果如何，第欧根尼·拉尔修认为卡尔尼亚德斯在面对自己的死亡时很难践行自己的理想。❷

四、阿塞西劳斯与自然信念

阿塞西劳斯将其对独断论的攻击与其通过主观性信念来获得宁静的理想结合起来。根据塞克斯都的说法，他承认追求幸福需要具备以某种方式行动的能力，并提出"合理性"（eul-ogori）来作为决定行为合适与否的标准。❸ 合理的东西是符合我们的本性的东西。❹ 人们可以将阿塞西劳斯的观点与休谟的观点进行比较，休谟认为人的本性使人无法拒绝饮食、走路和交谈，尤其是当我们追求幸福的时候（尽管阿塞西劳斯很可能从个体性的角度来界定本性）。不这样做是"不合理的"，阿塞西劳斯建议我们应该采取相应的行动。这意味着接纳看上去如此这般的事物，因为这是我们的本性使然。❺ 阿塞西劳斯仍然

---

❶ *Tus Dis* 3. 54.

❷ 卡尔尼亚德斯被病痛缠身，据说他试图模仿安提帕特的冷静，喝下毒药，但最终退缩了，要求喝蜂蜜药剂以代替毒药（第欧根尼·拉尔修 4. 64 – 4. 65）。

❸ *AM* 7. 158.

❹ 参考特斯克拉基斯（Tsekourakis）的研究：Studies in the Terminology of Early Stoic Ethics, p. 25 – 30. 斯多亚学派也用这个术语来表示一个更接近为真而非假的命题（可见 D. L. 7. 76），虽然这个意思与阿塞西劳斯的怀疑论并不一致。

❺ 正是我们对自己的文化所具有的那种个人性的（也可以说是"自然的"）亲近感，使得阿塞西劳斯能够将习俗作为道德判断的基础接纳下来。

否认我们可以证明表象为真，因此采取了一种温和的怀疑论立场，而不是认为我们可以发现支配人性的原则。相反，这样的想法破坏了对本性上如此这般的事物的接受，使我们的普通信念变成了同等正确或错误的东西。

阿塞西劳斯对反实在论信念的认同最明显地表现在普鲁塔克的记载中（普鲁塔克的记载与塞克斯都的说法并不矛盾）。❶当问及"质疑对象和感觉印象并怀疑其真假时"会发生什么，❷普鲁塔克回答说阿塞西劳斯的追随者是肉身之躯，"受其本性法则支配"，❸ 因而接受印象和刺激，但不会认同其真理性。这里与其他地方一样，"真理"指的是实在论真理。根据普鲁塔克，阿塞西劳斯因此提出我们可以接受印象和倾向，但同时对它们是否包含实在论真理不做判断：

> 灵魂有三种运动：感觉（phantasiai）、冲动（horme）和认同（sunkatathesis）。
>
> 现在感觉的运动无法被消除，即使我们想要消除它们；相反，在遇到一个事物时，我们必然会形成一个感觉并受其影响。
>
> 由感觉引发的冲动激励我们行动，引导我们朝着一个合适的目标前进……在我们的控制系统的天平上放上一颗砝码，一种定向的运动就开始了。因此，那些对一切事物

---

❶ 普鲁塔克并没有使用 eulogon（一般译为"合理性"——译者注）这个词。我们甚至不清楚阿塞西劳斯是否将其作为一个专业术语来使用。重要的是，普鲁塔克和塞克斯都对阿塞西劳斯的信念的解释基本上是一样的。

❷ *Ad Col* 1123F.

❸ *Ad Col* 1122D – E.

都持怀疑态度的人也无法消除这第二种运动，而是跟随着他们的冲动，这种冲动将他们自然地（physikos）引向由感觉呈现出来的善好之物。

那他们唯一回避的是什么呢？是那种能够产生虚假和错误，即形成一种意见并因此轻率地介入我们的认同——虽然这种认同来自对现象的屈从——的东西。因为行动必须具备两个条件：感觉必须呈现善好之物，冲动必须指向被呈现的善好之物。这两个条件与悬置判断都不矛盾。因为论证使我们脱离意见，而不是冲动或感觉。所以，对我们来说，一旦好的东西被感知到，我们不需要任何意见来推动我们朝着好的东西前进，冲动即刻登场，它是一种由灵魂发起和追求的运动。❶

根据这一解释，凭借印象和冲动而行动同时不断定这些印象符合最终的实在是可能的。现代反实在论者在拒绝实在论真理时提出了类似的信念观。

大部分评论者（包括科辛、斯特赖克、伯恩耶特和塞德利）都否认阿塞西劳斯致力于日常事务和自然信念，理由是这将会与其怀疑论结论不相容。为了回应这种看法，只需指出下面一点就够了：阿塞西劳斯攻击的是实在论意义上的真理，而这又为以反实在论的方式接受看上去如此这般的事物开辟了空间，看上去如此这般是主观的且有可能出错。此外，也没有很

---

❶ *Ad Col* 1122B.

好的理由拒绝塞克斯都和普鲁塔克对阿塞西劳斯的解释，❶ 尤其是因为对所有信念的拒绝，正如阿塞西劳斯自己所说，是与幸福不相符的。惯常无视希腊人的自我说明❷是非常奇怪的：这种做法的动机是想让阿塞西劳斯的观点保持一致，最终却让他无法始终如一地接受日常事务——那些他会不加思考地、毫不犹豫地或坦然从事的事务。

五、阿塞西劳斯观点的一致性

　　阿塞西劳斯对合理信念的认同使他的怀疑论与日常生活相容，这虽然仍遗留下一个问题没有解决：他如何将其怀疑论的哲学信念与怀疑论所要求的悬置判断结合起来？他不能始终一致地坚持怀疑论是绝对正确的。❸ 因此，根据西塞罗的记载，

---

　　❶　人们已经对早期学园派用语和斯多亚学派用语之间的重叠性做了很多阐释。这种重叠性是可以理解的，尤其是考虑到学派之间的激烈竞争以及两派各自的领袖阿塞西劳斯和芝诺，他们拥有共同的智识背景，都在波勒莫门下学习过。后一方面尤为重要，因为西塞罗明确指出过，芝诺关于基于自然本性而获得善好的生存的信念来自波勒莫（De Fin 4.45）。学园派诉诸人类本性的做法贯穿它的发展史（Ac 1.19）。即使阿塞西劳斯确实从斯多亚学派那里借用了 eulogon 这个概念（而不是相反的情况，或从某些普通的资源那里借用这一概念），但是交互影响也是很自然的。这并不能表明阿塞西劳斯在其对合理之物的拥护上是不真诚的（回想一下皮浪和普罗泰戈拉对德谟克利特的无可无不可思想的采用，阿塞西劳斯对皮浪主义式的目标 epoche 的采纳）。与斯特赖克所谓的"明显的模仿"不同，阿塞西劳斯的主张即正确的行动以 eulogon 为基础是相当符合怀疑论的美德思想的，后者强调知足、独立、和宁静（甚至当一个人为了德行而必须受苦时）这些个体性目标。尤其是宁静，它与阻扰人们实现自身本性的企图是不相容的。
　　❷　比如斯特赖克的看法："我看不出有什么理由可以把这一点（即阿塞西劳斯对 eulogon 的采纳）看作他自己的观点"（"Sceptical Strategies", p. 66）。
　　❸　特别是，不一致性批评是对学园派及其他具有怀疑论倾向的哲学家的典型批评（可见《论学园派》2.43 - 2.44）。柏拉图——阿塞西劳斯仔细研究过的哲学家——在讨论普罗泰戈拉时就提出过这样的批评。

阿塞西劳斯说："没有什么是可以被认识的，即使是苏格拉底留给自己的那些知识碎屑也是无法被认识的，也没有任何东西能够被感知或被理解，因为这些原因……人们不应该认定、断定或赞同任何东西。"❶ 这就排除了怀疑论结论为真的可能性，并且表明阿塞西劳斯对待怀疑论的方式与其对待日常生活的方式是一样的——对某物是否在实在论真理的意义上为真这样的问题悬置判断，但是可以根据自然印象来接受它们（因为怀疑论结论看上去是正确的）。

在回应这种解释时，人们可能会指出有些评论者显然认为阿塞西劳斯提出了一种不一致的怀疑论。塞克斯都说，阿塞西劳斯对所有问题都悬置判断，拒绝对事情本身做出任何判断，却将其怀疑论主张当作"对事实本身的陈述，因此他断定说悬置判断是好的，认同某物是坏的"。与此相反，"我们（皮浪主义者）对怀疑论结论的主张不是积极性的，而是根据看起来如此这般的东西来提出怀疑论结论"❷。在其他地方，塞克斯都对学园派怀疑论和皮浪主义怀疑论做出了类似的区分：学园派断言真理无法被认识，但是皮浪主义则一直在寻找，承认他们的结论有可能是错的。❸

这些证据看上去都指向不一致性，但是塞克斯都要说的仅仅是阿塞西劳斯不同于皮浪主义，并且前者的主张可以通过解释而变得与怀疑论相容。塞克斯都说的是阿塞西劳斯没有遵循皮浪主义将动词"是"理解为"看上去是"；因此，他对真实情况作出论述，而没有将自己限制在现象界。然而这并非意味

❶ *Ac* 1. 45.
❷ *PH* 1. 233.
❸ *PH* 1. 3.

着不一致性，一个人可以做出这样的论述而同时又是怀疑论的，只要他把这些论述当作看上去为真的临时性假说（因为它们符合我们的本性），对于它们之事实上是否为真不做判断。如此一来，阿塞西劳斯就不是通过改变他的陈述的意义以便使它们成为关于现象的陈述来表达自己的怀疑论立场的，而是通过改变自己对待它们的态度这一做法来实现的。现代科学探究中也弥漫着这种态度，该态度将假说视为探究活动的一个临时性基础，并不担保它们的真实性。

　　根据这种解释，阿塞西劳斯的怀疑论是个看上去为真的工作前提，他并不在实在论真理的意义上声称它为真。这就解释了他如何能够在拒绝所有主张为真的同时仍能够支持怀疑论。在回应对其不一致性的指责时，❶ 他会说他把他认同的那些主张仅当作假说。在希尔奥尼莫斯的庆生会上，当被要求讨论哲学时，阿塞西劳斯表达了自己的态度。在那种环境中他认为应该避免哲学讨论，他回答说"哲学的特殊领域就是，知道万物皆有其时"。❷ 这里使用的动词"知道"（epistasthai），以及阿塞西劳斯在这里含蓄表达的观点即他知道这不是谈论哲学的时候，都似乎违背了他的怀疑论立场。但是如果他说的只是在他看来合理的东西，并且他愿意承认他的建议就像任何其他主张那样可以是被质疑的，那就不一样了。我们会看到，卡尔尼亚德斯采取了类似的立场。

六、阿塞西劳斯与塞克斯都

　　尽管很多评论家对塞克斯都的论述持有异议，但对阿塞西

---

❶　D. L. 4.36, *Ac* 2.77 and Num. in Eus. 737c – d.

❷　D. L. 4.42.

希腊怀疑论

劳斯的上述解释证实了塞克斯都关于这位学园派怀疑论奠基人的说法。当他讨论阿塞西劳斯和皮浪主义者时，他注意到的唯一关键性差异就是前者没能改变其陈述的意思以便把它们用于现象界，虽然我们已经看到他采纳了那种能够保留其判断的态度。❶ 就像塞克斯都总结的那样，皮浪和阿塞西劳斯的观点是"几乎等同的"。❷ 在两人这里，我们都发现了一种对对立的青睐，对实在论的批评，以及一种用更具主观性的看法——它们反映看上去如此这般的事情或那些接受起来比较自然或合理的事情——来代替实在论的积极哲学。对这两位哲学家来说，怀疑论的结果是对独断论的拒斥，对日常生活的支持。尽管大部分现代评论者不这样认为，但早期皮浪主义和学园派怀疑论是内在一致的、可信的哲学。

七、卡尔尼亚德斯与可信性❸

与皮浪和阿塞西劳斯一样，卡尔尼亚德斯也提出了一种温和的怀疑论将其作为处理日常事务的依据。比如，他用来反对当时神学的很多生动的观点并不是为了远避宗教实践和信念。"这些

---

❶ 塞克斯都确实写过一个荒唐的故事，说阿塞西劳斯看似是个怀疑论者，实际上却是一个独断论者，他用怀疑论的论点来测试他的同伴，而将柏拉图的知识传授给那些有天分的人（PH 1. 234）。没有理由把这个故事当真，努梅纽斯就拒绝了这个故事。

❷ PH 1. 232.

❸ 这里的 Plausibility 是对希腊语 pithanon 的翻译，pithanon 在古希腊人的世界里多指"或然之事"，但这种或然性不是偶然性，而是具有较高可能性的或然性，怀疑论对 pithanon 的使用指的就是具有较高可能性、表面上看很有可能且很正当合理的事物，所以我们将这里的 plausibility 翻译为"可信性"，在一些场合也偶尔翻译为"合理（性）"。——译者注

论点是卡尔尼亚德斯提出的，目的并不是建立无神论……而是为了证明斯多亚神学毫无价值。"❶ 卡尔尼亚德斯对普通信念也采取了类似的态度，通过接受日常观点来攻击哲学主张。这解释了努梅纽斯的评论："虽然出于对斯多亚学派的嫉妒，他（卡尔尼亚德斯）在公众中引起了混乱，但私底下他和他的朋友们会坦然地接纳很多东西，言说很多东西，并像任何一个普通人那样肯定很多东西。"❷ 我们只需要补充一点，即他是在对斯多亚学派认识论的驳斥过程中引起了很多"混乱"，他没有理由隐藏他对日常信念的认可。

卡尔尼亚德斯的积极哲学的基础是将"可信之物"（pithanon）视为"生活和……获得幸福（eudaimonia）的指导"。❸ 有时 pithanon 也翻译为"可能的"，但这种翻译没有充分强调该词的主观性意涵。❹ 该概念是学园派拒斥实在论真理的替代选择，它建立在这样一种观察之上：我们可以判断一个印象（phantasia），因为它与体验它的主体（而不是"外部存在的对象"）相关。因此，我们判断其可信性——其现象层面的而非实在层面的真假。❺ 然而，事物在不同程度上会显现为真或假，因此卡尔尼亚德斯区分了不同种类的可信性。一个难以置信的印象看上去是错的；一个可信的印象"在很强的程度上"似乎是真的。

---

❶　*DND* 3. 44.

❷　Num. in Eus. 738d.

❸　*AM* 7. 166.

❹　关于这一点，可见 Burnyeat（"Can the Sceptic Live His Scepticism?" p. 123）以及上文关于 isostheneia 讨论。

❺　*AM* 7. 169.

更进一步，由于印象就其形式而言从来不是简单的，而是像链条一样一个连着另一个，所以我们必须加上……那种印象，即同时既是可信的又是"不可逆转的"……有些医生不能仅根据一种症状——比如过快的脉搏或体温较高——就推断说病人在发烧，而是必须根据一连串的症状，如高体温、脉搏过快以及有触痛感和干渴感等症状，才能做出判断，与此类似，学园派是根据一连串的印象来形成他们的判断的……❶

如果印象是不可逆转的，并且经过仔细的"检验"，即从"距离和间隔、地点、时间、心态、性格"以及活动性等方面考虑过它们是否值得信任，那么印象就会更加可信。一个人问"闪电明亮吗？""我的感知可能被扭曲了吗？""我的印象经得住长时间的检验吗？"诸如此类，都是获得可信性印象的方法。❷

塞克斯都举例说明卡尔尼亚德斯的可信性程度接受检验的过程：

在光线不好的屋子里看到一条绳子，人们会跳过它，认为它是一条蛇，但是事后他回头开始研究真相，他发现它一动不动，由此他开始怀疑它根本不是一条蛇。但是他又想到，冬天冻僵的蛇也是不动的。他用棍子戳了戳那卷成一团的东西，然后，在检验了收集到的这些印象之后，

---

❶ *AM* 7. 176 – 7. 179.
❷ 在《皮浪主义概论》（1. 227 – 1. 229）中，塞克斯都对可信性程度的划分稍有不同。

他认为把出现在他面前的那个东西当作蛇是错的。❶

　　卡尔尼亚德斯进一步用不同环境中不同程度的可信性这一原则来规范可信性的使用。❷ 当有疑问的事物是不重要的或我们没有充足的时间进行充分调查时（如当我们担心遭遇伏击时），单纯可信的印象就是我们行动的恰当指南。当我们有充足的时间来检验它们时，或者当我们处理的是更加重要的事务时，我们会更青睐那些不可逆转的印象。而在最重要的领域（比如关乎幸福的事务），指导我们思考的则是那些经过检验的印象。

　　塞克斯都用以解释可信性的例子来自感觉印象领域，但是其他的例子很容易被想到。在任何情况下，我们都能区分那些显然是真或假的印象，也能通过仔细检查可信的印象来区分出那些不可逆转的印象。西塞罗坚持认为，可信性的这种更加宽泛的用法为我们进行感官之外的各式思考活动——如我们是否应该结婚、组建家庭、接受或不接受怀疑论——提供了基础，也为关于未来的看法或关于"义务及日常实践已然使我们非常熟悉的那些其他事务"的看法提供了基础。❸ 在《论神性》的开篇，他说"可信性"是用来服务和指导学园派的举止的。文本中的主角科塔致力于传统的宗教观点和实践，这显然是可信性的一种具体应用。❹ 这具有重要的哲学意义。我们对我们所接续的传统非常熟悉，这使它们看起来比其他选择更加可信。根据斯特赖克的看法，可信性只适用于感觉印象和"实然"命

❶　*AM* 7. 187 – 7. 188.

❷　*AM* 7. 184 – 7. 189.

❸　*Ac* 2. 100，109 – 110.

❹　*DND* 1. 12，1. 61 – 62，3. 5 – 6.

题，但是卡尔尼亚德斯从未说过这一点，要使他的哲学与其生活保持一致，就需要对可信性采取一种更加宽泛的用法。

八、西塞罗论可信性

西塞罗对卡尔尼亚德斯观点的讨论尤为重要，因为他自认为是学园派中人，同时也因为他熟悉克里托马库斯——卡尔尼亚德斯在学园中的继承者，"卡尔尼亚德斯的追随者，一直陪同后者到其晚年"❶ ——的著作。为了确保没人怀疑他捏造事实，西塞罗直接从克里托马库斯论述悬置判断的四卷著作中的第一卷选取材料来解释可信性。根据克里托马库斯的解释：

> 卡尔尼亚德斯认为有两种方法来对印象进行分类——能被感知（为真）的印象和不能被感知的印象，以及可信的印象和不可信的印象。……后一种分类不能被指摘。因此，他的观点是，这一类的印象不会出现在知觉中，而多半出现在关于可信性的判断中……因此，明智的人会利用他遇到的那些明显可信的印象，如果没有与这种可信的印象相对立的印象出现，那么他的一生就基本上可以按照这种印象来规划了。❷

很多评论者并没有接受西塞罗或克里托马库斯在这里提到的证词，认为他们（或至少西塞罗）没能看到卡尔尼亚德斯实

---

❶ *Ac* 2. 98. 卡尔尼亚德斯本人没有写下什么东西，关于他的观点的报道，没有比西塞罗更好的资源了。

❷ *Ac* 2. 99, 102 – 103.

际上没有接受可信之物。这几乎令人难以置信，因为西塞罗和克里托马库斯都没有走到那个地步，认为他们忽视了这一点是毫无道理的。❶

---

❶　评论者指出，克里托马库斯声称他从未知道卡尔尼亚德斯到底接受了什么，由此得出结论说卡尔尼亚德斯并不认同任何观点。然而，克里托马库斯的这个说法出现在一个长长的关于善终话题的讨论之中，在这场讨论中西塞罗无法确定自己是否"应该追随卡利封，卡尔尼亚德斯一直在热情地捍卫卡利封的观点，以至于看起来卡尔尼亚德斯似乎接受了卡利封的观点，虽然克里托马库斯常常说他从未知道卡尔尼亚德斯到底接受了什么"。这只意味着克里托马库斯不理解卡尔尼亚德斯对于善终持有何种看法，尤其是像西塞罗在其他地方所说的那样，卡尔尼亚德斯对首要之善的看法"与其说是自己认同的观点不如说只是用它当作与斯多亚学派斗争的武器"（De Fin 2.42）。西塞罗本人在这一问题上摇摆不定，有时会认为卡尔尼亚德斯持有相关的看法（2.35，2.38）。

卡尔尼亚德斯没有接受基于似真性的信念，有时这一看法的基础在于：学园派中人会隐瞒他们自己的观点（Ac 2.60, frag.21）。然而这本身就意味着他们有自己的观点（且接受某些信念）。此外，西塞罗并没有对这种隐瞒行为给出一个一般的解释。

奥古斯丁怀疑学园派承认 pithanon（Con Ac 3.20.43。pithanon 一般可译为"可信性"——译者注），但他离学园派太远，对学园派观点持有异议，并受到一种偏见的影响，该偏见主张学园派怀疑论从根本上来说是虚伪的，只是柏拉图观点一些外在的皮毛。从克里托马库斯和西塞罗的不同证词来看，奥古斯丁的观点显得无足轻重。

一般而言，与阿塞西劳斯一样，评论者过多地强调了斯多亚学派对卡尔尼亚德斯的影响。关于卡尔尼亚德斯的创新之处，可见斯图的 *Greek Scepticism*，p.50－64。关于库辛和其他像他那样的人的观点，我们引用斯特赖克的以下论断来处理之：

在我看来，库辛及其追随者达普拉低估了卡尔尼亚德斯的原创性，他们只强调说卡尔尼亚德斯的基本概念来自于克吕西普。如果说他继承了这些概念，那么必须指出的是他并没有原封不动地继承那些观点。事实上他确实具有原创性，比如，他指出印象不能孤立地去考察，他还注意到我们实际上用来确定某一给定的事实性陈述的真值的方法……我们不能把卡尔尼亚德斯的观点看作斯多亚学派学说的简化版本，即使它们是用辩论性的方式加以表达的，但达普拉的看法就是如此：人们不能通过增加一个矛盾的前提来证明别人理论中的矛盾性。卡尔尼亚德斯并没有表明斯多亚学派的观点是自相矛盾……但是他们的一些前提是错误的……除了对斯多亚学说的批判之外，卡尔尼亚德斯还试图证明，如果我们放弃那些有争议的前提，就不再会有任何荒谬的结论——事实上，正如西塞罗所说的那样（*Acad* II 146），怀疑论者只是抛弃了那些虚假的问题，留下了所有有用的东西。因此，卡尔尼亚德斯的哲学并非完全消极的——虽然这不是说他曾提出过一个自己的体系。

那些忽视西塞罗证词的人之所以这样做，主要是因为他们认为可信之物与卡尔尼亚德斯的怀疑论结论是不相容的。但是，卡尔尼亚德斯拒绝的是实在论真理，这正好为可信的信念留下了空间，这些可信的信念在主观上是值得信赖的，虽然从实在论的立场来看它们有可能是错的。卡尔尼亚德斯的这种立场被下面一段难以理解的文字所证实，在该段文字中西塞罗对克里托马库斯关于学园派观点——智慧之人对真假悬置判断——的解释进行了再解释。为其加上编号后，我们可以将这段文字翻译如下：

（1）据说智慧之人有两种方法不做出认同。（2）根据第一种方法，他什么都不同意。（3）根据第二种方法，他克制自己不做出回应，在这样做时赞同某物或不赞同某物，所以他既不否认也不断定某物。（4）既然如此，根据第一种方法他不认同任何东西。（5）坚持第二种方法的话，他有可能会遵循可信性，在可信性出现或缺少的情况下相应地做出"是"或"否"的反应。（6）事实上，由于我们相信不认同任何东西的人被促动着，并且他确实在行动，所以存在一类引导我们去行动的印象，当这些印象被质疑时，我们能够按照不同的方式（肯定的或否定的）加以回应，声称印象就是如此这般的，而不必涉及任何认同。❶

从表面上看，这些评论是很成问题的，因为（3）与（5）、（6）是矛盾的。综合起来看它们暗示着，当智慧之人拒绝做出

---

❶ *Ac* 2. 104.

回应、否定或肯定时，他们是以第二种方式不做出认同，但与此同时又遵循着可信性做出回应、否定或肯定。

　　避开这一明显矛盾的方法就是区分学园派回应问题、印象、主张和对话者的两种方式：一种方式类似于日常话语，在这里我们凭借信念做出肯定和否定；第二种方式发生在哲学话语中，在这里我们提出反题以便做出回应。后一种方式是学园派在其教导实践中看重的方式。西塞罗写道：

　　　　有一位智者，莱昂蒂尼的高尔吉亚，他第一次在集会上大胆地"邀请提问"，即请某个人说出任何一个他想听到的讨论话题。说真的，如果我们自己的学园不熟悉这种习惯的话，那么这就是一项大胆的工作，我应该说这是一种傲慢的举止。它（最初被苏格拉底采纳）后来被阿塞西劳斯复活，阿塞西劳斯为其听众立下了一个规矩：他们不要问他问题，而要直接陈述他们自己的看法，当他们陈述了自己的看法之后，他开始反驳他们。但是，阿塞西劳斯的学生会在其他哲学家面前竭力为自己的立场辩护，在阿塞西劳斯面前陈述自己观点的学生现在却变得沉默。这目前仍是学园内部的一种传统。例如，潜在的智慧之人会说"首要的善乃是快乐"，而在正式的谈话中则会说相反的东西。❶

当西塞罗叙述卡尔尼亚德斯的论点——该论点否认智慧之人因其母邦毁灭而受触动——的时候，我们会发现上述这种引

---

❶　*De Fin* 2. 2.

导哲学讨论的典型方式是与卡尔尼亚德斯直接相关的。❶

区分开回应某主张或问题的这两种不同的方式，我们就可以把克里托马库斯解释学园派智慧之人不做肯定的两种方式中存在的问题消除掉了。在哲学讨论中，学园派哲学家通过提供相反论点的方式来抵制任何实在论主张，阐明我们无法把握实在论意义上的真实之物。在其他情况下，他们不是通过提出相反论点的方式来拒绝做出肯定，而是允许自己以一种非实在论的方式来回应问题和意见，做出肯定或否定的判断，前提是不涉及实在论主张。由此，西塞罗对克里托马库斯的解释就可以理解如下：

（1）……据说智慧之人有两种不做出认同的方法。（2）根据第一种方法，他在实在论意义上不认同任何东西（对任何东西都用能够导致悬隔的同等有效的相反论证加以回应）。（3）根据第二种方法，他克制自己不做出回应（用同等有效的相反论证），因而能够（在反实在论意义上）赞同某物或不赞同某物，故此我们说他既不否定也不断定某物（在哲学讨论中）。（4）既然如此，根据第一种方法（实在论意义上的），他什么也不认同。（5）根据第二种方法，他可以遵循可信性而相应地（针对问题、印象和意见）做出"是"或"否"的回应。（6）事实上，因为我们相信不认同（在实在论意义上）任何东西的人被促动着且确实在行动，所以存在一类能够引导我们去行动的印象，当我们对这些印象加以质疑时，我们能够做出回应

---

❶　Tus Dis 3. 54.

（如以肯定的或否定的方式），声称印象是如此这般的，而不必涉及任何实际的认同。

在这里，正如其他地方那样，西塞罗描述了学园派的反实在论，他说学园派偏好诸如某些印象"就是那样"的说法，但并不实际上认同它为（实在论意义上的）真。在描述学园派的观点时，他和塞克斯都在使用动词"被说服"（peithesthai）、"同意""接受"（probare）、"遵循"（sequi）以及"看上去"（videri）来表示实在论意义上的认同之外的选择时，二人都清楚地区分了实在论和反实在论不同意义上的认同。❶ 就像西塞罗非常典型地指出的那样，学园派接受事物显得或看上去是某种样子，他们赞同和遵循现象，同时却始终拒绝承认它们在实在论意义上为真。

九、卡尔尼亚德斯怀疑论的一致性

卡尔尼亚德斯除了将其怀疑论与日常信念保持一致外，还通过可信之物使自己能够内在一致地接受自己的怀疑论原则。正如西塞罗在其评论安提俄库斯指责卡尔尼亚德斯不一致时指出的那样：

> 安提俄库斯认为卡尔尼亚德斯最容易被击败的方式是这样的，即让他承认，既然智慧之人不可能有一种没有被把握、知觉或认识的信念，因此这个特定的信念，即智慧

---

❶ *PH* 1. 230，Ac 2. 36，44，59，77，87，99，101，103，105，108，111，138，139 and cf. *AM* 7. 166 – 189.

之人相信没有什么东西能够被知觉，本身就是被知觉到的。
就好像智慧之人没有其他信念，能够无信念地生活下去。
相反，他坚持这一特定信念——没有什么东西是可以被知
觉到的——的方式，就如他坚持"可信之物"而非"可感
之物"的方式一样。因为，如果他在这种情况下有知识的
标志，那他会在其他所有情况下都使用这一标志，但是因
为他没有得到这种标志，所以他只能诉诸可信之物。❶

这似乎是使卡尔尼亚德斯的观点保持一致的逻辑途径，虽
然塞克斯都看上去与此不一致，尤其是当他说"卡尔尼亚德斯
学派"将可信之物作为真理的标准和区分真假基础的时候。❷
一方面，我们很难理解塞克斯都这句话意指何为，特别是他的
评论可能并不指涉卡尔尼亚德斯本人，而是指向他的追随者，
他的"学派"。❸ 另一方面，这一点与塞克斯都在其他地方的评
论相矛盾，塞克斯都在那里说卡尔尼亚德斯认为真理的标准是
"不存在的"，他把可信之物仅当作日常行为的标准，并强调其
主观性质。❹ 一般而言，根据塞克斯都的说法，学园派认为真
理是无法被理解的。❺

或者，如果塞克斯都关于作为真理标准的可信之物的主张
指的是，卡尔尼亚德斯将可信之物作为关于事物如其自身之所
是的陈述（与关于事物看上去如何的陈述相反）的基础，那么

---

❶ *Ac* 2. 109 – 2. 110. 将 dicere 译为 "信念"，与西塞罗决定用其来翻译希腊词 dogma 是一致的（见 *Ac* 2. 27，2. 29）。

❷ *AM* 7. 173，7. 179.

❸ 因为卡尔尼亚德斯的一些追随者确实接受了这样一种立场。

❹ *AM* 7. 166 – 7. 168.

❺ *PH* 1. 3，226.

塞克斯都的评论就是一致的。正如我们已经看到的那样，我们可以用这种方式来区分阿塞西劳斯和皮浪主义者，并且与此相似的一些内容也可以用到卡尔尼亚德斯身上。同理，他不是通过将自己的陈述重新解释为关于现象的主张，而是通过一种方式将它们视为可能最终说来是错误的假说，来支持自己的陈述。从这个角度来看，他和他的追随者在判断何为真的时候使用可信之物，因为可信之物决定了他们将接受哪些关于真理的假说。重要的一点是，这种意义上的判断与卡尔尼亚德斯的怀疑论并不矛盾：可信的假说并不是那些绝对为真的主张。

十、卡尔尼亚德斯、阿塞西劳斯和皮浪

现在我们就清楚了，卡尔尼亚德斯的观点是对阿塞西劳斯引入学园派的那种哲学的一种修正。两位哲学家都采纳了类似的论点和一种温和的怀疑论，这种怀疑论使他们的观点能够与他们的怀疑论立场相一致，因为这些观点只是主观上可信的假说，而不是绝对为真的主张。两人之间的主要区别存在于卡尔尼亚德斯哲学中各种各样可接受的肯定性主张之间的细微性差异之中。与皮浪一样，阿塞西劳斯只区分了看上去为真的东西和看上去为假的东西，而卡尔尼亚德斯则根据可信性程度的不同将看上去为真的印象区分为不同的等级。

虽然在早期学园派怀疑论和晚期学园派怀疑论之间存在连续性，但是卡尔尼亚德斯对"可信的事物"（pithanon）的使用，以一种重要的方式将一些根本性的变化引入怀疑论观点之中。我们已经看到，卡尔尼亚德斯带来的这后一种观点是一种道德性观点，它意在产生对外部环境的不动心。这一方面在皮

浪那里表现得最为突出，当阿塞西劳斯将怀疑论问题引入学派
角色争论（早期皮浪主义者很可能会认为这些争论与他们自己
的关注点无关）中时，我们看到他继承了这一方面的内容。与
此相反，卡尔尼亚德斯的可信性理论为人们与外部环境之间的
更多关联提供了空间，因为它让如下想法变得更可信（事实上
是非常可信）：富有比贫穷更好、健康比生病更好、受人尊敬
比遭人鄙视更好，如此一来就削弱了早期怀疑论特有的那种针
对现象的冷漠态度。卡尔尼亚德斯仍然使用对立来使艰难的环
境变得可以忍受，但他的哲学不再过度强调怀疑论的这一面，
因而削弱了怀疑论对宁静的追求。

　　这就是比起对第二代学园派的态度来，塞克斯都对第三代
学园派持有更强烈的批评态度的原因。问题在于，卡尔尼亚德
斯及其追随者"并不是按照我们的方式来指出事物的好坏，他
们对事物好坏的区分，是基于一种可信性：他们称为好的东西
确实是好的，对立的事物则不然，对坏的事物的描述也是如此。
然而，当我们将一个事物视为好的或坏的事物时，我们并没有
附加说我们的描述是可信的，而只是非独断地顺从生活的要求
而已"。❶ 当塞克斯都区分学园派和皮浪主义的信念观时，卡尔
尼亚德斯的观点与皮浪主义者提出的那种更加冷漠的观点之间
的对比再次表现出来：

　　　虽然学园派和怀疑论都主张说他们相信一些东西，❷

---

❶　*PH* 1. 226.

❷　这里的相信指的是被说服。很多评论者批评伯里将 peithesthai 翻译为"相
信"，但这一翻译是完全恰当的，因为塞克斯都所理解的说服就是反实在论意义上
的说服，信念这一现代术语既包含实在论的也包含反实在论的意义。

但是二者之间的区别在这里还是很明显的。因为"相信"一词意义很多，它可以指顺从地、不积极地遵循，比如一个孩子相信他的老师时就是这样。有时也可以指认可一件仔细检查过的事情，伴随着来自强烈冲动的认同感，如不节制的人就相信提倡奢侈生活的人。卡尔尼亚德斯和克里托马库斯的追随者带着强烈的认同宣称他们的信念和对象的可信性，而我们的信念只不过是简单的顺从，不带有任何认同，因此在这里我们和他们之间必然存在区别。❶

正是由卡尔尼亚德斯的可信信念产生的那些额外的同情、欲望和倾向，打乱了皮浪主义者在任何环境中寻找宁静和安定的目标。

西塞罗回应了这些指责，宣称像皮浪那样无动于衷是不符合人性的。❷ 因此，在《论目的》中，他拒绝了皮浪对善的解释，理由是这种解释让我们在可取的和不可取的环境之间无法做出选择，似乎教导我们应该接受任何环境。❸ 皮浪可能会很容易地回答说，虽然这个问题在这里并不重要，但我们仍需选择是否采纳这一态度。对于我们的目的而言，我们只需注意到，皮浪本人、后期皮浪主义者甚至还有早期学园派怀疑论者采纳了一种道德性立场，而该立场被卡尔尼亚德斯的观点削弱了。从这方面来看，他们更接近于斯多亚学派以及那些提倡一种更强的不动心观念的哲学家。

---

❶ *PH* 1. 230.
❷ *Ac* 2. 32，110.
❸ *Ac* 2. 35，43；3. 11 - 12；4. 43.

十一、斐洛、梅特罗多洛和西塞罗

斐洛和梅特罗多洛进一步推进了卡尔尼亚德斯的宽和怀疑论。他们认为，卡尔尼亚德斯主张"没有什么东西能够被感知，但是……智慧之人会认同未被感知到的一些东西，也就是说，他们会持有一种看法，其前提是他知道这仅是一个看法而已，知道没有什么东西能够被理解和感知"。❶ 西塞罗没有把这种解释归给卡尔尼亚德斯，但是他本人却采取了一种类似的看法，他说："当你说的（所谓的认知性）印象在我的心灵或我的感觉中明显出现的时候，我接受它们，有时我也会认同它们，虽然我并没有感知它们，因为我认为没有什么东西能够被感知。"❷

卡尔尼亚德斯可能并不持有这种观点。❸ 但是据说他也没有"强烈地"否认它，❹ 它是对学园思维方式的一种合理的回应。它的论点是真理无法被获得，一个人虽然接受某些主张为真，但仍可以不矛盾地持有这个论点，承认接受的那些主张无法被证实为真。休谟接受日常信念，但不对其进行哲学辩护。在这两个例子中，最终结果都是一种接受实在论主张的温和怀疑论。

在诸如斐洛和西塞罗这样的思想家那里，后期学园派怀疑论立场成了一种对确定性（它拒绝确定性）的攻击，而不是对实在论主张（它现在是赞同这种主张的）的攻击。这就解释了为什么西塞罗会花费那么多时间去钻研斯多亚学派的"荆棘丛

---

❶ *Ac* 2.148，35，59，67，78，112–113.

❷ *Ac* 2.65–2.66.

❸ *Ac* 2.78，104.

❹ *Ac* 2.112，2.67.

林"以及与其类似的哲学家：

> 如果我在与逍遥学派的人对话，他说我们能感知"来
> 自真实事物的印象"，没有补充说"它不来自于虚假的事
> 物"，那么我就不会与其进行严肃的争辩。如果当我说无
> 物可被感知，而他反驳说智慧之人也会偶尔持有意见时，
> 我会拒绝与其争论……但这就是我能做的所有工作吗？因
> 为我要追问的是何物能被把握，我从亚里士多德或狄奥弗
> 拉斯，甚至从色诺克拉底或波勒蒙那里都得不到答案，反
> 而从一个稍显微不足道的人即安提俄库斯那里得到了回答。
> "这样的真实印象不会是虚假的。"可我从未见过这样的印
> 象，因此我会认同并不真实了解的东西，即我持有某个
> 意见。❶

当被问及这样的信念如何可能时，西塞罗回答说他"可以
对一个事物做出一个正面的陈述，同时不将某些明确的和特殊
的（确定性和真理的）标记附加在它身上"，❷ 并且可以根据可
信性来决定他将接受什么。斯多亚学派自身必须承认他们无法
在所有情况下都依靠确定性（如当他们要去航行时，筹划他们
的未来时等）。

提出如上一种观点，接纳实在论主张而不对其做出哲学辩
护，这就是斐洛、梅特罗多洛和西塞罗为古代思想中的讨论和
争辩提供的另一种怀疑论视角。

---

❶ *Ac* 2. 112 – 2. 113, 2. 34, 2. 36, 2. 44, 2. 57, 2. 78, 2. 103, 2. 113.

❷ *Ac* 2. 35.

第六章　后期皮浪主义

　　学园派远离怀疑论始自克里托马库斯的继承者——拉瑞萨的斐洛。他也在攻击斯多亚学派的认识论，**❶** 但试图将新学园解释为老学园的延续，**❷** 他明确表示，知识至少在理论上是可能的。**❸** 当斐洛自己的继承者安提俄库斯宣布放弃新学园而采纳斯多亚学派的许多观点时，该学派转向独断论就成了一个既定的事实。**❹**

　　这些新进展的一个结果就是埃奈西德穆在公元前 1 世纪初叛离学园派。"学园派诸人，"他说，"尤其是现在的那些人，有时同意斯多亚学派的观点，说实话他们似乎只是与斯多亚学者有矛盾的另一波斯多亚学者而已。"**❺** 为了回应这些转变，埃奈西德穆重建了皮浪主义，使其与学园派相对，规整了传统的十个论式，并添加了八个论式用以反对因果解释。他的积极哲学建立在用现象来指导生活这一基础之上。

　　由埃奈西德穆和后期怀疑论者所复兴的皮浪主义是古希腊哲学中所有怀疑论思潮的顶峰。这些皮浪主义者自由地借鉴早

---

❶　*PH* 1. 235.

❷　*Ac* 1. 13, 2. 13 – 2. 18.

❸　*PH* 1. 35.

❹　关于卡尔尼亚德斯之后的学园派历史，可见《论学园派》1. 26 – 1. 30, 2. 16 – 2. 39，以及朗的《希腊化哲学》（*Hellenistic Philosophy*）；塔兰特的《怀疑论抑或柏拉图主义?》（*Scepticism or Platonism?*）和迪伦的《中期柏拉图主义者》（*The Middle Platonists*）。

❺　*Bibl* 170a.

期怀疑论思想，使旧主题重新焕发活力，提出一系列新的论点，并将支持怀疑的各式理由系统化。随着时间的推移，他们更清晰地阐述了产生怀疑论的基本原则——以"标准问题"使这些原则正式化。作为对怀疑论结论的回应，他们还提出了"实践标准"作为日常事务的基础，完善了皮浪和蒂孟对现象的接受，提供了一个更加详细的生活指南。

一、后期皮浪主义的论证

塞克斯都和第欧根尼·拉尔修都强调了后期皮浪主义对同等有效的对立性观点的重视。宙克西斯的著作《论双面论证》的题名也暗示了这一点，❶ 卢西安在著作《哲学的售卖》中描写了一个皮浪主义者拿着天平来衡量对立性观点（一旦天平平衡了，皮浪主义者就无法在这些观点之中进行选择），这也暗示了上述看法。根据塞克斯都的定义，怀疑论是：

> 一种动用一切方式将现象与观念对立起来的能力，由此，由于对立事物和论证的同等有效性，首先出现的就是悬置判断（Epoche），接着出现的就是灵魂的"不被扰乱"状态……我们以各种方式将主题对立起来，比如现象与现象的对立、观念与观念的对立，或观念与现象的对立……我们用"同等有效"（isostheneia）来指具备说服力或缺乏说服力方面的等同，因为我们不承认对立性观点中的任何一个对于另一个而言具有更强的说服力……怀疑论体系中主要的基础性

---

❶　D. L. 9. 106.

原则就是用一个同等有效的命题来反对另一个命题。❶

面对同等有效的相反立场，皮浪主义者对任何主张的真理性不做判断，常常援引那些日常的说法："所有事物都是不确定的"，"我不做判断"，"事情不过如此"，"也许是这样，也许不是"以及"就每个观点而言都有一个同等有效的观点与之对立"。

在这种一般性做法的背景下，后期皮浪主义收集了大量的有时甚至是拙劣的论据用以反对任何观点或主张。特别是，它们被用来批评特定的概念（归纳、三段论、证据、定义、生成、空间、时间、数等），或是被当作能够适用于更具体用途的一些极其普遍的推理模式。比如我们已经知道他们的十式论证，埃奈西德穆曾将它们归功于早期皮浪主义者。

在某些情况下，皮浪主义式结论的力量来自它们所依赖的那些相互冲突的大量观点。人们必须阅读一下塞克斯都才能欣赏皮浪主义的这一方面，虽然这可以通过他对道德价值和美学价值的解释来加以说明。这一讨论对比了人们关于性、美、牺牲、食物、通奸、儿童、老年、死亡❷、暴力、重婚、海盗、

---

❶ *PH* 1. 8 – 1. 14.

❷ 虽然看似只有人类才会认为死亡是坏事，但欧里庇得斯等人宣称说并非如此，他们写道：

我们勿需哀哭

初生之子，即需直面人生的残缺

而已逝之人，却从悲伤中解脱

满怀快乐和喜悦

甚至更直白地说：

于凡人而言，永不出生似是万幸

从未得见此世的日光

抑或，出生即奔赴冥域

静静地长眠于幽暗。（*PH* 3. 230 – 3. 231）

偷窃、同类相食、怯懦、男子气概以及"所有宗教或神学事务"的不同态度。试想一下塞克斯都罗列出来的人们关于性的几乎数不胜数的态度。在希腊人那里，鸡奸据说是可耻的（"或更确切地说是非法的"），但是日耳曼人认为这是一种适当的惯例性行为，据说底比斯人已经接受了这种行为。而昔尼克人、克里安提斯和克吕西普则坚持认为它既不是好的也不是坏的。

> 在公共场合与一个女人性交我们认为是可耻的，但有些人不这样认为；至少他们会对此满不在乎，就像轶事中讲述的哲学家克拉底斯那样。而且，在我们看来卖淫是可耻的，但是有的人群却高度尊重卖淫活动；至少，他们认为那些拥有最多顾客的女人配享装饰华丽的脚环。并且……有些女孩在结婚前通过卖淫来积攒嫁妆。我们看到斯多亚学派也认为和妓女在一起或靠卖淫过活无伤大雅……手淫，也是如此，我们认为它是令人恶心的，而芝诺则接受它；我们还知道，其他人也把这件恶事当作一件好事来看待。❶

塞克斯都还列举了更多的例子。波斯祭司以迎娶生母为荣，某些埃及人会和自己的姐妹结婚。斯多亚学派的创始人，基提翁的芝诺说男子可以用自己的私处去碰触母亲的私处，"就像没有人会说他用手去碰触母亲身体的其他部位是不好的一样"。克吕西普的著作《城邦》赞成父亲和女儿、母亲和儿子、兄弟和姐妹结合生育孩子。甚至当柏拉图建议妻子是共有的时候，

---

❶　*PH* 3. 200 – 3. 206.

他也拒绝了我们的日常看法。那么，我们如何才能确定我们关于这些事务的看法是正确的呢？

在塞克斯都关于因果、归纳和外部世界的讨论中，皮浪主义论点与现代认识论之间的关联性表现得最为明显。❶ 在提到皮浪主义对因果的解释时，巴恩斯声称"塞克斯都没有预示休谟"，"他试图证明因果不存在的做法是失败的"，❷ 然而，巴恩斯在这两方面都是错误的（事实上，人们可能会更进一步认为，休谟的论点最终来源于皮浪主义者）。❸ 根据休谟的看法，我们的因果信念的基础在于我们对过去的原因和结果之间的"恒常连接"的观察。然而，这个连接并不能证明我们的因果信念，因为看起来没有办法从它这里推导出"一个原因必然会产生一个结果"这样的结论。我们可以不矛盾地设想一个没有结果的原因，因为它们是截然不同的对象或事件，由此可以得出因果必然性不能归结为逻辑必然性。相反地，我们可以主张说原因和结果必然联系在一起仅是可能的，但这就回避了问题，因为可能性"是建立在如下一种预设之上的，即在那些我们经

---

❶ 在我看来，道德和文化相对主义并不能像现代哲学家认为的那样能够轻而易举地摒弃，但这个问题我在这里无法去展开讨论。在目前的讨论中，我们可能会注意到，即使反对皮浪主义的那些意见被证明是过时的，皮浪主义者也不会退缩。正如塞克斯都写的那样："……我们有时用当下的事情来反对当下的事情，……有时用来反对过去的或未来的事情，比如，当有人向我们提出一种我们无法反对的理论时，我们回应说：'在你那个学派的创始人出生之前，你这个理论还不像今天这样健全……因此，同样地，相反的看法目前可能还没有完全向我们表现出来，所以我们不应该同意目前来看有效的那些理论'"（*PH* 1.168，cf. 2.40）。

❷ Barnes, "Ancient Scepticism and Causation", p. 178.

❸ 论证的路径似乎是：皮浪主义者、安萨里、苏阿雷兹、马勒伯朗士、休谟。关于马勒伯朗士和安萨里对休谟的影响，可见纳菲的《阿拉伯和欧洲的机缘论》（*Arabic and European Occasionalism*）。他没有看到安萨里和休谟之间的关联，但勒蒙指出苏阿雷兹可能是一个联系环节。

验过的事物（那些我们观察到恒常地连接在一起的事物）和我们没有经验过的事物之间存在一种相似性"。❶

这种看法的皮浪主义版本出现在塞克斯都对符号的解释之中。❷ 塞克斯都广义地界定符号，包括任何指示或"指向"其他东西的东西。证据是其结论的符号，身体性运动是灵魂状态的符号，原因和结果互为符号。一个"指示性"符号是建立在符号和所指之间的必要联系之上的，因此它告诉我们一些必然存在的东西。一个"纪念性"符号（按照字面意思指的是"纪念某人"的符号）告诉我们过去与该符号有关的一些东西，尽管这两者可能并非必然联系在一起。纪念性符号是由（但不仅仅由）因果之间的恒常连接产生的。

> 因此，纪念性符号……让我们……忆起伴随着它而被看到过的事物，这样的事物现在已经无法被感知到了——就像烟和火的情况，如我们经常看到的那样，它们是相互关联的，以至于我们看到其中一个，比如说烟，就会想起另一个，比如说看不见的火。同样的道理也适用于伤口愈合后的伤疤以及心脏上的洞孔，因为我们一看到伤疤就会想起之前的伤口，一看到心脏上的洞孔就会预见死亡的临近。❸

---

❶　*Tr* 90.

❷　正如肯·多尔特向我指出过的那样，休谟的观点早在柏拉图的洞穴比喻中就得到了预示。在那里，柏拉图指出，他的洞穴居民错误地相信他们看到的影子就是他们经验到的那些视觉和声音的原因（《理想国》7. 515b – 7. 516d）。他们的错误来自特定声音和视觉的恒常连接，只有当其中某人离开洞穴时他才会发现事实是什么样。

❸　*AM* 8. 151 – 8. 153.

纪念性符号并不必然指示事物的本然情况，通过指明这一点，皮浪主义者阐明了休谟因果批判的一个古代模式（将对符号的这种怀疑应用到作为灵魂状态的标志的身体状态上，就产生了身心问题的古代版本）。

与休谟一样，塞克斯都认为因果必然连接的观点不是一个逻辑真理。而这就意味着因果对于彼此而言是"相对的"（pros ti），无法被分开加以设想。**❶**但是如此一来，它们就不再是明确区分的，也不可能有原因位于结果之前。**❷** 正如塞克斯都指出的那样，"如果原因作为一个相对的概念不能在其结果之前被理解，如果它要被理解为其结果的原因，它就必须在其结果之前被理解……而这是不可能的"。**❸**

与休谟不同，塞克斯都没有讨论符号能够进行指示这种可能性，但是皮浪主义对归纳推理的批评提供了一个与休谟的相关思想类似的内容。与皮浪主义对符号的批评一样，休谟的批评更加全面，特别是休谟忽略了不依赖因果推理基础的归纳概括问题。与此相反，皮浪主义者将他们的观点普遍化以便能够涵盖所有的归纳情况。

　　我认为，撇开归纳方法是容易的。因为当他们试图通过归纳方法从一些特定事件中确立一般性的东西时，他们要么是检查了所有的特定情况，要么是检查了某些特定情

---

❶ *AM* 154，161－162. 其他相对的概念还有更白与更黑、甜与苦、左与右、整体与部分（同上，9.340）.

❷ *PH* 3.26－3.28，*AM* 8.163－8.170，9.234－9.236，*PH* 2.118－2.119.

❸ *PH* 3.28.

况。然而，如果他们检查的只是某些特定情况，那么其归
纳就是有缺陷的，因为在检查中忽视掉的一些特定情况有
可能与一般性结论相冲突。如果他们检查了所有情况，那
么他们的工作就是无期限的，因为具体的情况是无限的、
不确定的。因此，我认为，从这两方面来看，归纳方法都
是无效的。❶

　　塞克斯都在其他地方说，诸如"每个动物都能活动下颌"
"每个人都是动物"以及"没有人是四足动物"等普遍命题是
没有根据的。❷归纳性因果推理问题是一个更具体的案例。特
别是当我们无法观测未来的时候，我们不可能观测到事件的全
部连接，也不能假设我们没有研究过的事件是与我们熟悉的那
些事件相似的。

　　皮浪主义者认为我们无法知道外部世界的存在，其理由是
我们在更早的怀疑论者尤其是昔勒尼学派那里就注意到的那些
观点。皮浪主义者并没有像现代哲学家那样重视这个问题，虽
然这并不是因为现代思想包含"一种比传统怀疑论敢于设想的
还要激进的怀疑"。❸事实上正好相反：皮浪主义者之所以较少
关注外部世界问题，是因为他们专注于那些更加基本的问题，
并且还因为在他们看来对外部世界的怀疑并不是特别激进的
［如塞尼亚德斯（Xeniades）、高尔吉亚甚至还有巴门尼德等思
想家提出的结论都更加与日常信念不合］。导致外部世界怀疑
论出现的基本问题已经明显地包含在传统的十式论证之中，这

---

❶　*PH* 2. 204，2. 195 – 2. 197.
❷　*PH* 2. 195 – 2. 197.
❸　Burnyeat, "Idealism in Greek Philosophy", p. 47.

些论证表明，我们的信念是相对于我们的主观状态而言的，因而我们无法知道外部事物的真实本性。● 塞克斯都是这样来表述这个一般性问题的：

> 感觉不为理智提供外部事物，每个感觉只报告它自己的独特感受（pathos）——比如，触摸火时的感觉并不报告外在的燃烧着的火，而是仅报告自己的灼热感，也就是说，仅报告它自己的独特感受……因为外部事物与我们的感受是不同的，印象（phantasia）与被呈现的事物也有很大不同——比如火的印象与火本身就不同，因为后者能够燃烧而前者不能……就像不认识苏格拉底的人在看苏格拉底的图像时无法知道苏格拉底到底像不像这里的图像一样，理智也是如此，当它触及感受而没有辨识外部事物时，它既不知道这些事物的本质也不知道它们是否与感受相似……那么，既然大家都同意通过中介才能被感知到的东西并非显然的东西，而所有的事物又都是通过我们的感受这一中介被感知的，所以它们对我们来说就是不可知的……●

这样来看，皮浪主义者似乎是在质疑本性而不是外部事物的存在（伯恩耶特指出过这一点），但是这可能是一种文本误读。从古代的视角来看，我们无法知道事物的本性意味着我们无法知道它的存在，因为关于事物存在的问题是这样表述的："这个事物有一个真实或不真实的本性吗？"因此，关于存在的

● *PH* 1. 78，87，117，123，128，134，140，144，163.
● *AM* 7. 354 – 7. 366，cf. *PH* 2. 74 – 2. 75，*AM* 7. 352 – 7. 353，7. 385 – 7. 387.

问题被作为关于本性的问题而呈现出来，皮浪主义者强调说："印象可以由非真实的事物产生，正像可以由真实的事物产生那样。"❶ 当塞克斯都说皮浪主义者甚至不承认外部事物具有真实的本性的时候，❷ 认为没有办法反驳高尔吉亚、塞尼亚德斯以及其他认为我们有"空空的"印象、"感官似乎把握住的那些对象其实都不是真实的存在"的人的时候，❸ 他其实已经在暗示着对外部世界的存在进行怀疑了。

伯恩耶特曾表示，塞克斯都那里没有"哪个文本是在我们今天熟悉的意义上将怀疑论者的身体当作外部事物的"，❹ 但是，在塞克斯都讨论我们无法了解人的本性的一个重要段落里，我们已经解释过的那个观点就是被用来质疑身体的。为了区分开身体、理智和感觉，塞克斯都在一个阶段性总结中评论说："感官并不理解身体"，"每个感官只意识到适合于自身的感觉，而这些感觉不是身体的实体。因为听觉能够感知声音，而声音不是实体。味觉只能判断有气味的或不好闻的东西，但没人会愚蠢到把身体的实体归类为有气味的东西。无须赘叙，其他感官也是如此。因此感官不理解身体的实体"。❺

在其他情况下，塞克斯都还进一步批判了我们感知自身的能力，认为我们是身体和灵魂的混合物，我们不知道二者是否

---

❶ *AM* 7.402, cf. 7.194 – 7.195, 7.427, *PH* 1.104, 1.113. 《论学园派》(2.47 – 2.48) 中也提出了类似的问题，比如卢库鲁斯告诉我们说灵魂可以由不存在的事物激发而运动。

❷ *PH* 1.215.

❸ *PH* 2.49.

❹ Burnyeat, "Idealism in Greek Philosophy", p. 41

❺ *AM* 7.300. 感觉印象和身体之间的区分被下面一点进一步强化：它们具有不同的本质。比如，感觉印象是非肉身性的，而身体则是肉身性的（见《反对博学家》7.293 – 7.300）。

存在，或者感觉是否真实存在。❶ 在《皮浪主义概论》第三卷，塞克斯都提出了一个普遍的结论，即任何物质对象都不能以不同的方式被理解，从而攻击坚固性和广延性的存在。❷

二、标准问题

　　尽管这一点很重要，但皮浪主义对诸如外部世界问题这样的现代难题的预示并不是皮浪主义怀疑论思考深度的最好标志。当把更早的皮浪主义者提出的那些各式各样的论点进行系统化，并将标准问题作为怀疑论的基础时，其重要性才被揭示在由其带来的那些新的论式之中。❸ 根据这个问题的通常解释，人们无法证明任何真理的标准，因为没有哪个标准可以被设定为真的。因此，一个标准如果能够得到证明就意味着它是从另一个真理标准之中推演出来的，但是这会导致无穷倒退，每一个新的标准都需要证明。正如塞克斯都指明的那样：

---

❶　*PH* 2. 29 – 2. 33，*AM* 6. 55.

❷　*PH* 38 – 55.

❸　即使在提出更为具体的论点时，皮浪主义者也试图关注那些对信念有更广泛影响的基本原则。塞克斯都解释说：

　　我们将攻击那些最为全面的教条，因为这样的教条也把那些不太全面的教条包含在内了。因为就像在攻打城堡的情况中，那些攻击城墙基础的人会发现城楼也会随之而倒一样，在哲学研究中也是如此，那些能够推翻理论依据的基本前提的人也都能消解掉任何一种具体理论的有效性。因此，有人把那些投身于分析具体事物的人比作徒步追逐猎物的猎人，比作用鱼线钓鱼的人，比作用藤条上的粘鸟胶捕鸟的人，也并非毫无道理；而那些从最全面的前提出发进而对所有具体事物进行质疑的人，则被比作用绳索、木桩和拖网围猎猎物的人。因此，一次性就能抓住大量的东西要比辛苦地一个一个地追赶猎物显示出更高超的技艺，同样地，攻击大多数人共同持有的那种全面的见解要比单纯地攻击一个个的具体的见解要更有效。（*AM* 9. 1 – 9. 3，cf. *PH* 2. 84）

　　为了解决围绕标准引发的争端，我们需要拥有一个公认的标准，根据这样的标准来解决争端。但为了拥有一个公认的标准，围绕标准的争论需要先行被解决。这就陷入一种循环推理之中了，发现标准变成不可能的了，因为我们不允许他们预设一个标准（因为质疑的正是到底有没有标准），而如果他们用一个标准来判断另一个标准，那么我们就会迫使他们陷入无穷倒退的窘境。❶

　　皮浪主义的（五式或二式中的）最后两组论式就是这一主题的变奏。这些论式援引不同意见和信念的相对性，指出当独断论者想要证明其主张为真的时候，他们会陷入关于真理的循环论证之中，迫使他们无穷倒退。❷

　　与早期怀疑论的看法一样，标准问题表明我们接受的那些信念必然是与我们的主观倾向相关的。我们通常假定，一般的知觉、逻辑原则和令人信服的论点都指示着客观的真理，但是我们仅仅知道的是，我们认为它们是可信的；认为它们构成了客观真理的标准是在回避问题。外部世界问题之所以出现，是因为我们的感觉印象是我们进入那个世界的唯一通道，而且没有独立的方法来验证这些印象。说逻辑原则和道德原则是正确的是有问题的，因为我们不能假定道德直觉和逻辑直觉是真的（尤其是当道德直觉似乎因人而异的时候）。归纳问题之所以产生，就是因为我们所拥有的关于自然的齐一性的唯一证据必然是不完备的，而且不能被越过。关于任何主张的怀疑论都可以

---

❶　*PH* 2. 20.
❷　*PH* 1. 164 – 1. 177，1. 178 – 1. 179.

建立在标准问题上，因为任何主张最终都是建立在相信它们为真的基础之上的，而相信它们为真并不能确保它们为真。我们无法不这样设想，尤其是我们知道现象是可能会出错的。

贯穿塞克斯都讨论中的不同版本的标准问题，表明皮浪主义者对怀疑性探究提出的那些基本问题把握得有多好。他们不止步于外部世界问题、因果批判以及其他问题，而是要更深入地探究、讨论引起这些问题的问题。正因此解释了皮浪主义式探究的深度及其结论的广度。皮浪主义的如下结论能够让我们见识到这种广度：一切证据都是不可能的，❶ 所有事物都是不确定的，所有论点都可以被反对。他们对三段论、辩证法以及理性之运用的怀疑也有相应的效应，❷ 对外部对象、空间、时间、运动、生成、消亡、实体以及身体的质疑同样如此。❸ 至于皮浪主义者对日常观点的怀疑有多深，从塞克斯都愿意与算术争执、捍卫"3 等于 4"这一前提从而得出"6 等于 8"的做法中就可以看出。❹ 这些具体论点中的部分内容固然重要，但正是标准问题成了后期皮浪主义的基础，也是理解其怀疑论结论的关键。

三、实际事务

与皮浪、蒂孟一样，塞克斯都及后期皮浪主义者将他们的观点视为对独断论哲学之无效性的一种攻击。他们认为，独断

---

❶ *AM* 8. 300 – 8. 481.

❷ *PH* 2. 144 – 2. 204, *AM* 8. 337 – 8. 481, *Ac* 2. 42, 2. 92 – 2. 97.

❸ *PH* 3. 63 – 3. 150, 3. 38 – 3. 55.

❹ *AM* 8. 7 – 373.

论者对所有事物都做毫无根据的推测，而且根本没有办法来证明他们的主张是对的。为了取代这种毫无意义的形而上学，皮浪主义者提出了一种更加适度的看法，即过一种"荣耀的生活（bios）"，在实际事务中增进幸福。

因此，后期皮浪主义以追求宁静、灵魂安宁为目标。❶ 在那些由意见左右幸福或不幸的情况中，怀疑论促进了免于扰乱的自由。在那些无法避免扰乱的情况下（如疾病、事故等），怀疑论带来了适度的情感。❷ 在这两种情况下，皮浪主义都优于独断论：

> 一方面，因为主张事物有本质性的好坏之分的人是永远无法得到安宁的：当他没有得到他认为好的事物时，他就会认为自己在遭遇着本质上坏的事物，并希求着他认为好的事物。当他得到这些东西时，由于非理性的、过分的狂喜，他会陷入更加混乱的状态，由于担心命运的变化，他尽一切努力避免失去他认为是好的那些东西。另一方面，如果一个人对什么是真正的好、什么是真正的坏不做判断，既不回避也不热切地追求某个东西，那么他就做到了不被扰乱。❸

可能是为了回应皮浪哲学不符合人性的这一说法，塞克斯都补充说道，皮浪主义者并非完全没有烦恼，"因为我们承认

---

❶　*PH* 1. 10，1. 25 – 1. 30.
❷　*PH* 1. 30，3. 236，*AM* 11. 155.
❸　*PH* 1. 27 – 1. 28，*AM* 11. 110 – 11. 167.

他有时会感到寒冷和口渴，并忍受着那种感觉的折磨"。❶ 即便在这些情况下，怀疑论者也比其他人处于较好的境况之中，因为"他并不认为他的遭遇本质上是坏的，因此他的感受是适度的"。❷

然而，灵魂安宁本身并不能提供一个全面的行动指南。因此后期皮浪主义者追随皮浪和蒂孟，将现象接受为生活的指导。根据第欧根尼·拉尔修的说法，宙克西斯、老底嘉的安提俄库斯以及阿佩勒斯都认为"现象之物是怀疑论者的标准，因为……埃奈西德穆这样说过，伊壁鸠鲁也这样说过……"。❸ 在日常生活之中，就有了皮浪主义者对心理约束、明显的事实以及习惯风俗的接纳：

> 对于那些……必然性的事情，如饥渴、疼痛，我们无法避免，因为它们无法通过理性的力量加以消除。当独断论者认为皮浪主义者因此会保持这样一种心态——根据这种心态，皮浪主义者面临谋杀时不会退缩，如果被命令去吃掉自己的父亲，他们也不会退缩——时，怀疑论者会回答说，他能够活着，不做判断，针对的是真理何谓这样的问题，而不是生活事务和预防策略。因此，我们可以根据习惯进行择取或回避，也会遵守规则和习俗。❹

皮浪主义的现象最终变为实践标准，指导人们的生活行为，

---

❶ *PH* 1. 29.
❷ *PH* 3. 236，cf. *PH* 1. 30，*AM* 11. 155，11. 161.
❸ D. L. 9. 106.
❹ D. L. 9. 108，cf. 9. 103.

成为真理标准的替代选项。皮浪主义的标准对怀疑性的生活方式进行了划分，共四个方面，在每个方面都应用现象。

> 坚持现象，使我们按照通常的生活规则非独断地生活，因为我们知道我们不可能做到完全无行动。这样生活的准则具体说来可分为四种：一种是根据自然的指导，一种是感受的驱使，再一种是传统的法律和习俗，最后是技艺的教化。自然的指导使我们据此能够自然地进行感觉和思考。感受的驱使使我们饿了就去寻找食物、渴了就去寻找水源。传统的习俗和法律使我们认为生活中的虔诚是好的，不虔诚是不好的。技艺的教化使我们面对相应的工作时不至于被动无措。❶

要理解皮浪主义传统的连续性，重要的是要看到这并没有给皮浪主义引入一个新的立场，而仅仅是将其早期阶段对现象的接纳加以提炼推广了。

在塞克斯都的讨论中，根据不同的背景，实践标准的不同意义也得到显现。在引入反对独断论神学的论点时，塞克斯都呼吁人们学习皮浪主义者对风俗习惯的接纳，"首先需要肯定的是，与日常看法一致，我们不独断地认同神的存在，我们崇敬神，认为神是能够预知未来的"。❷ 在论及医学话题时，塞克斯都则指出要考虑感受和本性的约束等因素。❸

---

❶　*PH* 1.23 – 1.24, 1.17.

❷　*PH* 3.2, cf. *AM* 9.49. 相关报道说皮浪在艾利斯是个神职人员。

❸　后期皮浪主义的实践维度在其与一大批医生的关联中显示出来，这些医生有美诺多图斯、赫罗多图斯以及塞克斯都本人。

因此，正如怀疑论者由于感受的驱使，饥渴时会去寻找食物，方法派的❶医生则根据病人的感受来提供相应的治疗方案。如病人身体发胀，他则对之以收缩术，针对由冷导致的收缩，他则对之以热的膨胀术，有出血的，则对之以止血术，就像人们洗热水澡而出汗，为了消汗就跑进凉爽的环境中去一样。显然，与自然状况相反的身体情况会迫使我们采取办法去解决它，即使是狗，当被荆棘刺伤时也会想办法去除荆棘。简言之（不用举更多的例子），我认为所有这些事实……都能够被归入来自感受的驱使这一类之中，不管它是自然的还是违背自然的。❷

在讨论意义的模糊性的时候，塞克斯都认为应该像皮浪主义者那样运用一些技巧，并指出，用技巧而非辩证法来训练人是解决实际事务中的模糊性问题的最好方法：

> 如果模糊性有两个或更多的义项，而且如果词的义项是约定而成的，那么所有这样的模糊性——澄清其意义是有益的，比如出现在实际事务中的模糊性——不会被辩证法所澄清，而是被各行业中技术娴熟的匠人们所澄清。因为后者对他们所使用的……那种约定方式非常熟悉。在日常事务中，我们已经看到人们——甚至包括那些小奴隶——是如何区分

---

❶ 根据塞克斯都的说法，一些人声称怀疑论和医学经验主义是一样的，但他们是错误的，怀疑论者更容易支持方法主义的学派，后者拒绝任何关于不明确原因的理论。

❷ *PH* 1. 238 – 1. 239.

模糊性的，当这种区分被认为有用的时候。当然，如果一个主人有同名的几个奴隶，当他喊一个叫"马恩斯"的奴隶时……小奴隶会问"哪一个马恩斯?"❶

相反，独断论者的那些模糊性"对于一种非独断的生活而言无疑是毫无作用的"。❷

皮浪主义者在批判了因果关系之后强调效用。休谟可能会谴责他们不人性地拒绝所有信念，但他们接纳了一种与休谟类似的立场，认为我们接受日常事务中依赖的因果关系，承认我们无法证明它们指示着事物的真实存在方式。就像塞克斯都所说，纪念性符号是好的，因为它们是"基于活生生的经验的；当一个人看到烟的时候，火就被指明了，当看到疤的时候，伤口就被指明了。因此，我们不仅不反对活生生的经验，而且甚至通过非独断地认同它所依赖的东西来支持它"。❸ 这一观点与休谟自己关于因果关系的看法不同，之间的唯一区别在于对信念的皮浪主义式理解是一种反实在论（"非独断的"）理解。

四、后期皮浪主义的一致性

从古代的观点来看，后期皮浪主义的一致性在于它对现象、印象和感受等显然之物与超越这些显然之物的非显然之物（现象

---

❶ *PH* 2. 256 – 2. 257.

❷ *PH* 2. 258.

❸ *PH* 2. 102，cf. *AM* 8. 152 – 8. 158. 可参考巴恩斯的例子（"Ancient Scepticism and Causation"，p. 154 – 155）。就像巴恩斯说的那样，"塞克斯都并不完全排斥因果命题"。

与非显然之物是对立的——如《皮浪主义概论》2.88 – 2.94）之间的区分。非显然之物"自身从不显现，如果可能的话会通过其他事物而得到理解"。❶ 例如，外部世界就是非显然的东西；"因为……公认的是，通过他物被理解的东西是非显然之物，所有的事物都是通过我们的感受被理解的，感受不是事物本身，所以所有的外部事物都是非显然的，由此也是无法被我们知道的"。❷ 关于非显然之物的陈述是"独断的"，是无法被证明的。

鉴于现象和非显然之物之间的区别，塞克斯都将怀疑论描述为对信念（dogma）的拒斥——当"信念"指的是对"探究中的非显然之物的认同"时。❸ 这为皮浪主义式的信念留出了空间，因为后者指的是现象和印象，而不是超越它们的非显然之物。从这个意义上说，皮浪主义式的信念是非独断。就像塞克斯都提醒我们的那样，"我们既不肯定也不否定的东西是一些关于非显然之物的独断陈述……"❹：

> 当我们说"对于任何一个论证都有一个同等有效的对立论证"的时候……我们这里所使用的"论证"不是简单意义上的，而是特指独断论意义上的（即对非显然之物的思考）……因此，无论何时，当我说"对于任何一个论证都有一个同等有效的对立论证"时，我实际上说的是"对于任何一个独断地确立论点的论证，在我看来都有一个独断地确立论点的论证与之对立，在可信性和不可信性方面，

---

❶ *PH* 2.98.
❷ *AM* 7.366，7.358.
❸ *PH* 1.13，1.16，1.20.
❹ *PH* 1.193.

二者是等同的"。❶

　　然而，这就为"按照其向我们当下显现的那样"❷ 来接受
每一种情况打开了空间，这就是皮浪主义式的信念的本质。❸
由此可见，皮浪主义者所攻击的信念（dogma）并不是"认可
一件事"（一种包含对现象、感受和印象的认可的感觉）这种
广义上的信念，从而为"认可由印象的必然结果带来的那种状
态"留出了空间。❹

　　当塞克斯都讨论皮浪主义者的常见结论——"无可无不
可"，"我不确定任何东西"，"也许吧"等——时，面对别人对
皮浪主义者提出的不一致性指责，他就是用上述区别来加以回
应的。就像他一遍又一遍地重复提到的那样，皮浪主义的主张
如果从独断论的立场被视为真理的话，那它们就是自我反驳的。
因此皮浪主义是自我净化的，它拒绝被独断地加以看待，❺ 提
议把怀疑性结论视为那些非独断地"述说"现象的陈述。❻"因
为在……独断论的意义上讲，无疑地，怀疑论者什么也没有决
定，甚至连'我什么也不决定'也不决定。因为这不是一个独
断的假设，即同意一些非显然之物，而是一种表达，该表达指
明了我们自己的心理状态。因为，每当怀疑论者说'我什么也
不决定'时，他的意思是'我现在处于这样一种心理状态，既

　　❶　*PH* 1. 202，cf. 1. 193，1. 203，1. 208.
　　❷　*PH* 1. 4.
　　❸　*PH* 1. 14 – 1. 15，1. 17，1. 19，1. 21 – 1. 24，1. 35，1. 87，1. 123，1. 127，
1. 135，1. 140，1. 198，1. 200，1. 223，*AM* 11. 18，D. L. 9. 74，9. 104 – 9. 105.
　　❹　*PH* 1. 13，1. 193，1. 203，1. 208，2. 102，*AM* 7. 391.
　　❺　*PH* 1. 206.
　　❻　*PH* 1. 14 – 1. 15，1. 191 – 1. 203.

不独断地肯定也不否定正在讨论的问题'"。**❶** 塞克斯都在对皮浪主义式的表述做了长篇大论之后得出如下结论：

> 对于怀疑论的所有公式，我们首先必须记住的是：我们对它们到底是不是真的不做正面判断，因为我们说过，它们可能被自己驳倒，因为它们被包括在它们所要怀疑的事物之中……我们还要说我们运用它们……时是不较真的，或说是松散的，因为你如果在表达上较真你就不是怀疑论者了……这些表达不应被赋予绝对的意义，只具有相对的意义，相对于怀疑论者的意义，这样做是有好处的。此外，我们必须记住，我们并不是把它们运用在所有事物身上，而是只运用在那些非显然之物身上，运用在独断研究的对象身上。我们谈论向我们显现的东西，至于外部事物的真实本质，我们不做任何正面的判断。我认为，如此一来，所有针对怀疑论式的表达所进行的诡辩攻击就都可以被驳倒了。**❷**

塞克斯都的最后评论是尤为中肯的，因为几乎所有人都没能注意到皮浪主义式的认同的细节内容。通常的理解混淆了独断论和非独断论的主张，以及现象和非显然之物，并得出这样的结论：皮浪主义者"不承认任何标准，把所有论点都看作同等为真或同等为假的，其结论对他们自己与对独断论者一样都是致命的"。**❸** 鉴于皮浪主义者非常仔细地区分了他们自己的主

---

❶ *PH* 1. 197.

❷ *PH* 1. 206 – 1. 209.

❸ Macoll, *The Greek Sceptics*, p. 105.

张和那些他们反对的主张（在《皮浪主义概论》开篇，塞克斯都警告读者说"我们只是按照事件当下向我们显现的样子来记录每一种情况，就像一个编年史家做的工作一样"），所以真正令人费解的是通常的理解，而非皮浪主义。

五、皮浪主义式的反实在论

　　对现象和非显然之物的皮浪主义式区分证实了我们前面的判断，即皮浪主义是一种古代形式的反实在论。根据实在论，我们能够超越自己的主观观点而达到对外部世界的本性的认识。皮浪主义对此的回答是，怀疑性论点使这一主张变得不可能；因而他们把自己限制在那些基于印象和其他主观现象之上的信念和陈述之内。❶ 与实在论者的观念论对手一样，皮浪主义式的主张因而就成了"人类心灵状态的布告"，❷ 虽然皮浪主义者并不认为感觉印象提供的就是确定的知识，他们也没有宣称自己的主张是必然的真理。相反，皮浪主义的模式不仅适用于观念论主张，还适用于其他主张，皮浪主义拒绝承认我们能够发现印象的本性，这一点也可以用来针对昔勒尼学派的如下主张：对印象的理解是不会出错的，因而它们是真理的标准。❸ 皮浪主义者不仅不提倡这种观点，反而把它视为另一种关于真理的独断论解释，该解释只是与柏拉图、德谟克利特、高尔吉亚、

---

　　❶　塞克斯都为这种信念的可能性辩护说："我认为，怀疑论者不会否认精神性概念，这些概念来自理性本身，是被动印象和清晰的显像所造成的结果，根本不涉及对象的实在；因为正如他们所说，我们可以设想真实的东西也可以设想不真实的东西。因此，在探寻时和思想时，犹疑的人保持着怀疑的心态。"（PH 2. 10）

　　❷　*PH* 1. 203.

　　❸　*AM* 7. 190 – 7. 198.

伊壁鸠鲁、亚里士多德等人的解释不同而已。❶ 与所有这些思想家不同，皮浪主义者不接受任何真理的标准。

皮浪主义者提议将印象作为一个主观的、可错的实际事务的基础。正如我们已经注意到的，塞克斯都谨慎地避开了"我们知道现象"这样的主张，只说皮浪主义者承认现象看上去如何。在下面的主张中我们发现了同样的态度：皮浪主义者并不反对感觉印象，不怀疑现象本身。"我想，没人会怀疑背后的事物具有这样的或那样的现象。"❷ 这只意味着皮浪主义者刻意不去讨论现象，而且"即使我们反对现象，我们也不是要废除它们，而是要指出独断论者的轻率。因为，如果理性是这样一个骗子，它几乎把我们眼前的现象全部抽去，那么，对于非显然的事物我们当然应该谨慎对待，以免轻率地追随它。"❸ 按照这一解释，我们之所以要接受现象和坚持现象，不是因为我们可以确定它们的真实本性，而是因为我们需要一个能够指导实际事务的基础。因此，皮浪主义的现象概念代表了一种朝向温和怀疑论而非观念论的转变，皮浪主义者将现象解释为信念的主观决定因素，所以，以一种反实在论的方式提倡它们。

后期皮浪主义在这方面就像那些超越了观念论并完全抛开实在论真理的反实在论一样。比如，真理是相对于人类心灵结构、社会－语言传统或生活形式而言的这一主张（由康德、庞加莱、维特根斯坦、普特南等人提出），就非常接近于皮浪主义明确主张的主观信念观。不同的是，皮浪主义继续把真理界

---

❶　关于这一点，可见 Burnyeat，"Idealism in Greek Philosophy"，p. 38 – 39，以及 Galen，8. 711。

❷　*PH* 1. 19 – 1. 22.

❸　*PH* 1. 20.

定为实在论真理，而没有重新定义它以便称自己的主张是真的。在道德领域，皮浪主义类似于情感主义，因为它主张道德倾向是主观的，不存在客观的道德真理。

六、典型解释

对后期皮浪主义的现代诠释非常突出地强调皮浪主义的实践维度或其逻辑一致性。一方面，策勒、马科尔、伯恩耶特等人通过坚持皮浪主义拒绝一切信念来努力使皮浪主义的立场与普遍悬置相兼容。问题是这将皮浪主义从日常生活中分离出来，将皮浪主义认定为一种哲学观点，而这与我们已经分析过的很多文本相矛盾。另一方面，为了回应这一问题，哈雷、弗雷德、巴恩斯等人通过指出悬置并不涉及一切信念来为皮浪主义式的信念保留了空间，但这又与皮浪主义对所有主张均采取悬置判断的说法相抵触。

一种典型的解释保持了皮浪主义的逻辑一致性，另一种解释则照顾了皮浪主义在实际事务上的做法。不同的研究者面临同一困境的不同方面，而这一困境其实本来就是虚假的困境。同时用以下这两种解释来解决问题并不困难：皮浪主义者攻击的只是实在论意义上的真理，拒绝在实在论意义上宣称为真的所有主张，基于有关现象和印象的反实在论陈述来建构自己的肯定哲学。讽刺的是，正是伯恩耶特，他清楚地意识到皮浪主义者攻击的是实在论意义上的真理，仍然坚持认为皮浪主义者拒绝所有主张，他没有看到皮浪主义者借助这种攻击其实走向了一种反实在论意义上的信念观。

在怀疑论者和独断论者关于真理是否存在的争论中，问题在于一类命题中的任何一个命题是否可以被接纳为关于一个真实的客观世界的命题，该世界与纯粹的现象界不同。因为在这些讨论中，"真"意味着"对一个真实的客观世界来说为真"；如果确实有这样的东西，那么，真就是与真实存在相符的东西，自希腊哲学的最早阶段开始，关于真的这一看法就是真理（alethes）的题中之意。

现在很明显，如果真理被限制在与真实存在——与现象相反——有关的事物上，那么相关的怀疑论概念也是如此……所涉及的概念，一致性和冲突、不可决定性、同等有效（isostheneia）、悬置（epoche）、灵魂安宁等，因为这些概念都是根据真理而得到定义的，所以都会通过真理而与真实存在而非现象相连。特别是，如果悬置的是关于与现象不同的真实存在的信念，那就等于悬置了所有信念，因为信念就是接受某物为真。❶

关键之处在于，皮浪主义者可以接受信念，但同时并不在实在论意义上将其视为真的，而是以反实在论的方式（主观的，不必然指向实在论意义上的外部客观世界）来认可它。因此我们就能够理解下面的主张了：皮浪主义并不反对生活、信念和实际事务。与独断论的形而上学思辨不同，皮浪主义的反实在论信念观肯定而非阻碍了日常事务。它使用反题来驱散烦恼的思绪，为幸福提供了根基。相比之下，经常被认为是皮浪主义者主张的拒绝一切信念，只会破坏宁静而非带来宁静。正

---

❶ Burnyeat，"Can the Sceptic Live His Scepticism"，p. 121.

如伯恩耶特在某处指出的那样，"问题在于弄明白为什么这会带来宁静而不是焦虑"。❶ 确实，正是这个问题破坏了伯恩耶特自己对皮浪主义者的解释，它不是皮浪主义者要面对的问题。

❶ Burnyeat, "Can the Sceptic Live His Scepticism", p. 139.

第七章　古代怀疑论与现代认识论

　　我们对后期皮浪主义的解释为我们的古代怀疑论史研究画上了句号。从一般性的视角来看，它表明现当代认识论的独特性被夸大了，古代哲学家在实在论的认识论的可能性问题上发展出了一个悠久且有密切关联的研究传统，古代怀疑论及其某些先驱者的观点是现代反实在论的前身。在这一章，我们将在现代尤其是当代思想的背景下来简要地考察古代怀疑论。我们将会看到，怀疑论是现当代认识论的一个合理的替代选项。

　　怀疑论和反实在论之间的联系表明对后者的讨论是多么具有误导性。因为尽管反实在论被作为（并经常被鼓吹为）对怀疑论攻击真理的一个回应，但是它所捍卫的真理不是被怀疑论者拒绝的真理。最好的说法是，怀疑论者和反实在论者都攻击和拒绝实在论，代之以反实在论意义上的信念和陈述，认为这种趋势肇始于贝克莱和康德是个现代性错误。

　　怀疑论与现代反实在论之间的相似性使得怀疑论者应该得到重视，虽然二者之间仍有两个值得特别关注的差异。第一个不同是怀疑论者拒绝承认我们有能力认识自己的心理状态，这一拒绝使怀疑论和观念论区分开来。第二个不同就是怀疑论者是在实在论的意义上界定真理的，这将怀疑论者与现代反实在

论者区分开来。❶ 为了在现代思想的背景下评估作为一种哲学
观点的怀疑论的合理性，我们需要依次讨论这些不同。

一、心理状态

我们已经看到，怀疑论接受感觉印象，将其当作信念的主
观基础。观念论者也接受它们，虽然他们这样做是为了发现一
种残留的实在论意义上的真理。根据他们的论点，外部对象是
不可知的，因为它们是通过感觉印象而被理解的（用皮浪主义
的术语来说就是"非显然的"），虽然知觉和其他心理状态是能
够被直接经验到的，因而可以被认为是存在的。根据观念论者
的看法，如果我们用心理状态来解释日常主张，那么我们就可
以确保日常主张的真理性。

笛卡儿在其名言"我思故我在"中预示了对怀疑论者的这
种观念论回应，虽然他自己并没有把这一思想当作观念论的认
识论基础，而是指出，这一思想的自明性表明，清楚明白才是
真理的标志。❷ 根据伯恩耶特：

---

❶ 另一个重要的差异是古代思想更注重个体观点和立场之间的不同（关于这
一点，可见第三章关于昔勒尼学派的讨论）。

❷ 我不知道在古代思想中人们是如何确切解释"我思"（cogito）的，虽然这
个想法——我们能够知道自己的心理状态的本质——正是昔勒尼学派的核心，而且
在尤西比乌斯记载的俄诺玛俄斯（公元 2 世纪）留下来的一个长篇（《福音预备》
256c – 256d）中也提到类似的看法。这个残篇反对预言家，坚持认为我们的自我意
识证明了我们的存在，一旦我们接受了这个结论，那么我们在其他情况下不依靠我
们自己的印象就是轻率的。

我们到底是什么呢？你可能会说，是的，我们确实是某个东西。但是，我们又
是何以知道这一点的呢？我们何以能够确定我们知道这一点？难道不是只有我们对
自身的有意识的感觉和理解才是证明我们存在的最佳根据吗？……

因为如果不是这样……你和克吕西普不知道……阿塞西劳斯（他的对手）（转下页）

　　这个过程的美妙之处在于，这是一个他无须使用任何标准就能把握的真理……皮浪主义者认为，如果不首先确定真理的标准，就无法进一步确定什么是真的、什么是假的。他们还指出，提供出来的任何标准都无法通过审查。但是笛卡儿反过来思考，他不运用标准就得到了真理，他可以用这个无懈可击的真理来确定真理的标准。标准就是清晰明白的知觉，正是这个东西让他确信他是一个我思……再次地，这一发现证明了笛卡儿较之所有古代思想而言具有巨大的新异性。❶

　　这些评论大大低估了怀疑论者，怀疑论者可能会回答说：试图通过诉诸一个真理实例来建立真理标准，这其实是在回避问题，而且除非一个人已然设定了某种真理标准，否则是不可能知道这些实例是真理的。塞克斯都在他对古代类似做法的讨论中指出：

　　（接上页）到底是什么，伊壁鸠鲁到底是什么，或门廊到底是什么，或者年轻人到底是什么，再或者不知道无名之人（克吕西普）是什么，他既不知道什么也无法知道什么，因为他甚至不知道先前过来的是什么，也不知道他自己到底什么东西。

　　……没有比我提出的标准更可靠的标准了；即使有其他的标准，这些标准也比不上这一标准，即使比得上，也无法超越这个标准。

　　那么，有人可能会说，因为如果有人想要否认你对你自己的意识，你……会很愤怒——因为你的很多著作已经表明无法否定你的存在了，来！让我们对另外的事情愤怒吧。

　　那是什么样的状况呢？这种自我意识会成为最值得信赖和最重要的证据吗？在它之上是不是还有一些支配性的神秘力量，比如命运或天命？（Eus. 256c – 257d）

　　❶ Burnyeat, "Idealism in Greek Philosophy", p. 49.

　　拉哥尼亚的德米特瑞乌斯，伊壁鸠鲁学派的著名人物之一，曾宣称说……"当我们提出一个特定的根据（例如，支持不可分割的要素存在的根据或虚空存在的根据），并证明它是确定的，我们就会立即确定一般性根据的可信性；因为在一个属的个例存在的地方，我们当然能够发现属本身"……这虽然看似合理，但它实际上是不可能的。因为，首先，当拉哥尼亚人的一般性根据没有被提前确定的时候，人们是不允许他提出具体根据的；正如他自己声称的那样，如果他有了具体的根据，他就同时拥有了一般性根据，怀疑论者也会这样说，要取得特殊的信任，其更普遍的属需要被先行证明。❶

　　在笛卡儿的情况中，皮浪主义者会回答说：人们不能接受"我思故我在"，因为这设定了需要被证明的东西——清楚明白的东西是真实的。相反，如果这是可被质疑的，那么就没有理由接受我思的前提或结论。

　　有人可能会说这并不能削弱笛卡儿主张的力量：我们是直接意识到我们的思想的，所以它不可被怀疑。这里存在与观念论者中心论点的联系：我们知道自己的心理状态，这是确定的，因而能够反驳怀疑论的怀疑。在考虑这一论点的历史重要性的前提下，我们在面对怀疑论者的持续攻击时是否有办法为其作出辩护？认为我们可能错误地以为我们在思考似乎是矛盾的，或者认为我们可以在不存在的情况下思考似乎也是矛盾的；但这一看法并不能改变怀疑论者的立场，因为他们会认为甚至不

---

❶　*AM* 8. 348 – 8. 350.

矛盾律也可能是错的。虽然怀疑论者的这个看法看起来并不契合直觉，但并没有明显的证据来证明逻辑原则的有效性（假设不符合直觉是错误的标志就是假设而非证明我们在我们的基本直觉领域不会出错）。相反地，这种证明的方式导致了标准问题的产生，并最终走向循环或倒退。怀疑论者在哲学和实际事务中使用不矛盾律以及我们对自身心理状态的觉知，但不承认它们在实在论意义上是真的。在现代哲学中，尼采在其著作《权力意志》中采取了一种类似的态度，他指出："防止人们在这里陷入矛盾的主观约束是一种生物性约束：本能……存在于我们的血液中，我们几乎就是这种本能……但是，试图从这一事实中得出我们占有绝对真理的结论是多么幼稚啊！……我们不能同时肯定和否定同一个东西：这是一种主观经验方面的原则……"❶

二、现代反实在论

怀疑论与现代反实在论的第二个主要区别在于怀疑论者的语言观。与他们的现代同行不同，怀疑论者承认实在论意义上的主张是有意义的，接受真理的实在论定义，❷ 其对实在论的拒绝往往是基于哲学的而非语言学的基础。因此，怀疑论者认为他们的哲学是一种破坏真理的手段，而不是意在发现"真"信念。怀疑论的这个方面所带来的实践效应体现在它的道德观中，因为悬置真理可以让怀疑论的实践者在境况是好是坏的问

---

❶ Nietzsche, *The Will to Power*, pp. 31 – 32.
❷ 在这方面，我们并不认为怀疑论者采纳了普罗泰戈拉及其他一些智者提出的那种反实在论真理观。

题上不做判断，从而促进心理上的宁静和不动心。与之相反，现代反实在论用一种更加主观的真理理论和知识理论——该理论允诺人们能够"知道"境况是好还是坏——来代替实在论真理观，从而削弱了"我们无法知道不幸"这一主张。

特别是在现代哲学中，怀疑论和现代反实在论所持有的语言观之间的不同是非常关键的，因为那些攻击实在论的人非常重视以下判断：关于真理和日常主张的实在论解释是错误的。他们认为，我们的主张是否正确或确定这一问题是建立在对诸如"真""假""所知""确定"等术语的误解之上的。❶ 以这种方式，他们破坏了（或正如人们常说的那样，"消解了"）怀疑论的以下建议：我们的信念可能是不正确的（因为这一提议预设了谈论实在论立场上的真理是有意义的）。

从这个角度来看待怀疑论的最重要的哲学家是维特根斯坦。❷ 在他的《逻辑哲学论》中，他把所有有意义的陈述都归结为原子命题，这些命题由指称简单对象的名称构成，他得出结论说：有意义的陈述只能讨论世界中的基本对象的可能排列，不能质疑它们的存在。❸ 因此，怀疑论问题超出了语言的界限，"怀疑论不是无法反驳的，因为它试图在无法提问的地方产生

---

❶　当贝克莱试图通过语言分析来避开怀疑论时他预见到了一些当代趋势。他声称，我们必须把普通的陈述解释为关于感觉印象的陈述："只要我们把真实存在赋予没有思维的东西，这样的东西也不被感知，那么我们就不仅无法确切地知道这种无思维的东西的本质，甚至也不知道它是否存在……但所有这些怀疑……都会消失，如果我们给我们的话再增加一层意思的话……因为无思维的事物的存在在于被感知。"（PHK 87－88）

❷　当然，在目前的语境中，我无法展开讨论关于维特根斯坦哲学以及当代反实在论具体内容的研究性文献。在这里，我只试图抓住它的一般观点，并指出它批判怀疑论时涉及的一些一般问题。

❸　*Tractatus* 4. 172－174，5. 62，cf. 5. 564，Notebooks 85.

怀疑，所以显然是无意义的。怀疑论只能存在于有一定问题的地方，而问题又必须存在于有答案的地方，而答案又必须存在于有可说的东西的地方"。❶

维特根斯坦在其后期著作中否认了他对语言的早期解释，但仍然认为怀疑论主张是无意义的。根据他的新解释，语言以某种生活形式为前提，人们必须根据它们在生活形式中的作用才能理解语言。"被接受的，先行被给予的是……生活形式。"❷因此，特定的主张必须在彰显我们的生活形式的活动（和"语言游戏"）中来理解。从怀疑论的观点来看，重要的是诸如"真理""错误""确定性"以及"确证"等术语必须按照它们的通常用法来理解。因此怀疑论的问题被认为是无意义的，因为它们探问的是越过了生活形式的客观世界。"当然会有确证"，但当我们企图越过我们的生活形式并追问更加基础性的问题时，"确证就会终止"。在回答这些问题时我们只能说，我们以确定的方式行事，这决定了我们语言中术语的正确用法。❸

我的行动受物理学命题的指导，这对我来说是错误的吗？我能说没有正当的理由这样做吗？难道这不就是我们常说的"正当理由"吗？❹

确定的证据是那些我们接受为确定的东西，这种证据是我们借以坚定的、无怀疑的行动的根据。我们所说的"错误"在我们的语言游戏中发挥着重要的作用，我们认

---

❶ *Tractatus* 6.51.

❷ *PI* 226, 240 – 241, *OC* 87 – 88, 94 – 95, 144, 225, 345, 411, 670.

❸ *OC* 192, 166, 188 – 189, 253, *PI* 217.

❹ *OC* 608.

为是确定的那些证据也是如此。❶

我有理由得出结论吗？这里被称为确证的是什么东西？"确证"一词是如何被使用的？描述语言游戏。❷

比如说，有些关于地球的历史研究和地球的形状、年龄的研究，而没有关于在过去一百年里是否有地球的研究。当然我们大部分人是从我们的父母和祖父母那里知道这段时间的状况的，但是他们就不会出错吗？——人们会说"胡说！""所有这些人怎么会都错了呢？"——但这是论证吗？难道这不仅是对一个看法的反驳吗？也许是对概念加以确定？因为如果我在这里谈论一种可能的错误，其实就是在改变"错误"和"真理"在我们生活中的作用。❸

根据这种解释，一旦我们发现怀疑论者使用的术语只有在特定的语言游戏——那些支持我们说我们有"知识""真理"和"确定性"的语境——中才有意义，怀疑论的怀疑就可以被消解。为了回应怀疑论者，我们可以在下面的情况中"确信"我们的主张："使用这种确信的语言游戏是存在的。如果讨论解剖学，我会说：'我知道大脑有十二对神经。'我从来没见过这些神经，甚至一个专家也只是在一些标本中见过它们。这就是'知道'一词在这里的正确用法。"❹ 对遵守逻辑法则进行质疑同样是误导性的，因为"正因如此才被称为'思考''言说'

---

❶ *OC* 196 – 197, 507, 643, 648, 659 – 662.

❷ *PI* 486.

❸ *OC* 138.

❹ *OC* 620 – 621, cf. 268.

'推论''论证'"。❶ 一般而言，我们无法超越语言的日常用法，这表明它是不可置疑的，诸如"我知道"这样的表达只有在下面的情况中才得到了恰当的使用："这样的情况，在这里它在正常的语言交流中得到使用。"❷

在最近的哲学中，普特南提出了类似的论点来回应以科幻小说的形式来表达外部世界的问题。他想象了一个场景，在这个场景中一个邪恶的科学家将一个人的大脑移植到一个装满营养液的器皿之中，让它继续保持活力。其神经末梢与一台计算机相连，该计算机控制大脑活动并向大脑发送各种信息。大脑感知到物理对象、事件和其他人，错误地以为它仍然是一个存在于人类身体中的正常大脑。原则上说，我们的任何印象都可以通过计算机的模拟来产生，因此普特南提出了一个问题：我们如何知道我们不是一个"缸中之脑"？就像皮浪主义者可能会说的那样，我们的直接印象之外的世界是非显然的，而且似乎也没有办法知道是什么原因引起了这些印象。

在对其科学假说的讨论中，普特南认为一个人如果是"缸中之脑"的话，他就无法有意义地提出这一假说。与维特根斯坦一样，他认为我们语言的意义"最终关联于"我们与这个世界之间的互动，并得出结论说超越这种互动来进行指称是不可能的：

> ……当"缸中之脑"发生时……大脑认为"我面前有棵树"，它的思想并不指称实实在在的树。根据我们将要

---

❶ *RFM* 1：155.

❷ *OC* 260.

考察的一些理论，它可能指称图像中的树，或导致树的经验的那些电脉冲，或是负责这些电脉冲的程序特性……这些理论并没有被刚才说到的内容排除掉，因为在缸中世界的英语里的"树"一词的用法与这些现象的呈现之间存在一种紧密的因果关联……根据这些理论，大脑认为"我面前有棵树"是对的，而不是错的。鉴于"树"在缸中英语里的所指以及"在……前面"的所指，"在我面前有棵树"为真的条件仅仅是图像中的树在我面前，或是产生这种经验的来自自动装置的电脉冲……这些为真条件当然是得到满足的。❶

因此，普特南拒绝了实在论的真理主张：真理意味着主张与我们经验之外的外部世界中存在的事物之间的某种符合。相反，他采取了一种"内在主义"的观点，坚持认为真理是"我们彼此之间的信念以及信念与我们的经验之间的一种理想性的一致性……而不是信念与独立于心灵或独立于话语的'事态'的符合。不存在上帝之眼的视角，根据这种视角我们能知道真理或进行有益的想象；存在的只是一系列不同的现实个体的视角，这些视角反映的是人们的描述和理论所为之服务的那些各式的兴趣和目的"。❷

在我们考察诸如维特根斯坦和普特南这样的哲学家的观点之前，请读者注意的是，我们不应该夸大他们拒绝怀疑论结论的努力的重要性。将他们与怀疑论者区分开的唯一不同就是他

---

❶　Putnam, *Reason*, *Truth and History*, p. 14.

❷　Putnam, *Reason*, *Truth and History*, pp. 49 – 50.

们对"真"的解释，而这并不能被视为是一项更具实质性意义的工作。从哲学的角度来看，重要的地方是在这两种情况下实在论都被一种更具主观意义的信念理解所代替（至少维特根斯坦是欣赏这一点的）。❶ 事实上，这种主观性隐含在拒绝怀疑论的语言学企图背后，因为反实在论者主张语言本身是主观的，这就是它无法超越主观领域的原因。根据《逻辑哲学论》，它不能超越组成（"我的"）世界的那些基本对象。根据维特根斯坦后期的观点，语言无法超越我们的生活形式。根据普特南的看法，它无法超越我们与周围世界之间的互动。

我们这里无法详细讨论反实在论者对语言的理解。然而，我们有理由怀疑他们。首先，他们经常回避我们关心的那些问题，因为他们的动机是击败怀疑论者（比如可见鲍斯马对笛卡儿怀疑论论证的批评）。作为对这一目标的回应，可以说没有必要击败怀疑论者，尤其是后者还提供了一种合理的哲学来帮助我们与我们关于语言的一般理解达成和解。相比之下，当代反实在论者提供了一种至少看来非常反直觉的语言解释。在怀疑论这一方面，它削弱了那些表面上有意义的主张，这些主张显然是不难被西方哲学传统中的大多数哲学家所理解的主张（认为这些主张无意义这一结论实际上可能被认为是反实在论观点的一种归谬推理）。正如戈尔纳（Gellner）在其对当代哲学过于专注意义问题的批评中写到的那样：

---

❶　因此，维特根斯坦充分意识到激进的相对主义是其观点的最终结果。如可见 OC 238，Lectures and Conversations，"Remarks on Fraser's Golden Bough"，以及他的 "Lecture on Ethics"（还可参考班步罗的 Moral Scepticism，温奇的 The Idea of a Social Science，鲍斯马的 "Descartes' Evil Genius"，以及布莱克的 "Necessary Statements and Rules"）。

观念论者已经明确意识到了不可被言说之物的问题、谈论事物时的一系列困难、阻碍这些工作的一系列陷阱……到了实证主义以及后面的语言哲学家那里，它不再是一个被关注的问题，而是成了一种痴迷。对无意义的辨别成了思想的核心主题，成了所有其他问题的基础和线索……这也许不是一个不值得从事的工作，但是为什么它如此紧张……为什么它如此执着？为什么——这是关键之处——他们会感到有陷入盛行的、无处不在的无意义之困境中的危险？陷入难以达成有意义的言说的危险？为什么他们不像前几代人那样，把关于意义的谈论当作具备良好信念和受过良好训练的健全之人与生俱来的权利，而把无意义仅当作一个真实的但不是很重要的危险——就像在香蕉皮上滑倒一样——来加以谈论？❶

当然，人们可以通过适当地否定语言来使怀疑论变得荒谬可笑，但这是武断的和故意为之的，除非它能够独立得到证明。

现代反实在论的另一个问题是，它未能理解日常语言在多大程度上可超越我们的日常观点。事实上，当它被用于历史、科学、虚构、小说、神话以及关于其他文化和未来的讨论（如对巨人、独眼巨人、重大核毁灭、石器时代的人类以及恐龙等的讨论）时，它经常超出赋予其原始意义的那些日常经验。在这样的使用中，我们通过将其从日常生活中抽离出来（我们从没有见过重大核毁灭或 20 英尺高的巨人，但我们见过或听说过战争和个子高的人），把语言扩展到日常概念之外。怀疑论者

---

❶ Gellner, *The Crisis in the Humanities and the Mainstream of Philosophy*, p. 59.

在讨论知识的限度时也做了类似的事情。因而，我们可能不知道复杂如日常知觉那样的幻象，但是我们了解梦境、幻觉和错觉，能够通过类比扩展我们的理解，以便弄清楚怀疑论说我们的日常生活可能是南柯一梦的意思。我们已经知道过去的某些信念是错误的，据此就能够理解我们的一些基本确信有可能在将来也是错的。正因为我们理解日常背景中的确证，我们才会问是否有可能扩展它以便来证明基本信念。好与坏、真与假、一致和不一致、有用和无用之间的日常对立同样让我们能够理解怀疑论的假说：可能存在一些比我们现有的观点更好、更真实、更一致或更有用的观点。诸如此类，怀疑论的想法都是根植于日常经验的。因此，怀疑论者能够接受反实在论的语言观，即语言是根植于日常经验的，同时指出语言和经验之间的关系并没有紧密到让我们无法超出我们自身的思想和语言的地步。不仅仅是怀疑论，任何想要改变我们对世界的看法的尝试都要求我们超越日常语言（可参考尼采的道德谱系学以及他的建议：我们超越和拒绝我们所接受的善的观念）。普特南用他自己的"缸中之脑"假说说明了我们可以多么容易地将语言扩展到日常语境之外。❶

---

❶　对语言的反实在论解释往往与奥威尔在《一九八四》中提出的那种新语言有更多共同之处，而不是与普通语言。新语言意在缩小人类话语的范围，从而使人们不可能对基本的意识形态承诺提出疑问。反实在论的语言解释认为，语言的界限是如此狭窄以至于我们无法质疑我们关于真理的解释的正确性。虽然更为微妙，但这也是一种意识形态要求。要想回应这两种看法，必须指出普通语言比新语言更灵活，它能毫不困难地"依靠"自身超越普通的概念和预设。

三、怀疑论的观点

对反实在论语言观的明确拒绝需要更多的根据，但是现在应该清楚了，古代怀疑论在现代和当代观点之外提供了另一个合理的选项。与流行的误解相反，它并没有废黜实际事务、日常信念或智识探究，而是提供了一种复杂的观点，该观点包含对实在论的批评，对信念的更具主观意味的理解，对人类认知能力局限性的正视。它不是不一致的，而是明确地区分了实在论主张和反实在论主张，抛弃了前者，以符合后者的方式接受了怀疑论结论和日常生活。另一个错误的看法是，该观点认为古代怀疑论没有看到心理状态知识的不可错性和观念论（或者在古代就是昔勒尼主义）的可能性。相反，怀疑论者认为，关于心理状态的主张容易受到怀疑论结论的影响。最后，怀疑论并不像许多人认为的那样，试图超越语言的界限，而是通过诉诸牢牢植根于日常生活中的语言和经验来提出自己的论点。

鉴于怀疑论的合理性，人们一定会想为什么它被如此严重地曲解、误解和低估，为什么"必须击败怀疑论"成了哲学活动的中心任务。答案与型塑哲学活动的社会力量有关，而与怀疑论观点的内在逻辑关系甚微。怀疑论之所以被摈弃，并不是因为人们对它进行仔细的研究之后发现了其不足，而是因为它违背了现代哲学描绘的那种西方精神。这样的西方精神美化了理性的功用、科学的可能以及人类发现真理的能力，并对攻击这些理想的怀疑论者大加贬斥。哲学家们不是尽力客观地去理解怀疑论者或其观点的微妙之处，而是以对待大多数异端的方式——很少强调他们观点的细节部分，很少或根本不反思其中的误解，义愤填膺地呼吁拯救真理和理性——对待他们。即便当哲学家为怀疑论的类似立场辩护时，他们也会将自己的观点呈现为对其的一种攻击。因而可预料的就是，怀疑论者很容易成为一个靶子，一个发泄坏情绪的焦点。虽然怀疑论者攻击的那种真理和客观性被放弃了，代之以一种更具主观色彩的信念观和真理观，但"真理"和理性总是被拥护的。现代人试图为真理和理性辩护以便反对怀疑论者对它们的攻击，这只是一种语言上的花招而已。

怀疑论者和大部分现代哲学家之间的根本区别在于后者所持的积极结论。现代思想家提出并捍卫主观性的信念观，是为了反对人类对世界的感知最终可能是错误的这一想法。因而，怀疑论提供了一种比大多数现代哲学家更谦虚的看法。怀疑论者允许我们保留信念的普通标准，但要求我们承认它们可能是错的，我们无法知道终极的实在。正如塞克斯都反复说的那样，怀疑论表明我们之所以相信客观真理，其基础在于对人类的能力过分自信，而这种自信又是建立在"独断论的病症和自负"之上的。和塞克斯都一样，蒙田在复兴皮浪主义思想的过程中也强调了谦卑，宣称做出推测是"我们生而具有的痼疾"，认为人类、哲学或理性能够洞穿终极实在是徒劳的和自负的。根据怀疑论者的观点，我们所能期望的最好的观点是那种尊重我们渴望过美满的生活同时又承认人类理性有无法克服的严重局限的观点。终极真理是无法被发现的。如阿贝·加利安对梅·德埃皮奈说的那样："重要的不是消灭疾病，而是与疾病共存。"❶

---

❶ Camus, *The Myth of Sisyphus*, p. 29.

附录　古代思想家年表[1]

公元前600～前500年：泰勒斯，阿那克西曼德（前610～前546），克塞诺芬尼（前570～前478），阿那克西美尼，地迷斯托克莱亚，毕达哥拉斯，克托那的特阿诺，美亚，赫拉克利特

公元前500～前400年：巴门尼德，埃庇卡摩斯，阿那克萨戈拉（前534～前462），恩培多克勒（前521～前461），芝诺，留基伯，阿基劳斯，德谟克利特（前494～前404），普罗泰戈拉（前490～前420），梅里索斯，高尔吉亚（前480～前380），苏格拉底（前470～前399），狄奥提玛，麦加拉的欧克里德（前430～前360），斯珀西波斯

公元前400～前300年：亚里斯提卜（前435～前350），安提西尼（前446～前366），斐多，开俄斯的梅特罗多洛，柏拉图（前428～前347），锡诺普的第欧根尼（前410～前320），阿纳克萨库斯，格兰尼的阿瑞特，斯提尔波（前380～前300），

❶　这里是按照大致的时间顺序来排列的，虽然有很多细节之处有待商榷。除了那些著名的哲学家，我还列出了一些鲜为人知的思想家，因为这些思想家或者与怀疑论传统有关，或者因为他们更准确地反映了古代哲学活动的轨迹。关于阿那克萨戈拉、恩培多克勒和德谟克利特的年代，可见欧文斯《古代西方哲学史》（*The History of Ancient Western Philosophy*）中的附录部分：《恩培多克勒年表》。我列出的女哲学家的年代可见韦泽（Waithe）编辑的著作《女性哲学家史·第一卷 公元前600年～公元500年》（*A History of Women Philosophers. Vol. 1 , 600 B. C. –500 A. D.* ）。

摩尼穆斯，亚里士多德（前384～前322），皮浪（前365～前275），纳乌斯法奈斯，季蒂昂的芝诺（前360～前260），伊壁鸠鲁（前341～前270），克罗特斯，克塞诺克拉底斯，波勒莫，泰奥弗拉斯图斯，忒拜的克拉底斯（前365～前285）

公元前300～前200年：芬忒斯，克罗努斯的狄奥多鲁斯（？～前284），郝帕卡，兰萨库斯的斯特拉托，蒂孟（前325～前235），格兰托（前335～前275），雅典的克拉底斯，赫尔马库斯，阿塞西劳斯（前315～前241），克里安德斯（前331～前232），波利斯特拉，希罗尼穆斯（前290～前230），开俄斯的阿里思通（前280～前206），珀克里提俄涅，拉塞德斯，特洛亚德的帕莱路，克吕西普（前280～前207），辩证法家斐洛，塔苏斯的芝诺

公元前200～前100年：巴比伦的第欧根尼（前240～前152），塔苏斯的安提帕特，泰勒克勒斯，伊万德，赫格希诺斯，卡尔尼亚德斯（前214～前129），卡米达斯，巴内修斯（前185～前110），克里托马库斯（前187～前110），涅撒库斯，学园派的梅特罗多洛，拉瑞萨的斐洛，塞琉西亚的阿波罗多鲁斯

公元前100～0年：西亚诺二世，卢卡尼亚的伊萨拉，波西多尼斯，埃奈西德穆，安提俄库斯，宙克西普，皮浪主义者宙克西斯，卢克莱修（前99～前55），亚特阿利亚的阿忒纳乌斯，阿基德穆斯，斐洛德穆斯，泰勒的安提帕特，阿瑞乌斯·迪埃姆斯，西塞罗（前106～前43）

公元0～100年：亚历山大里亚的斐洛（公元前30～公元45年），阿格里帕，塞涅卡（公元前55～公元39年），阿里斯托克勒斯，老底嘉的安提俄库斯，法沃尼乌斯，爱比克泰德

（50～130），普鲁塔克（46～120），狄奥赫里索斯托姆，艾提乌斯

公元100～200年：希罗克洛斯，尼柯米地亚的美诺多托，奥依罗安达的第欧根尼，努梅纽斯，奥卢斯·革利乌斯，卢肯（115～200），阿普列乌斯，马库斯·奥勒留，殉道者查士丁（110～165），盖伦，希波莱图斯，亚历山大里亚的克莱门

公元200～300年：塞克斯都·恩披里柯，米纽修斯·费利克斯，德尔图良（160～230），阿忒纳乌斯，俄里根（185～254），波菲力，阿芙罗迪西亚的亚历山大，阿莫纽·萨卡斯，普罗提诺（205～270），《阿斯克勒庇俄斯》的作者，拉克坦修（240～320），扬布里柯

公元300～400年：《阿斯克勒庇俄斯》的拉丁文译者，尤西比乌斯（260～340），第欧根尼·拉尔修，吕科波里的亚历山大，奥古斯丁（354～430），忒弥修斯，尼弥西斯，塞瑞阿努斯，斯托布斯，雅典的普鲁塔克，卡尔齐地乌斯，亚历山大里亚的希帕蒂娅，雅典的阿斯莱琵吉尼娅

参考文献❶

与怀疑论者相关的大部分古代文献可参见朗和塞德利编译的《希腊化哲学家》(*The Hellenistic Philosophers*, New York: Cambridge University Press, 1987, 2 vols.)。布兰德·伊伍德和格尔森编译的《希腊化哲学：入门读物》(*Hellenistic Philosophy*: *Introductory Readings*, Indianapolis: Hackett Publishing, 1988)同样是一个有用的基本文献汇集。朱利安·安纳斯和乔纳森·巴恩斯的《怀疑论的论式：古代文本及其现代阐释》(*The Modes of Scepticism*: *Ancient Texts and Modern Interpretations*, New York: Cambridge University Press, 1985)对塞克斯都、斐洛和第欧根尼·拉尔修关于怀疑论论式的讨论进行了检视和翻译。菲利普·哈雷编辑、斯坦福·埃泽里奇翻译的《塞克斯都·恩披里柯论怀疑论、人和神主要著作选编》(*Selections from the Major Writings of Sextus Empiricus on Scepticism*, *Man*, *and God*, Indianapolis: Hackett Publishing, 1985)中有一个关于塞克斯都的导论性部分，非常值得一看。

现存最重要的关于怀疑论的著作可以参考的有：伯里译的《塞克斯都·恩披里柯》(*Sextus Empiricus*, Cambridge: Harvard

---

❶ 很少提及的作者和文献没有列在本参考文献部分，虽然有的确实出现在索引条目中。大部分情况下，相关段落可以在这里列出的合集中找到。

University Press, 1933 – 1949, 4 vols.), 戴维森·格里夫斯译的塞克斯都·恩披里柯的《反对音乐家》(*Against the Musicians*, Lincoln: University of Nebraska Press, 1986); 莱克汉姆翻译的西塞罗的《学园派》和《论神性》(*Academica*, *De Natura Deorum*, Cambridge: Harvard University Press, 1979); 希克斯翻译的第欧根尼·拉尔修的《名哲言行录》(*Lives of Eminent Philosophers*, Cambridge: Harvard University Press, 1925, 2 vols.); 艾德文·汉密尔顿·基弗翻译的尤西比乌斯的《福音预备》(*Preparatio Evangelica*, Oxford: Clarendon Press, 1903, 2 vols.); 弗兰克·巴比特等翻译的普鲁塔克的《道德论集》(*Moralia*, Cambridge: Harvard University Press, 1928 – 1969)。

关于怀疑论先驱的重要文献是迪尔斯 – 克兰茨版的《前苏格拉底残篇》(*Die Fragmente der Vorsokratiker*, Zurich: Weidmann, 1964, 11th ed.) 以及基尔克、莱文和舍费尔德共同编译的《前苏格拉底哲学家》(*The Presocratic Philosophers*, New York: Cambridge University Press, 1983, 2d)。其他值得一阅的译本有卡泽里·弗里曼的《前苏格拉底哲学家读本》(*Ancilla to the Presocratic Philosophers*, Oxford: Basil Blackwell, 1952), 肯特·斯普拉格编辑的《老一代智者》(*The Older Sophists*, Columbia: University of South Carolina Press, 1972)。《前苏格拉底残篇》的汇集可见罗宾森译评的《赫拉克利特: 残篇》(*Heraclitus: Fragments*, Toronto: University of Toronto Press, 1987); 大卫·加勒普的《爱利亚的巴门尼德: 残篇》(*Parmenides of Elea: Fragments*, Toronto: University of Toronto Press, 1984); H. D. P. 李的《爱利亚的芝诺》(*Zeno of Elea*, Amsterdam: Adolf M. Hakkert, 1967)。

其他有助于理解怀疑论者及其先驱和同辈人的著作有：汉密尔顿和卡恩斯编辑、多人译的《柏拉图对话录选编》（*The Collected Dialogues of Plato*，Princeton：Princeton University Press，1973），修女玛丽·嘉尔维译的奥古斯丁的《反对学园派》（*Against the Academicians*，Milwaukee：Marquette University Press，1957），伯扬·里尔顿译的卢肯的《选集》（*Selected Works*，Indianapolis：Bobbs – Merrill，1965）；莱克汉姆译的西塞罗的《论目的》（*De finibus*，Cambridge：Harvard University Press，1966—1967）；克林顿·凯耶斯译的西塞罗的《论共和国》（*De republica*，Cambridge：Harvard University Press，1943）；J. E. 金译的西塞罗的《图斯库兰语录》（*Tusculan Disputations*，Cambridge：Harvard University Press，1966）；勒内·亨利提供的法译佛提乌斯的《百书》（*Bibliotheque*，Paris：Les Belles Lettres，1959）；理查德·麦肯编辑、多人译的《亚里士多德基本著作》（*The Basic Works of Aristotle*，New York：Random House，1970）；玛丽·麦克唐纳译的拉克坦修的《论神圣制度》（*The Divine Institutions*，Washington：Catholic University of America Press，1964）；法夸尔森译的奥勒留的《沉思录》（*Meditations*，Oxford：Clarendon Press，1968）；马肯特译的色诺芬的《回忆苏格拉底》（*Memorabilia*，New York：G. P. Putnam's Sons，1923）以及欧德法泽译的《爱比克泰德》（*Epictetus*，Cambridge：Harvard University Press，1966—1967）。

间接文献

Arnold，E. Vernon. *Roman Stoicism.* New York：Humanities

Press, 1958.

Bambrough, Renford. *Moral Scepticism and Moral Knowledge.* London: Routledge and Kegan Paul, 1979

Barnes, Jonathan. "Ancient Scepticism and Causation. " In *The Skeptical Tradition*, edited by M. F. Burnyeat. Berkeley: University of California Press, 1983.

— "The Beliefs of a Pyrrhonist. " *Proceedings of the Cambridge Philological Society* 101 (1982): 1 – 29.

—*The Presocratic Philosophers.* Boston: Routledge and Kegan Paul, 1979.

Bates, Marston. *Gluttons and Libertines: Human Problems of Being Natural.* New York: Vintage (Random House), 1967.

Bayle, Pierre. *Historical and Critical Dictionary.* Translated by Richard H. Popkin. Indianapolis: Bobbs – Merill, 1965.

Beck, L. J. *The Metaphysics of Descartes.* Oxford: Oxford University Press, 1965.

Bergmann, Gustav. *Meaning and Existence.* Madison: University of Wisconsin Press, 1960.

Berkeley, George. *A Treatise Concerning the Principles of Human Knowledge.* Edited by Colin M. Turbayne. Indianapolis, Bobbs – Merrill, 1957.

Black, Max. "Necessary Statements and Rules. " *Philosophical Review* 67 (1958): 313 – 341

Boswell, James. *The Life of Samuel Johnson.* New York: The Modern Library, 1931.

Bouwsma, O. K. "Descartes' Evil Genius. " *Philosophical Re-*

view 58 (1949): 141 - 151.

Brochard, V. *Les Sceptiques grecs*. Paris: Librarie philosophiquej. Vrin, 1959.

Brumbaugh, Robert S. *The Philosophers of Greece*. Albany: State University of New York Press, 1981.

Burnyeat, Myles. "Protagoras and Self - Refutation in Later Greek Philosophy. " *Philological Review* 85 (1976).

— "Can the Sceptic Live His Scepticism?" In Schofield, Burnyeat, and Barnes, eds. , *Doubt and Dogmatism: Studies in Hellenistic Epistemology*. Oxford: Oxford University Press, 1980.

— "Idealism in Greek Philosophy: What Descartes Saw and Berkeley Missed. " In *Idealism Past and Present*, edited by Godfrey Vesey. New York: Cambridge University Press, 1982.

—ed. *The Skeptical Tradition*. Berkeley: University of California Press, 1983.

— "The Sceptic in His Time and Place. " In *Philosophy in History*, edited by Rorty, Schneewind and Skinner. New York: Cambridge University Press, 1984.

Bury, R. G. "Introduction. " In *Sextus Empiricus*, vol. 1 (see the primary sources).

Calderon, Don Pedro. *La Vida es sueno*. Edited by Albert E. Sloman. Manchester: Manchester University Press, 1961.

Camus, Albert. *The Myth of Sisyphus*. Translated by Justin O'Brien. New York: Vintage Books, 1955.

Carries, L. S. "Scepticism Made Certain. " *Journal of Philosophy* 71 (1974): 140 - 150.

Carroll, Lewis. "What the Tortoise Said to Archilles." In *Readings on Logic*, edited by Copi and Gould, ad ed. New York: Macmillan, 1972.

Chisholm, Roderick M. *Theory of Knowledge*. Englewood Cliffs: New Jersey, 1966.

Cornford, Francis Macdonald. *Plato and Parmenides*. London: Routledge and Kegan Paul, 1951.

—*The Unwritten Philosophy and Other Essays*. Cambridge: Cambridge University Press, 1950.

Couissin, Pierre. "The Stoicism of the New Academy." Translated by Jennifer Barnes and M. F. Burnyeat. In *The Skeptical Tradition*, edited by Burnyeat.

Curley, E. M. *Descartes against the Skeptics*. Cambridge: Harvard University Press, 1978.

DeLacy, Philip. "*Ou Mallon and the Antecedents of Ancient Scepticism.*" *Pronesis* 3 (1958).

Rene Descartes. *Conversations with Burnman*. Translated by John Costingham. Oxford: Clarendon Press, 1976.

—*Oeuvres de Descartes*. Edited by C. Adam and P. Tannery. Paris: J. Vrin, 1964.

—*Philosophical Works*. Edited and translated by E. S. Haldane and G. T. R. Ross. 2 vols. New York: Cambridge University Press, 1955.

Dillon, John M. *The Middle Platonists: 80 B. C. to A. D. 220*. Ithaca: Cornell University Press, 1973.

Edwards, Paul. *Encyclopedia of Philosophy*. 8 vols. New York:

Macmillan, 1967.

Edwyn. *Stoics and Sceptics*. Oxford: Clarendon Press, 1913.

Ewing, Alfred Cyril. *Idealism: A Critical Survey*. London: Methuen, 1961.

Feyerabend, Paul. *Against Method*. London: Verso, 1976.

Flintoff, Everard. "Pyrrho and India." *Phronesis* 25 (1980): 88 - 108.

Frankl, Victor E. *The Unheard Cry for Meaning*. New York: Simon and Schuster, 1978.

Frede, Michael. "The Sceptic's Two Kinds of Knowledge and the Question of the Possibility of Knowledge." In *Philosophy in History*, edited by Rorty, Schneewind and Skinner.

Freeman, Kathleen. *Companion to the Presocratic Philosophers*. Oxford: Basil Blackwell, 1959.

Fritz, Kurt von. "Zenon von Elea." *Real Encydopadie der classischen Altertumswissenschaft*. Edited by August Friedrich von Pauly. Stuttgart: A. Druckenmuller, 1972.

Furley, D. J. *Two Studies in the Greek Atomists*. Princeton: Princeton University Press, 1967.

Gallop, David. "Introduction." In *Parmenides of Elea: Fragments* (see the note on primary sources).

Gellner, Ernest. "The Crisis in the Humanities and the Mainstream of Philosophy." In *Crisis in the Humanities*, edited by J. H. Plumb. Harmondsworth: Penguin, 1964.

—*Words and Things*. Rev. ed. London: Routledge and Kegan Paul, 1979.

Goodman, Nelson. *Ways of Worldmaking.* Indianapolis: Hackett Publishing, 1985.

Gouhier, Henri. *La Pensee metaphysique de Descartes.* Paris: J. Vrin, 1962.

Grayling, A. C. *The Refutation of Scepticism.* La Salle: Open Court Publishing, 1985.

Groarke, Leo. "Descartes' First Meditation: Something Old, Something New, Something Borrowed. " *Journal of the History of Philosophy* 22 (1984): 282 – 301.

— "On Nicholas of Autrecourt and the Law of Non – Contradiction. " *Dialogue* 23 (1984): 129 – 134.

— "Parmenides' Timeless Universe. " *Dialogue* 24 (1985): 535 – 541.

— "Parmenides' Timeless Universe, Again. " *Dialogue* 26 (1987): 549 – 552.

Guthrie, W. K. C. *A History of Greek Philosophy.* 6 vols. Cambridge: University Press, 1962.

Hallie, Philip P. "A Polemical Introduction. " In *Selections from the Major Writings of Sextus Empiricus on Scepticism, Man and God* (see the note on primary sources).

Harrison, Jonathan. "A Philosopher's Nightmare: or, The Ghost Not Laid. " *Proceedings of the Aristotelian Society* 67 (1967).

Jaeger, Werner. *The Theology of the Early Greek Philosophers.* London: Clarendon Press, 1947.

Johnson, Oliver. *Scepticism and Cognitivism.* Los Angeles: University of California Press, 1978.

Kekes, John. "The Case for Scepticism. " *Philosophical Quarterly* 25 (1975): 28 – 39.

Kerferd, G. B. *The Sophistic Movement.* Melbourne: Cambridge University Press, 1981.

Kirk, G. S. *Heraclitus: The Cosmic Fragments.* Cambridge: Cambridge University Press, 1954.

Kuhn, Thomas S. *The Structure of Scientifiic Revolutions.* Chicago: University of Chicago Press, 1962.

Lehrer, Keith. "Scepticism and Conceptual Change. " In *Empirical Knowledge*, edited by Roderick Chisholm and Norman Swartz. Englewood Cliffs: Prentice Hall, 1973.

Lennon, Thomas M. "*Verita Filia Temporis*: Hume on Time and Causation," *History of Philosophy Quarterly* 2 (1985).

Lewis, C. I. "The Given Element in Empirical Knowlege. " *The Philosophical Review* 61 (1952): 168 – 175.

Long, A. A. *Hellenistic Philosophy: Stoics, Epicureans, Sceptics.* Duckworth: London, 1974.

Maccoll, Norman. *The Greek Sceptics, from Pyrrho to Sextus.* London: Macmillan, 1869.

Matson, Wallace. *A New History of Philosophy.* Toronto: Harcourt Brace Jovanovich, 1987.

— "Why Isn't the Mind – Body Problem Ancient?" In *Mind, Matter and Method: Essays in Philosophy and Science in Honor of Herbert Feigl*, edited by Paul Feyerabend and Grover Maxwell. Minneapolis: University of Minnesota Press, 1966.

Minton, Arthur J. , and Thomas A. Shipka. *Philosophy: Para-*

dox and Discovery. Toronto: McGraw Hill, 1982.

Montaigne, Michel E. de. "Apologie de Raymond Sebond. " In *Les Essais de Michel de Montaigne*, edited by Pierre Villey. Paris: F. Alcan, 1922.

——*The Essays of Michel de Montaigne.* Translated by Jacob Zeitlin. New York: A. A. Knopf, 1935.

Moore, G. E. "A Defence of Common Sense" and "Proof of an External World. " In *Classics of Analytic Philosophy*, edited by Robert R. Ammerman. Toronto: McGraw – Hill, 1965.

Mourelatos, Alexander P. D. *The Route of Parmenides.* New Haven: Yale University Press, 1970.

Naess, Arne. *Scepticism.* New York: Humanities Press, 1968.

Naify, James Fredrick. *Arabic and European Occasionalism.* Ph. D. diss. , University of California at San Diego, 1975.

Nicholas of Autrecourt. "Letters to Bernard of Arezzo. " Translated by Ernest A. Moody. In *Philosophy in the Middle Ages*, edited by Arthur Hyman and James J. Walsh, 2nd ed. Indianapolis: Hackett Publishing, 1973.

Nietzsche, Friedrich. *Twilight of the Idols.* Translated by J. Hollingdale. Harmond sworth: Penguin, 1977.

——*The Will to Power.* Translated by Walter Kaufmann. New York: Random House, 1977.

Norton, David Fate. *David Hume: Common – Sense Moralist, Sceptical Metaphysician.* Princeton: Princeton University Press, 1982.

——"The Myth of British Empiricism. " *History of European Ideas* 1 (1981).

Orwell, George. *Nineteen Eighty – Four*. Harmond sworth: Penguin, 1949.

Owens, Joesph. *A History of Ancient Western Philosophy*. New York: Appleton Century – Crofts, 1959.

Patrick, Mary Mills. *The Greek Sceptics*. New York: Columbia University Press, 1929.

Penelhum, Terence. *God and Skepticism: A Study in Scepticism and Fidiesm*. Boston: D. Reidel, 1983.

Poincaré, Henri. *Science and Hypothesis*. New York: Dover, 1952.

Popkin, Richard. *The History of Scepticism from Erasmus to Spinoza*. Berkeley: University of California Press, 1979.

Putnam, Hilary. *Reason, Truth and History*. Cambridge; Cambridge University Press, 1981.

Reichenbach, Hans. *The Rise of Scientific Philosophy*. Berkeley: University of California Press, 1959.

Rescher, Nicholas. *Scepticism: A Critical Reappraisal*. Oxford: Basil Blackwell, 1980.

Robin, Léon. *Pyrrhon et le scepticisme grec*. Paris: Presses Universitaires de France, 1944.

Robinson, John Mansley. *An Introduction to Early Greek Philosophy*. Boston: Houghton Mifflin, 1968.

Rollins, C. D. "Solipsism". In *Encyclopedia of Philosophy*, edited by Paul Edwards.

Rorty, Richard. *Philosophy and the Mirror of Nature*. Princeton: Princeton University Press, 1980.

Rorty, Richard, J. B. Schneewind, and Quentin Skinner. *Philosophy in History: Essays on the Historiography of Philosophy.* New York: Cambridge University Press, 1984.

Rozeboom, W. "Why I Know So Much More Than You Do. " *American Philosophical Quarterly* 4 (1967): 281 - 290.

Russell, Bertrand. *A History of Western Philosophy.* London: George Allen and Unwin, 1946.

—*Wisdom of the West.* Edited by Paul Folkes. London: Open Court, 1914.

Schmitt, Charles B. *Cicero Scepticus: A Study of the "Academia" in the Renaissance.* The Hague: Martinus Nijhoff, 1972.

—*Gianfrancesco Pico della Mirandola and His Critique of Aristotle.* The Hague: Martinus Nijhoff, 1967.

Schofield, Malcolm, Myles Burnyeat, and Jonathan Barnes. *Doubt and Dogmatism: Studies in Hellenistic Epistemology.* Oxford: Oxford University Press, 1980.

Sedley, David. "The Motivation of Greek Scepticism. " In *The Skeptical Tradition*, edited by Burnyeat.

— "The Protagonists. " In *Doubt and Dogmatism*, edited by Schofield, Burnyeat, and Barnes.

Sidgwick, Henry. "The Sophists. " *Journal of Philology* 4 (1872).

Slote, Michael. *Reason and Scepticism.* London: George Allen and Unwin, 1970.

Smith, Norman Kemp. *Studies in the Cartesian Philosophy.* New York: Russell and Russell, 1962.

Solmsen, Friedrich. "The Tradition about Zeno of Elea Re – examined. " *Phronesis* 16 (1971): 116 – 141.

Stokes, M. C. *One and Many in Presocratic Philosophy.* Washington: Center for Hellenistic Studies, 1971.

Stough, Charlotte. *Greek Scepticism: A Study in Epistemology.* Berkeley: University of California Press, 1969.

— "Sextus Empiricus on Non – Assertion. " *Phronesis* 19 (1984): 137 – 164.

Striker, Gisela. "Sceptical Strategies," In *Doubt and Dogmatism,* edited by Schofield, Burnyeat, and Barnes.

— "The Ten Tropes of Aenesidemus. " In *The Skeptical Tradition,* edited by Burnyeat.

Stroud, Barry. *The Significance of Philosophical Scepticism.* Oxford: Clarendon Press, 1984.

Tarán, Leonardo. *Parmenides.* Princeton: Princeton University Press, 1965.

Tarrant, Harold. *Scepticism or Platonism? The Philosophy of the Fourth Academy.* Cambridge: Cambridge University Press, 1985.

Thoreau, Henry David. *Walden.* New York: New American Library, 1980.

Tsekourakis, Damianas. *Studies in the Terminology of Early Stoic Ethics.* Wiesbaden: Franz Steiner, 1974.

Verdenius, W. J. *Parmenides: Some Comments on His Poem.* Amsterdam: Adolf M. Hakkert, 1964.

Vlastos, Gregory. " Plato's Testimony Concerning Zeno of Elea. " *Journal of Hellenic Studies* 95 (1975).

Waithe, Mary Ellen, ed. *A History of Women Philosophers.* Vol. 1, 600 B. C. -500 A. D. The Hague: Martinus Nijhoff, 1987.

West, M. L. *Early Greek Philosophy and the Orient.* Oxford: Clarendon Press, 1971.

Wilbur, J. B. , and H. J. Allen. *The Worlds of the Greek Philosophers.* Buffalo: Prometheus Books, 1979.

Williams, Bernard, "Philosophy. " In *The Legacy of Greece,* edited by M. I. Finley. Oxford: Oxford University Press, 1981.

Winch, Peter. *The Idea of a Social Science.* London: Routledge and Kegan Paul, 1958.

Wittgenstein, Ludwig. *Lectures and Conversations of Aesthetics, Psychology and Religious Belief.* Edited by Cyril Barret. Berkeley: University of California Press, 1972.

—*Notebooks,* 1914 – 1916. G. H. von Wright and G. E. M. Anscombe, eds. Translated by G. E. M. Anscombe. Oxford: Basil Blackwell, 1961.

—*On Certainty.* G. E. M. Anscombe and G. H. von Wright, eds. Translated by G. E. M. Anscombe. Evanston: Harper and Row, 1969.

—*Philosophical Investigations.* G. E. M. Anscombe and G. H. von Wright, eds. Translated by G. E. M. Anscombe. Oxford: Basil Blackwell, 1953.

—*Philosophical Remarks.* Rush Rhees, ed. Translated by Raymond Hargreaves and Roger White. Oxford: Basil Blackwell, 1975.

— "Remarkson Eraser's *Golden Bough.* " In *Wittgenstein: Sources and Perspectives,* C. G. Luckhardt, ed. Hassocks: The Harvester Press, 1979.

—*Remarks on the Foundations of Mathematics*. G. H. von Wright, R. Rhees, and G. E. M. Anscombe, eds. Translated by G. E. M. Anscombe. Cambridge: M. I. T. Press, 1967.

—*Tractatus Logico - Philosophicus*. Translated by C. K. Ogden. London: Routledge and Kegan Paul, 1922.

Zeller, Eduard. *Stoics, Epicureans and Sceptics*. Translated by Oswald J. Reichel. New York: Russell and Russell, 1962.

—*Socrates and the Socratic Schools*. Translated by Oswald J. Reichel. New York: Russell and Russell, 1962.

原版书索引

部分索引

Alcmaeon
frag. 1：37
frag. la：37fn. 15
frag. 2：37fn. 16
Anaxarchus
frag. A. 15：65
frag. A. 16：65

Aristotle
De anima
404a29：55，76
De generatione et corruptione
A1，315b6：54，55
Metaphysics
A4. 985b9：53fn. 4
A5，986b18：38fn. 20
B4，1000b6：44
G4，1007b18：61
G5，100b1 −30：44，46，53 −54

K6，1062b13：61
Physics
G4，203b25：53fn. 4

Athenaeus
The Diepnosophists
337：93
419d − e：8g
Augustine
Against the Academicians
3. 20. 43：116fn. 38

Cicero
Academica
frag. 21：116fn. 8
1. 13：124
1. 19；110fn. 1
1. 26 − 30：124fn.
1. 45 − 46：98，100，104，106，

111

2.7：99fn. 4，106fn. 3

2.8：100

2.13 – 18：106，124

2.16 – 39：124fn. 1

2.20：73

2.27：120fn. 39

2.29：120fn. 39

2.32：122

2.34：123

2.35：122，123

2.36：119，122，123

2.40 – 41：103，106

2.42：102fn. 14，133

2.43 – 44：105，106，111fn. 33，119，123

2.47 – 48：101，104，130fn. 9

2.51：76

2.57：123

2.59：119，122

2.60：116fn. 38

2.65 – 67：122

2.72 – 76：34，101

2.77 – 78：103，106，112，119，122，123

2.79 – 85：35. 101，103，106

2.87：119

2.89 – 90：76

2.92 – 97：101fn. 9，133

2.98：115

2.99：106，116，119

2.100：115

2.101：14，119

2.101 – 3：116，119，123

2.104：117 – 119，122

2.105：119

2.108：119

2.109 – 110：115，119 – 120，122

2.111：119

2.112 – 113：122，123

2.129 – 134：74，101

2.138：119

2.139：116fn. 38，119

2.142 – 144：74，101

2.146：117fn. 38

2.148：122

De finibus

1.20：35

2.2：100，1o6fn. 23，118

2.35：116fn. 38，122

2.38：116fn. 38

2.42：116fn. 38

2.43：122

3.11 – 12：122

4.43：122

4.45：110fn. 31

De natura deorum

1. 12: 115

1. 57: 106fn. 23

1. 61 – 62: 16, 115

1. 63: 51

1. 76 – 77: 33

1. 81 – 88: 33, 51

3. 5 – 6: 15, 115

3 – 38 – 39: 102fn. 17

3. 44: 106fn. 23, 113

De republica

3. 4. 8 – 32: 51

On Old Age

47: 69

Tusculan Disputations

3. 54: 108, 118

3. 59 – 60: 108

Democritus

frag. A. 8: 53fn. 4

frag. A. 13: 59

frag. A. 20: 58

frag. A. 23: 58

frag. A. 37: 52

frag. 3: 56

frag. 6: 52

frag. 7: 52 – 54

frag. 8: 52

frag. 9: 52, 54

frag. 10: 52

frag. 11: 52

frag. 14: 59

frag. 15: 59

frag. 125: 52, 53

frag. 154: 53

frag. 172: 56fn. 9

frag. 191: 56

frag. 230: 57

frag. 289: 57

DiogenesLaertius

Lives of Eminent Philosophers

2. 21: 70

2. 28: 66

2. 34 – 35: 70

2. 69: 74fn. 27

2. 75: 74

2. 79: 74n27

2. 83 – 84: 74

2. 91: 74

2. 92: 72 – 73, 77

2. 93: 72

2. 94: 74

2. 95: 72

2. 107: 87

4. 28: 100

4. 33：99fn. 3

4. 34：98fn. 2

4. 36：112

4. 37：66fn. 21，105fn. 22

4. 42：112

4. 43：98fn. 2

4. 59：100

4. 60：99

4. 62：99，105fn. 22

4. 64 – 65：100fn. 6，108fn. 27

6. 83：72

7. 51：93fn. 23，102fn. 14

7. 76：109fn. 28

8. 57：43

9. 21 – 23：38fn. 20

9. 25：43

9. 38 – 40：54fn. 5

9. 45：57

9. 51：58，59

9. 55：58

9. 59 – 60：65

9. 61：71，81fn. 1，85，87，93，95

9. 62：85，92fn. 21

9. 63：81fn. 1，89，90

9. 64：89

9. 65：87

9. 66：90，91

9. 67：81，83，89

9. 68：89，90

9. 69：86，87

9. 70：85

9. 71：105fn. 22

9. 72：41

9. 73 – 74：105fn. 22，137

9. 76：96

9. 79 – 80：35

9. 82：84fn. 6

9. 85 – 86：35

9. 87 – 88：33

9. 91：81fn. 1，86

9. 103 – 105：92fn. 21，93，96，134，137

9. 106：92，97，125，134

9. 107：107fn. 26

9. 108：134

9. 111：86

9. 113：93

9. 115 – 116：96fn. 27

Dissoi Logoi

3：50

10：50

13 – 14：50

18：51

section IV：50

section IX：50

Empedocles

frag. 105：44

frag. 106：44

frag. 108：44

frag. 109：44

frag. 134：44

frag. A86：44

Epicharmus

frag. 2：38

frag. 5：37

frag. 10：37

frag. 15：37

frag. 64：37

Epictetus

Discourses

1. 27. 18：76

2. 20. 28：76fn – 33

7. 27：71

Enchiridion

1：71

Euripides

frag. 189N：79

Eusebius

Preparatio Evangelica

256c – 257d：144fn. 2

718c：73

726d：105

729b：110fn. 31

729c：99fn. 3

73oc：66fn. 21

731 – 733：105fn. 22

731a – b：99fn. 3，105，113fn. 34

734 – 36：99

736 – 38：105fn. 22

736d：100fn. 6，103fn. 19

737c – d：112

737d：100

738a：105

738d：113

758c – d：85，89，95

759c：96

759d：93

761a：90

762a：93

763：91

763b：83fn. 2

763c：37

764a：74

764c：72 – 74

764d – 65c：74fn. 26，76，81

Gellius

Attic Nights

29. 15 – 21: 71

Gorgias

frag. 3: 51

Heracleitus

frag. A. 6: 34fn. 5

frag. 3: 34

frag. 9: 35

frag. 12: 34fn. 5

frag. 21: 35

frag. 26: 35

frag. 46: 34

frag. 49a: 34

frag. 54: 34

frag. 55: 35fn. 9

frag. 56: 34

frag. 58: 34fn. 6

frag. 59: 34

frag. 60: 34

frag. 61: 35

frag. 75: 35

frag. 78: 36fn. 11

frag. 79: 34fn. 6

frag. 82: 35

frag. 83: 35

frag. 86: 36fn. 11

frag. 88: 35

Frag. 89: 35

frag. 96: 34fn. 6

frag. 99: 34fn. 6

frag. 103: 34

frag. 107: 34, 36

frag. 117: 35

frag. 123: 34, 36

frag. 124: 34

frag. 136: 35

Hippolytus

Refutatio Omnium Haeresium

123. 3: 105

Lactantius

The Divine Institutions

5. 16. 2 – 4: 51fn. 1

5. 16. 12: 51fn. 1

6. 6. 2 – 4: 51fn. 1

6. 6. 19: 51fn. 1

6. 6. 23: 51fn. 1

Lucretius

Dererum natura

4. 483 – 512: 10

Marcus Aurelius

Meditations

1. 15: 72

2. 15：71

Metrodorus
frag. 2：64

Nausiphanes
frag. 3：64fn. 17
frag. 4：64fn. 17

Parmenides
frag. 1：41
frag. 6. 4 – 9：39
frag. 7. 5：41fn. 26
frag. 8：41
frag. 8. 21 – 30：40
frag. 8. 38 – 41：40
frag. 8. 44 – 49：40
frag. 16：39
Pausanias
6. 24. 5：89fn. 14

Philo of Alexandria
On Drunkeness
171 – 175：35
178 – 180：84fn. 6
181 – 183：35
193 – 202：51

Philostratus
491：97

Photius
Bibliotheca
170a：124

Plato
Alcibiades
1. 119A – B：43
Apology
19b – d：69
23a – b：67
28b – 29a：70
29b：67, 70
31 – 32：68
31c – d：67
33 – 34：68fn. 23
40c – 41a：70

Cratylus
386a：59
402a：34fn. 5
Crito
47 – 48：68
50 – 54：68
52：68fn. 23
54b – d：70
Euthyphro

4b：66

4e：66, 68

6：68

7e - 8b：67

10：67

15b - c：67

Meno

76c - e：44

Parmenides

136a - c：40

166c：40

Phaedo

43b：69

114d：69, 70

115c - 116：70

Phaedrus

99d - 100c7：78

261d6 - 8 ：43

Protagoras

171：63gfn. 15

318a：63

320c - f：63

328c - d：63

333e - 334c：58

Republic

1. 329d：69

2. 377c - 383c：68

5. 479：78

7. 515b - 516d：128fn. 6

7. 537 - 539：78

Sophist

230b：41

242d：38fn. 20

Theaetetus

166d - 167c：61 - 62

183e - 184：41fn. 27

386a：59

Timaeus

47c：3

Plutarch

Life of Alexander, LII：65 - 66

Life of Pericles, IV. 3：43

Moralia, "Adversus Colotum"

1108F：53fn. 4

1109A：59

1110F：53fn. 4

1120C - E：72

1120D - F：72

1120E - F：73

1121C：73

1121D：77

1121F：98

1122B：12, 109 - 10

1122D - E：109

1123F：109

1124A: 104

Moralia, "A Letter of Condolence to Appolonius"

110: 108

Moralia, "Not Even a Pleasant Life Is Possible on Epicurean Principles"

1089C: 108

Moralia, "On the Control of Anger"

461E: 108

Moralia, "On Tranquility of Mind"

470A – B: 108

474F – 75A: 108

Sextus Empiricus

Adversus mathematicos

1. 282: 95

6. 53: 77

6. 55: 77, 131

7. 30: 93

7. 48: 64, 72, 79

7. 52: 33

7. 53: 79

7. 60 – 64: 58, 59 – 60

7. 65 – 87: 51

7. 87 – 88: 64, 72

7. 90: 45

7. 91 – 92: 46

7. 115 – 16: 44

7. 121: 44

7. 122: 44

7. 123: 45

7. 125: 45

7. 136: 54

7. 137: 54

7. 138 – 139: 52

7. 140: 46, 55, 56

7. 153 – 154: 103fn. 19

7. 158: 107, 109, 111fn. 31

7. 159 – 164: 35fn. 10

7. 159: 99fn. 4. 103fn. 19

7. 161 – 164: 103

7. 166 – 189: 119

7. 166 – 168: 120

7. 166: 113

7. 169: 114

7. 173: 120

7. 176 – 179: 114, 120

7. 184 – 189: 114, 115

7. 190 – 200: 72, 139

7. 194 – 198: 74

7. 194 – 195: 77, 130

7. 252: 103

7. 291: 76

7. 293 – 300: 77, 131

7. 349: 36

7. 352 – 366: 77, 130

7. 358：137

7. 366：137

7. 385 – 387：130

7. 389：61

7. 390：93

7. 391：137

7. 402 – 422：105, 106

7. 402：130

7. 403 – 404：76

7. 427：130

8. 5：72

8. 151 – 153：128

8. 152 – 158：136

8. 154：128

8. 161 – 162：128.

8. 163 – 170：128

8. 372 – 373：133

8. 348 – 350：145

9. 1 – 3：131, 132fn. 12

9. 49：15, 135

9. 56：58

9. 140：101fn. 8

9. 176：102fn. 17

9. 182 – 190：37

9. 234 – 236：128

9. 336 – 367：36

9. 340：128fn. 7

10. 6 – 36：76fn. 34

10. 216：36

11. 1：87

11. 2：69

11. 18 – 19：95, 137

11. 20：93, 96

11. 110 – 167：134

11. 140：96

11. 155：90, 133, 134

11. 161：14, 90, 134

11. 164 – 166：91

Outlines of Pyrrhonism

1. 3：112, 120

1. 4：137

1. 8 – 14：125

1. 10：133

1. 13：137

1. 14 – 15：137, 138

1. 16：137

1. 17：135, 137

1. 19 – 24：93, 137

1. 19 – 22：94, 140

1. 19：94, 137

1. 20：94, 137

1. 23 – 24：17, 135

1. 25 – 30：88, 133, 134

1. 25：90

1. 28：88

1. 30：107fn. 26

1. 33：46fn. 38

1. 35：107fn. 26，124，137

1. 38 – 39：83

1. 40 – 79：35

1. 62：86

1. 78：130

1. 87：130，137

1. 90：86

1. 92：44

1. 101 – 103：84

1. 104：130

1. 113：84，130

1. 114 – 117：85fn. 10

1. 117：130

1. 118 – 123：35

1. 123：130，137

1. 127：137

1. 128：130

1. 134：130

1. 135：95，13

1. 140：83，130，137

1. 141 – 144：33

1. 144：130

1. 145 – 163：51

1. 163：83，130

1. 164 – 177：132

1. 168：127fn. 3

1. 177：86

1. 178 – 179：132

1. 187 – 209：95

1. 188：78

1. 191：107fn. 26，138

1. 193：137，138

1. 194 – 195：77fn. 35

1. 197：138

1. 198：137. 138

1. 199：138

1. 200：137，138

1. 201：138

1. 202：137，138

1. 203：137，138，139

1. 206 – 209：138

1. 207：21

1. 208：137

1. 210：36

1. 19 – 22：94，140

1. 213：54. 94

1. 215：77fn. 35，130

1. 216 – 219：60

1. 219：58，60

1. 223：137

1. 224 – 225：34

1. 226：120，121

1. 227 – 229：114fn. 36

1. 230：119，121 – 122

1. 231：107fn. 26

1. 232 – 233：99fn. 3

1. 232：105，107，113

1. 233：111 – 112

1. 234 – 35：77fn – 35

1. 234：113fn. 34

1. 235：124

1. 238 – 239：135 – 136

2. 10：139fn. 17

2. 18 – 19：34fn. 4

2. 20：132

2. 29 – 33：77，131

2. 40：127fn. 3

2. 48 – 69：82

2. 49：130

2. 50 – 60：51

2. 72 – 75：35fn. 10

2. 74 – 75：130

2. 84：131，132fn. 12

2. 88 – 94：137

2. 98：46fn. 39，55fn. 7，137

2. 102：136，137

2. 118 – 19：128

2. 144 – 204：133

2. 193 – 194：86

2. 195 – 197：129，138

2. 204：129

2. 205 – 206：86

2. 211：87fn. 13

2. 229：86

2. 241 – 244：86 – 87

2. 256 – 258：58：136

3. 2：15，135

3. 26 – 28：128

3. 28：129

3. 38 – 55：76fn. 34，131，133

3. 63 – 150：133

3. 65 – 80：41

3. 119 – 135：76fn. 34

3. 200 – 206：126

3. 218 – 234：51

3. 230 – 231：126fn. 2

3. 236：90，133，134

3. 280 – 281：86，105fn. 22

Simplicius

Aristotelis physica commentaria

22 – 24：38fn. 20

26：44

160：44

Stobaeus

2. 7. 2：124

Suidas

Lexicon

Pyrrho 2. 278: 71
Socrates 4. 404: 71

Tertullian
De anima
9. 5: 36
14. 5: 36

Theophrastus
De sensu
7: 45
9: 44
27ff: 46
69: 52

Xenophanes
frag. 14 – 16: 33
frag. 18: 33
frag. 23 – 26: 33
frag. 34: 33
frag. 38: 33

Xenophon

Memorabilia
1. 1. 11 – 14: 66
1. 1. 11: 69
2. 2: 70
2. 8. 4 – 10: 66
3. 8. 4 – 10: 66
3. 13. 4 – 6: 70
3. 72: 70
4. 2. 12 – 23: 66
4. 8: 69

Zeno
(The numbering in Lee is followed
unless otherwise specificed.)
DK A. 15: 43, 72
DK A. 21: 42
frag. 1: 42
frag. 2: 42
frag. 5: 42
frag. 9: 41
frag. 11: 41
frag. 12: 41

总索引

Academic scepticism: main argument, 103 – 104; teaching practices, 106n. 23, 118; Stoic influence, 110n. 31, 116n. 38; academic and Pyrrhonean scepticism, 111 – 112

Academy, 27 – 28, 97, 98n. 1, 98 – 99. See Academic skepticism

Acusilaus, 33

Aenesidemus, 29, 83, 92, 96n. 27, 97, 124, 125, 134; endorsement of Heraclitean doctrines, 32, 36 – 37

Agrippa, 96n. 27

Alain, 11

Alcmaeon, 37

Aletheia, 19 – 22, 141. See Truth

Alexander of Macedon, 95n. 25

Alexander the Great, 65, 81, 88

Alexinus of Elis, 70

Al – Ghazali, 28n. 45, 35, 127n. 5

Anaxagoras, 45 – 46, 47, 79, 80, 87, 101

Anaxarchus, 43, 65 – 66, 72, 76, 79, 80, 81, 92

Anaximenes, 47

Annas and Barnes, 86

Anonymous Iamblichi, 63

Antigonus of Carystus, 85

Antiochus of Laodicea, 96n. 27, 97, 134

Antiochus the Academic, 119, 123, 124

Antipater, 108n. 27

Antiphon, 51

Anti – realism, 5, 17 – 22, 26 – 27, 29 – 30, 65, 143, 146 – 152; in Arcesilaus, 109 – 110; in Carneades, 117 – 119; in early Pyrrhonism, 92 – 96; in later Pyrrhonism, 139 – 141; in Protagoras, 58 – 61. See Realism, Idealism

Antisthenes, 71

Antithesis, 31 – 32, 37 – 38, 50 – 51, 56, 100 passim. See Opposition

Aphasia, 9, 85, 90, 91

Appearances, 18, 55, 82, 92 – 97, 134 – 140

Appellas, 97, 134

Appelles, 88

Aquinas, 27

Arcesilaus, 12, 18, 29, 31, 66n. 21, 77n. 35, 98, 98n. i, 99, 100, 103, 104, 105, 105n. 22; and equanimity, 107 – 108; and Pyrrho, 99n. 3, 113; and Sextus, 112 – 113; anti – realism, 109 – 110; as a dogmatist, 113n. 34; consistency, 11 – 113;

natural belief, 109 – 111

Aristippus, 72, 74. See Cyrenaics

Aristocles, 76, 96

Ariston, 99n. 3

Aristophanes, 76, 85

Aristotle, 4, 19, 27, 28, 29, 43, 48n. 40, 53, 123, 139 passim; Aristotelean contraries, 31; on Protagoras, 61 – 64

Ascanius of Abdera, 87

Ataraxia, 87 – 89, 107, 122, 133, 134, 141. See Equanimity

Augustine, 10, 27, 116n. 38

Bagot, Jean, 8

Bambrough, Renford, 26, 40n. 25, 150n. 10

Barnes, Jonathan, 17, 18, 34n. 4, 37, 86, 86n. 12, 127, 140

Bayle, 6, 17, 99 – 100

Beck, L. J. , 101

Bergmann, Gustav, 8

Berkeley, 6, 20, 22, 23, 25, 27, 143, 147n. 6

Burnyeat, M. F. , 6, 17, 19, 22, 38, 75, 91, 102n. 15, 110, 140 – 142

Cause. See Pyrrhonism, Critique of cause/induction

Chrysippus, 99, 108

Cicero, 5, 15, 17, 35, 98, 100 – 104, 102n. 14, 104, 105, 105n. 23, 111, 113 passim; mitigated scepticism, 122 – 123; on plausi – bility, 115 – 119

Circularity. See Problem of the criterion

Circumstances. See Differences in circumstances

Clitomachus, 99, 108, 115, 116, 116n. 38, 117

Cogito, 144n. 2, 144 – 145

Colotes, 10, 12, 28

Commemorative signs, 128, 136

Consistency of scepticism, 9 – 12, 18; Arce – silaus' outlook, 111 – 113; Carneades' scepticism, 119 – 120; early Pyrrhonism, 94 – 96; later Pyrrhonism, 136 – 139. See Anti – realism, Mitigated scepticism

Cornford, Francis, 28, 41n. 26, 41n. 29

Couissin, Pierre, 17, 197n. 26, 110, 116n. 38

Crates, 71, 98

Cratylus, 9

Criterion. See Problem of the criterion

Critias, 51

Cultural relativism. See 50 – 51, 83, 125 – 127, 127n. 3

Curley, E. M. , 102n. 14

Cyrenaics, 24, 29, 72 – 77, 80, 96, 101, 139. See Aristippus

Daille, Jean, 8

Davidson, D. , 26

Death, 69 – 70, 126

DeLacy, Philip, 53n. 4

Demetrius the Laconian, 145

Democritus, 18, 28, 29, 52 – 57, 58, 72, 76, 79, 80, 81, 83, 88, 101, 108, 111n. 31, 139; atomism, 31, 52 – 53; equanimity, 55 – 57; idealism, 53 – 55; on Protagoras, 61 – 64. See Metrodorus of Chios, Anaxarchus

Descartes, 4, 6, 7, 27, 75n. 32, 101, 102, 102n. 14, 144 – 145; academic version of his argument for scepticism, 101 – 102; as the father of modern philosophy, 6

Differences: in circumstances, 33, 54, 58, 72, 74, 83 – 84; in individuals, 59 – 60, 72, 73 – 74,

83; in senses, 44 – 45, 83; in species, 33, 35, 37, 53, 72, 83

Dillon, John M. , 99n. 5, 124n. 1

Diocles of Cnidos, 113n. 34

Diodorus Cronus, 71

Diogenes Laertius, 81 – 82n. 1, 82, 84n. 6, 85, 86, 89, 93, 95, 100, 108, 125, 134 passim

Diogenes of Sinope, 71

Dionysodorus, 60, 80

Dioscurides of Cyprus, 96n. 27

Diotimus, 55

Dissoi Logoi, 49

Dogmatic claims/doubt, 10, 137 – 139. See Dogmatists, Undogmatic claims

Dogmatists, 86

Dorter, Ken, 128n. 6

Dreams, 35, 59, 84, 101, 103

Elenchos argument, 66

Empedocles, 43 – 45, 79, 80

Epicharmus, 29, 37 – 38

Epictetus, 71, 76

Epicurus, 23, 28, 53n. 4, 71, 89, 98n. 2, 134, 139

Epoche, 18, 20, 21, 83, 107n.

26, 111 n. 31, 119, 125, 140, 141

Equanimity, 55 – 57, 69 – 70. See Anaxarchus, *Ataroxia*, Indifference

Ferry, Paul, 8

Flintoff, Everard, 81 – 82n. 1

Frankl, Victor, 13n. 23

Frede, Michael, 17, 18, 19, 140

Freeman, Kathleen, 34, 37n. 17, 41n. 29

Galen, 11, 43, 71

Gallop, David, 39n. 21, 40n. 22, 40n. 24

Gellner, Ernest, 151

Ghazali. See Al – Ghazali

God, 102, 102n. 17, 135. See Religious scepticism

Goodman, Nelson, 22

Gorgias, 43, 51, 52, 75n. 32, 79, 81n. 1, 82, 83, 87, 129, 130, 139

Gouhier, Henri, 101n. 12

Groarke, Leo, 28n. 45, 40n. 23, 70n. 25, 102n. 13

Guthrie, W. K. C. , 35, 59n. 12

Hallie, Philip, 3, 6, 11, 90, 140

Harrison, Jonathan, 149n. 8

Hegel, 22

Hegesinus, 99

Heracleitus: Heraclitean opposites, 18, 19, 29, 31, 32, 34 – 37, 40, 47, 78, 83; Epicharmus' parodies on Heraclitean views, 38

Heraclides, 96n. 27

Herodotus of Tarsus, 96n. 27, 135

Hippias, 79n. 36

Hippobotus: and Sotion, 96n. 27

Hippolytus, 105

Hobbes, 16

Holbach, 15

Homer, 14, 82n. 1, 83n. 2, 89, 105

Hume, 4, 6, 7, 12, 13 – 14, 15, 17, 27, 56n. 8, 109, 123, 127n. 5; critique of cause, 6, 127 – 129, 128n. 6; on the Pyrrhoneans, 14

Idealism: idealist truth, 6, 7, 22 – 25, 144 – 146; and early Pyrrhonism, 94; and later Pyrrhonism, 139; in the Cyrenaics, 72 – 77; in Democritus, 53 – 55; in Metro-

dorus of Chios, 64 – 65; in Moni-
mus, 72

Illusion, 101, 103. See Dreams, Mad-
ness

Inconsistency of scepticism. See Con-
sistency of scepticism

India: Indian influence on Pyrrho-
nism, 81 – 82n. 1

Indicative signs, 128 – 129

Indifference, 71, 87 – 92, 121.
See Equanimity

Individuals. See Differences in indi-
viduals

Induction. See Pyrrhonism, Critique
of cause/induction

Infinite regress. See Problem of the
criterion

Insanity, 54. See Madness

Internalism, 150

Isocrates, 43

Isostheneia, 125, 141, 104 – 107

Johnson, Oliver, 10, 11, 17,
86n. 11, 86n. 12

Johnson, Samuel, 8

Kant, 6, 13n. 23, 20, 22, 23,
27, 140, 143

Kekes, John, 11

Kerferd, G. B. , 28n. 45, 43n. 33,
n. 34, 59n. 12

Kierkegaard, 15

Kirk, G. S. , 34n. 5, n. 8

Kirk, Raven, and Schofield, 34n. 5,
38n. 20, 40n. 22, 45 – 46

Lacydes, 99

Lee, H. D. P. , 43

Le Loyer, Pierre, 8

Lennon, Thomas, 127n. 5

Leucippus, 53n. 4. See Democritus

Lewis, C. I. , 11

Liar pradox, 101

Long, A. A. , 124n. 1

Lucian, 12, 13, 125

Lucretius, 10

Maccoll, Norman, 10, 11, 17,
28, 52, 91, 140

Madness, 35, 59. See Insanity

Malebranche, 127n. 5

Mandeville, 16

Matson, Wallace, 6, 101

Medicine, 135 – 136

Megarians, 70 – 71, 87

Menodotus ofnicomedia, 96n. 27,

135n. 13

Mental states. See Idealism

Metrodorus of Chios, 18, 29, 64 – 65, 76, 79, 80, 81, 92, 96, 101; idealism, 64 – 65

Metrodorus the Academic, 17, 122 – 123

Mill, 56n. 8

Minton and Shipka, 9 – 10

Mitigated scepticism, 12 – 14, 17. See Antirealism

Molière, 12, 13

Norton, David, 18n. 26

Numenius, 99, 99n. 3, 100, 105, 113, 113n. 34

Oenomaus, 144n. 2

Oldfather, W. A. , 76n. 33

Opposition, 58, 72, 78, 79, 82, 82n. 1, 125 passim. See Antithesis

Orwell, George, 152n. 12

Other minds, 24, 73 – 74

Ou mallon, 52, 53n. 4, 59, 78, 95, 105, 111n. 31

Parmenides, 18, 19, 28, 29, 38 – 41, 47, 51, 78, 79, 81n. 1,

87, 101, 129. See Megarians

Pascal, 15

Pathoi, 55, 130

Pausanias, 89n. 14

Pithanon. See Plausibility

Plausibility, 113 – 123. See Probability

Plato, Platonism, 3, 4, 10, 19, 27, 18, 31, 32, 34n. 34, 78, 79, 98, 101, 111n. 33, 113n. 34, 139; *Parmenides*, 40 – 41, 50, 78; on Protagoras, 61 – 64. See Academy

Plutarch, 11, 28, 43, 53, 77, 98, 104, 108, 109

Poincaré, Henri, 140

Polemo, 110n. 31, 123

Popkin, Richard, 6, 8, 13, 28, 101

Practical criterion, 17, 18, 125, 134 – 136

Pragmatism, 64, 135 – 136

Praylus of the Troad, 91, 96n. 27

Probability, 104 – 107. See Plausibility

Problem of the criterion, 7, 85n. 10, 124, 131 – 133

Protagoras, 18, 19, 29, 32, 43, 49, 50, 57 – 64, 79, 80, 81n. 1, 82, 96, 111n. 31; opposition, 58; anti – realist truth,

58 – 61; utility, 61 – 64

Ptolemy, 96n. 27

Putnam, Hilary, 19, 20, 22, 26, 140, 149 – 150, 152

Pyrrho, 11, 18n. 26, 29, 31, 43, 72, 81, 83n. 2, 85 – 96, 125, 133, 134, 135; and Arcesilaus, 99n. 3, 120 – 122; and mitigated scepticism, 85 – 97; Indian influence on, 81 – 82n. i. See Pyrrhonism

Pyrrhonism, 21 – 22, 24 passim; early, 5, 25, ch. 4; later, 5, 89, 92, 93, 94, 95, ch. 6; and academic scepticism, 111 – 112; and idealism, 94; consistency of early Pyrrhonism, 94 – 95; consistency of later Pyrrhonism, 136 – 139; critique of cause/induction, 7, 127 – 129, 132 – 133; Pyrrhonean formulas, 125, 137 – 138. See Practical criterion

Pythagoras, Pythagorean doctrines, 19, 31, 33, 47

Realism, 19. See Anti – realism

Relatives, 128

Relativity/mode of relativity, 83

Religious scepticism, 15 – 16

Rescher, Nicholas, 11, 86n. 11, 86n. 12

Robinson, John Mansley, 34n. 5

Sight, 101

Signs, 128 – 129

Slote, Michael, 11

Smith, Norman Kemp, 6, 14

Socrates, 6, 28, 29, 66 – 70, 72, 79, 80, 85, 87, 88, 91, 101; commitment to custom and convention, 67 – 69; equanimity, 69 – 70; on death, 69 – 70; on Protagoras, 61 – 62, 63n. 15; mitigated scepticism, 67 – 69

Solipsism, 6, 74n. 26

Solmsen, Friedrich, 41n. 29

Sophists, 49 – 52, 78, 79

Sorites, 100, 100n. 9

Sotion, 96n. 27

Species. See Differences in species

Stilpo, 71

Stoics, 10, 19, 71, 99, 100, 105 – 106, 106n. 23, 113, 122, 123, 124; Stoic and academic terminology, 110n. 31. See Chrysippus, Zeno

Stokes, M. C., 40n. 22

Stough, Charlotte, 10, 17, 21 –
22, 96n. 26, 116n. 38

Striker, Gisela, 17, 18, 83n. 5,
111n. 32, 115, 116 – 117n. 38;
on equal opposition, 104 – 107

Suarez, 127n. 5

Tarán, Leonardo, 40n. 22, 41n. 27

Tarrant, Harold, 99n. 5, 124n. 1

Telecles, 99

Thales, 47

Theiodas of Laodecia, 96n. 27

Theophrastus, 123

Thoreau, Henry, 92n. 18

Timon, 34, 37, 43, 86 – 89, 92,
94 – 98, 99n. 3, 125, 133, 134

Truth, 19 – 22, 26, 58 – 60.
See *Aletheia*

Tsekourakis, Damianas, 109n. 28

Undogmaric claims, 21. See Dogmatic claims

Unmitigated scepticism. See Mitigated. Scepticism

Verdenius, W. J., 40n. 25

Vlastos, Gregory, 43n. 34

Von Fritz, K., 41n. 29

West, M. L., 40n. 25, 41n. 26

Wilbur and Allen, 34n. 5

Williams, Bernard, 4, 6, 22

Winch, Peter, 26, 150n. 10

Wittgenstein, Ludwig, 20, 26,
140, 147 – 150

Xeniades, 75n. 32, 79, 81n. 1,
82, 129, 130

Xenocrates, 123

Xenophanes, 32 – 34, 35, 38, 47

Zeller, Eduard, 17, 66, 91, 99n. 3,
140

Zeno (of Citium), 71, 110. 31

Zeno (of Elea), 41 – 43, 45n. 36,
47, 71, 79, 87

Zeuxippus, 96n. 27

Zeuxis (of the angular foot), 96n. 27,
97, 125, 134

243

译后记

自2019年秋季学期始，我便带领研究生一同研究怀疑论问题。对怀疑论的兴趣和关注肇始于另一个持续进行着的研究计划。2017年博士毕业之后，由博士论文引发的对表象（征）主义认识论问题史的关注一直吸引着我的注意力，而对该问题的不断思考最终让我开始转向怀疑论问题及其传统。

从历史学的意义上讲，古希腊怀疑论是近现代怀疑论的源头。而从认识论的角度看，人们对古希腊怀疑论的评价往往趋于两个极端：其一是认为它提出的一些观点相当幼稚、不值一提，其二是认为它所具有的激进性和彻底性超克近现代任何一种怀疑论。第三种立场专注于古代怀疑论的伦理学和实践哲学目标，"悬置"其认识论效应，从而避开认识论争论，为古代怀疑论进行伦理学辩护。与这三种立场不同，一方面，本书牢牢立足于认识论视点，一反文德尔班式的将认识论整合进伦理学的解释模式，努力从认识论出发来阐释古代怀疑论的思想图景；另一方面，本书又跳出了或幼稚或激进的极端解释模式，通过专注于文本细节和思想的精微之处，正视"标准理解"中提到的古代怀疑论者面临的那些悖反问题，同时又能够独辟蹊径，给出一种"中道"的认识论解释，合理定位古代怀疑论传统的历史坐标和思想坐标。

本书的翻译和出版得益于众多友人的热情帮助。在沟通翻

译计划的过程中，作者列奥不仅慨然允诺该项工作，还积极为
我沟通协商国际版权事务，在处理学校事务的繁忙之中，欣然
应邀为本简体中文译本作序；加拿大麦吉尔－女王大学出版社
版权事务部经理卡洛尔·伯内特女士的热情帮助让简体中文版
权的商谈工作得以顺利推进；知识产权出版社刘江编辑为书稿
的编辑和出版工作付出了巨大辛劳，孟凡礼老师和四川大学出
版社王静编辑对本项工作提供了很多有益思路，在此一并表示
感谢！感谢骆金熙先生对文稿进行了辛苦审阅，其提出的很多
宝贵意见让文稿免于诸多纰漏。

　　需要特别感谢的是河北师范大学马克思主义学院的各位领
导和同事，尤其要感谢张广兴教授、李素霞教授、赵学琳教授
的大力支持，使得该著作能获得河北师范大学马克思主义学院
著作出版基金、河北师范大学教学改革研究项目、河北师范大
学思政研究专项、河北师范大学研究生课程思政示范项目的资
助。感谢郭伟主任的帮助和指导！我的研究生陈怡辰协助完善
了文末索引，参与相关讨论课程的研究生提出了很多宝贵建议，
在此一并谢过！

　　本书是"河北省社会科学基金项目（HB19ZX003）"研究
工作的最终成果，感谢河北省社科规划办的大力支持！

吴西之（吴三喜）

2022 年 5 月 1 日·石家庄